Klosterführer
Christliche Stätten der Besinnung
im deutschsprachigen Raum

topos premium
Eine Produktion des Matthias Grünewald Verlags

Klosterführer

*Christliche Stätten der Besinnung
im deutschsprachigen Raum*

topos premium

Verlagsgemeinschaft topos plus
Butzon & Bercker, Kevelaer
Don Bosco, München
Echter, Würzburg
Lahn-Verlag, Kevelaer
Matthias-Grünewald-Verlag, Ostfildern
Paulusverlag, Freiburg (Schweiz)
Verlag Friedrich Pustet, Regensburg
Tyrolia, Innsbruck

**Eine Initiative der
Verlagsgruppe engagement**

www.topos-taschenbuecher.de

Bibliografische Information der Deutschen Nationalbibliothek
Die Deutsche Nationalbibliothek verzeichnet diese Publikation in der
Deutschen Nationalbibliografie; detaillierte bibliografische Daten
sind im Internet über http://dnb.d-nb.de abrufbar.

ISBN 978-3-8367-0011-5

2016 Verlagsgemeinschaft topos plus, Kevelaer
Das © und die inhaltliche Verantwortung liegen beim
Matthias Grünewald Verlag, Ostfildern
Einband- und Reihengestaltung | Finken & Bumiller, Stuttgart
Umschlagsabbildung | Kriemhild Finken, Prüm
Herstellung | Friedrich Pustet, Regensburg
Printed in Germany

Inhalt

Vorwort 7

Klösterliches Leben – Glossar 9
Katholische Klöster 21
Evangelische und Ökumenische Gemeinschaften 229

Register – Orden und Gemeinschaften 258
Register – Klosternamen und Orte 259

Beilage: Karte

Vorwort

Immer mehr Menschen nutzen ihre freie Zeit, um sich wieder auf das Eigentliche im Leben zu besinnen, um Ruhe und Zeit für sich selbst und vielleicht auch für Gott zu finden. Wo könnte man das besser als an Orten, die seit Jahrhunderten Zentren des gelebten Glaubens sind. Zunehmender Beliebtheit erfreut sich daher der Gastaufenthalt in einem Kloster. Ordensgemeinschaften und Kommunitäten haben dies erkannt und ihre Angebote in den letzten Jahren immer mehr auf die Bedürfnisse von Einzelgästen oder Gastgruppen ausgerichtet: Entspannung und Ruhe, Gespräche mit den Mitgliedern der Gemeinschaft, Exerzitien, geistige und geistliche Neuorientierung, Gebet und Meditation gehören ebenso dazu wie beispielsweise Kurse und Seminare zu Kunst und Kultur, besondere Führungen und Angebote zu Sport und Wellness. Wohltuend für Geist und Seele ist dabei die schöne landschaftliche Umgebung, in der sich die Klöster häufig niedergelassen haben.

Die Möglichkeiten und Angebote der Klöster und Kommunitäten sind dabei ganz vielfältig.

Hier bietet der „Klosterführer" seit vielen Jahren kompetente Hilfe. Neben allen nötigen praktischen Angaben findet man Hintergrundinformationen zu rund 200 katholischen, evangelischen und ökumenischen Gemeinschaften und Klöstern im deutschsprachigen Raum.

Für die vorliegende Neuausgabe wurden auch dieses Mal wieder alle in diesem Buch berücksichtigten Klöster und Gemeinschafen kontaktiert und die entsprechenden Rückmeldungen und Aktualisierungen eingearbeitet. Der Stand entspricht in der Regel dem Herbst 2015. In wenigen Fällen, wo keine Rückmeldung erfolgte, wurden die bisherigen Angaben übernommen.

Natürlich kann auch dieser Führer keinen Anspruch auf Vollständigkeit erheben, und doch kommt wohl dank der Vielzahl und Vielfalt der verzeichneten Häuser so etwas wie ein Panorama der deutschsprachigen Klosterlandschaft zustande, das die religiöse und kulturelle Bedeutung der Klöster in Vergangenheit und Gegenwart hervortreten lässt. Wenn heute viele der klösterlichen Gemeinschaften auch als Räume echter Erholung erfahrbar werden, so entspricht das durchaus ihrem Selbstverständnis.

Der Einführungsteil bietet zunächst einen knappen Überblick über Geschichte und Bedeutung der wichtigsten Orden und Gemeinschaften sowie über einige wichtige Begriffe aus dem klösterlichen Leben. Der Hauptteil, der ortsalphabetisch geordnet ist, enthält Informationen über

Kontaktadressen und Anfahrtswege, Geschichte und Sehenswürdigkeiten, Gottesdienstzeiten und Zahl der Mitglieder, über Tätigkeiten und besondere Angebote der Klöster, über die Unterkunft für Gäste und die Möglichkeit, das Leben der jeweiligen Kommunität kennenzulernen. Die praktischen Register „Orden und Gemeinschaften" und „Klosternamen und Orte" helfen bei der Suche nach einem bestimmten Haus ebenso wie die beiliegende detaillierte Landkarte.

Wir freuen uns, wenn dieses Buch Sie neugierig macht auf die vielfältige Klosterlandschaft und Ihnen hilfreiche Anregungen gibt für einen Besuch, vielleicht auch einen Aufenthalt im Kloster oder bei einer christlichen Gemeinschaft.

Redaktion und Verlag
Im Februar 2016

Klösterliches Leben

Glossar

In der Umgangssprache werden die religiösen Gemeinschaften ohne Unterschied „Orden" genannt. Diese Bezeichnung trifft jedoch nur auf wenige, zumeist sehr alte und traditionelle Gemeinschaften zu, deren Status zudem juristisch genau umschrieben ist. Die bekanntesten sind die sogenannten „alten Orden". Sie haben in den meisten Fällen eine eigene Spiritualität ausgebildet, die später entstandene religiöse Kongregationen oder Institute häufig übernommen und weiterentwickelt haben. Diese sind deshalb der Tradition eines solchen Ordens zuzuordnen (oft „Familie" genannt), bilden aber eine eigene Gemeinschaft, gerade auch in ihrer äußeren Organisation. Der Franziskanerorden, der aus drei Zweigen besteht, kennt über 200 solcher Gemeinschaften, die sich auf seine Spiritualität berufen, ohne doch im eigentlichen Sinne ein und demselben Orden anzugehören.

In der katholischen Kirche gibt es gegenwärtig etwa 2.000 solcher Gemeinschaften, die auf unterschiedliche Weise versuchen, das Evangelium in ihrem Alltag zu verwirklichen. Anstoß zur Gründung einer solchen Gemeinschaft kann neben einer bestimmten spirituellen Tradition auch eine bestimmte Aufgabe oder Tätigkeit sein (z.B. Krankenpflege, Gefangenenseelsorge usw.); religiöse Gemeinschaften reagieren damit häufig auf ein bestimmtes Zeiterfordernis, auf Notsituationen in Kirche und Welt zur Zeit ihrer Gründung.

Neben den großen „alten Orden" sind daher in diese kurz gefasste Übersicht über die Geschichte der Orden und religiösen Gemeinschaften nur jene aufgenommen, die im deutschsprachigen Raum besonders zahlreich vertreten sind bzw. selber neue spirituelle Traditionen geschaffen haben. Weitere Informationen finden sich in entsprechenden Nachschlagewerken und im Internet. – Knappe Bemerkungen zur Spiritualität der evangelischen Gemeinschaften bietet der jeweilige Eintrag.

Abtei

Jene Klöster, denen ein Abt als Oberer vorsteht, werden seit dem 11. Jh. Abteien genannt. Benediktiner- und Zisterzienserklöster, deren Gemeinschaften mehr als zwölf Mönche hatten, wurden traditionellerweise zu Abteien erhoben. Durch das Gelübde der Beständigkeit („stabilitas") sind die Mönche an die Abtei, ihr „Vaterhaus", gebunden. Die Mönche ihrerseits wählen den Abt, ihren Vorsteher. Eine Abtei ist „exemt", d. h. in sich selbstständig, sie untersteht also nicht dem Bischof.

Augustiner-Chorherren (ORV)

Die Klöster der Augustiner-Chorherren entfalteten sich aus Priestergemeinschaften, die nach einem bestimmten Kanon zusammenlebten.

Daher auch die Bezeichnung „Kanoniker". Eines ihrer Vorbilder war der Kirchenvater Augustinus (354–430), der schließlich namensgebend für sie wurde. Die Augustiner-Chorherren durften anfangs Privateigentum besitzen. Erst nach einer Reform und Teilung innerhalb der Klöster entstanden die „regulierten" Chorherrenstifte. Um eine engere Bindung untereinander zu erreichen, schlossen sich viele Chorherrenstifte zu Kongregationen zusammen und trafen sich zu regelmäßigen Generalkapiteln. Im 17. und 18. Jh. kam es zu einem Aufschwung der Seelsorge und des Wissenschaftsbetriebs in vielen Chorherrenstiften, so beispielsweise in Klosterneuburg bei Wien und in St. Florian. 1907 konnten sich die sechs großen österreichischen Chorherrenstifte Klosterneuburg, St. Florian, Herzogenburg, Reichersberg, Vorau und Neustift bei Brixen zur Österreichischen Kongregation zusammenschließen, an deren Spitze der jeweils auf fünf Jahre gewählte Generalabt steht; die einzelnen Stifte sind innerhalb der Kongregation rechtlich selbstständig. Alle Klöster der Augustiner-Chorherren zusammen bilden eine Konföderation mit einem Abtprimas an der Spitze.

Barmherzige Schwestern
Die Bezeichnung „Barmherzige Schwestern" wird allgemein auf weibliche Genossenschaften für Armen- oder Krankenpflege angewandt. Insbesondere trifft sie auf jene drei Gemeinschaften zu, die in diesem Klosterführer erwähnt sind: Borromäerinnen, Kreuzschwestern und Vinzentinerinnen.
Die Kongregation Barmherziger Schwestern vom hl. Karl Borromäus wurde 1652 in Nancy errichtet. Das dortige Stamm-Mutterhaus wurde zum Ausgangspunkt aller weiteren Gründungen, die unter der Leitung von selbstständigen General-Mutterhäusern stehen. Die Kongregation der Barmherzigen Schwestern vom Heiligen Kreuz wurde 1852 von dem Schweizer Kapuziner Theodosius Florentini gegründet und breitete sich rasch in Europa und Übersee aus.
Die Kongregation der Barmherzigen Schwestern vom hl. Vinzenz von Paul wurde von diesem 1634 gemeinsam mit Louise de Marillac gegründet. 1734 konstituierte sich in Straßburg ein eigener Zweig im Geist des hl. Vinzenz. Er breitete sich von dort insbesondere in Deutschland aus.

Benediktiner (OSB)
Die Benediktiner sind der älteste heute noch bestehende abendländische Mönchsorden und gingen hervor aus unterschiedlichen Laiengruppen, die nach der Regel Benedikts (geb. um 480 in Nursia) zusammenlebten. Erst seit dem 8. Jh. setzte sich durch, dass immer mehr Mönche zugleich Priester waren und auch politische Aufgaben übernahmen. Einzelne Klöster

konnten so zu mächtigen Institutionen werden. Zudem leisteten die Benediktiner gerade im deutschsprachigen Raum wichtige Kultur-, Bildungs- und Missionsarbeit. Ihre Klöster waren im Mittelalter politische, wirtschaftliche und religiöse Zentren. Etwa um 1400 bildeten die einzelnen bislang autonomen Klöster Kongregationen, die zugleich zu einer neuen Blüte des Ordens führten, der sich nunmehr in stärkerem Maße auf seine betont religiösen Aufgaben und Anliegen beschränkte. In der Säkularisation überlebte in Deutschland kein einziges Benediktinerkloster. Ein mühsamer Neubeginn setzte ein, als um 1830 die ersten Klöster wieder gegründet wurden und zuerst die Bayerische und dann die Beuroner Kongregation entstanden. Die Benediktiner, die sich besonders der Pflege der Liturgie annahmen, konnten vor dem Zweiten Weltkrieg in Deutschland vor allem auf die religiös-kirchliche Erneuerung maßgeblichen Einfluss nehmen. Nach der Regel Benedikts soll die Mönchsgemeinschaft sich als Familie verstehen, die sich dem Abt (Vater) freiwillig unterordnet. Eine gemeinsame Tagesordnung und vor allem das kirchliche Stundengebet strukturieren das Leben der Mönche, die körperliche Arbeit und geistliches Leben miteinander zu verbinden suchen. Daneben entwickelten die Missionsbenediktiner eine ausgedehnte Missionstätigkeit.

Benediktinisches Ordensleben empfängt seine Inspiration aus der Benediktusregel, die ihrerseits am Evangelium und an den Ordensregeln der frühen Kirche orientiert ist. Benedikt wollte, dass seine Klöster Monasterien seien: Stätten relativer Weltdistanz, wo die Mönche und Nonnen wie in einer Schule den Dienst für Gott erlernen und einüben und in brüderlicher Gemeinschaft ein Stück Welt bauen, in dem Gottes Herrschaft bedingungslos anerkannt wird.

Claretiner (CMF)
Missionsgesellschaft der Söhne des Unbefleckten Herzens Mariä. Die Vereinigung wurde von A. M. Claret 1849 in Vich (Spanien) gegründet und 1870 von Pius IX. endgültig anerkannt. Das Betätigungsfeld der Claretiner ist das katholische Apostolat, vor allem die Volksmission. Die Claretinerinnen widmen sich insbesondere der Ausbildung der weiblichen Jugend.

Dominikaner (OP)
Dominikus Guzmán wurde 1170 in Kastilien geboren und studierte Theologie in Palencia. Bei einem Aufenthalt in Toulouse (1203) lernte er die Albigenser, die ein radikales, von der Kirche losgelöstes Leben nach dem Evangelium führten, kennen und kam zu dem Schluss, dass die Erfolge der albigensischen Prediger vor allem daher rührten, dass Klerus und Laien große Unwissenheit in religiösen Dingen aufwiesen. Um diesem Missstand

abzuhelfen, sammelte Dominikus Männer um sich, die versuchen sollten, in möglichst einfachen Worten das Evangelium zu predigen. Um die religiöse Unwissenheit im Klerus zu beheben, sollten diese Männer zugleich eine qualifizierte theologische Ausbildung erhalten und so leben, dass sie selbst Beispiele für die Ideale des Evangeliums sein könnten. Das erste Kloster des „Predigerordens" entstand 1215 in Toulouse; die Brüder lebten nach der Regel des heiligen Augustinus, die Dominikus durch strengere Bestimmungen erweiterte (z.b. hinsichtlich Fasten, Kleidung, Nahrung). 1228 wurde diese Regel neu bearbeitet und bestätigt. Zahlreiche Kongregationen und Gemeinschaften der Neuzeit – vor allem Frauengemeinschaften – berufen sich in ihrer Spiritualität auf Dominikus und seine Bewegung.

Franziskaner (OFM; OFMConv; OFMCap)

Im weiteren Sinne zählen zu den Franziskanern alle Orden und Genossenschaften, die sich an Franz von Assisi († 1226) und seine Ordensregel anlehnen, in engerem Sinne aber nur Franziskaner, Minoriten, Konventualen und Kapuziner, die sich auf die Regel von 1223 berufen. Franziskus wollte ein ganz vom Evangelium geprägtes Leben führen, betonte aber besonders die Befolgung der höchsten Armut des Einzelnen und der Gemeinschaft (daher auch „Bettelmönche", da absolutes Geldverbot herrschte). Hinzu kam eine starke Predigt- und Seelsorgetätigkeit, die ein außergewöhnliches Wachstum des Ordens – vor allem in den im Mittelalter entstehenden Städten – begünstigte. Weiteres Tätigkeitsfeld war die Wissenschaft in den überall entstehenden Universitäten. In seiner wechselvollen Geschichte erlebte der Orden, der sich den jeweiligen Zeitumständen anzupassen suchte, vielfache Versuche, zur ursprünglichen Strenge und Armut zurückzukehren. Aus einem solchen Reformversuch gingen die Kapuziner hervor. Auf Franziskus berufen sich auch die Klarissen (der II. Orden), die ein streng zurückgezogenes und beschauliches Leben führen, und der III. Orden, der Männer und Frauen aus den verschiedensten Lebensbereichen umfasst, auch „Franziskanische Gemeinschaft" genannt. Aus dieser entwickelten sich zu verschiedenen Zeiten klösterliche Gemeinschaften, die als „Regulierter Dritter Orden" bekannt sind. Allein in Deutschland gibt es gegenwärtig rund 30 solcher klösterlichen Gemeinschaften.

Herz-Jesu-Missionare (MSC)

Die Gesellschaft der Herz-Jesu-Missionare wurde 1854 von J. Chevalier in Issoudun (Frankreich) gegründet. Die ursprüngliche Aufgabe bestand in der Förderung der Herz-Jesu-Verehrung. 1891 wurde die Gesellschaft endgültig anerkannt. Heute sind die Mitglieder vor allem als Missionare in Ozeanien, Neuguinea und Indonesien tätig. Die europäischen Klöster dienen als Stützpunkte dieser Missionstätigkeit. Zahlreiche Schwesternkongregationen leiten Spiritualität und Aufgabenbereiche von den Herz-Jesu-Missionaren her.

Jesuiten (SJ)
Die Gesellschaft Jesu geht zurück auf eine Gruppe um Ignatius von Loyola, die sich am 15.8.1534 durch gegenseitige Gelübde aneinander band. Ihr Fundament bildeten die „Geistlichen Übungen" des Ignatius. 1540 wurde die Gruppe von Rom anerkannt. Ihre Ziele waren: Ausbreitung des Glaubens durch Predigt, Exerzitien, Bildungstätigkeit in allen Institutionen. Die seelsorgerliche Arbeit diente zugleich der Vervollkommnung der einzelnen Ordensmitglieder. Der Orden breitete sich rasch aus und erhielt in der „Ratio studiorum" von 1599 eine verbindliche Norm für seine Bildungsarbeit. Bedeutend war die Wirksamkeit der Jesuiten vor allem zur Zeit der Gegenreformation und der Aufklärung; diese Tätigkeit setzte die Gesellschaft Jesu zahlreichen Anfeindungen und Verdächtigungen aus, die 1773 zur Aufhebung des Ordens durch Papst Clemens XIV. führten. Die Vertreibung aus vielen Ländern Europas ging dieser Aufhebung unmittelbar voraus. Pius VII. stellte den Orden 1814 wieder her; er breitete sich überraschend schnell aus, vor allem in Nord- und Südamerika. In Europa führten die Jesuiten jene Aufgaben weiter, die ihr Wirken bereits vor der Aufhebung gekennzeichnet hatten.

Kanoniker (Chorherren)
Als Kanoniker oder Chorherren werden Kleriker bezeichnet, die als Mitglieder eines Kathedral-, Dom- oder Stiftskapitels gemeinsam Gottesdienst feiern. Diejenigen Kanoniker, die dem in der „Gregorianischen Reform" des 11. und 12. Jh.s entwickelten Reformprogramm folgten und sich einem Leben in Gemeinschaft nach Regeln mit Ordensgelübden in Gehorsam, Keuschheit und Armut verschrieben, werden als Regularkanoniker (regulierte Chorherren bzw. Chorfrauen) bezeichnet. Die bedeutendsten der regulierten Chorherren-Orden sind die nach der Augustiner-Regel lebenden Augustiner-Chorherren und die Prämonstratenser.

Karmeliten (OCarm; OCD)
Die Karmeliten verstehen ihr Leben als Fortsetzung jenes Lebens in der Einsamkeit des Berges Karmel, das der Prophet Elija, von dem das Alte Testament berichtet, führte und das Kreuzfahrer im 13. Jh. in Palästina nachzuahmen begannen. 1209 gab ihnen der Patriarch von Jerusalem eine Regel, die Papst Honorius III. bestätigte. Die Vertreibung nach Europa (1240) nahm dem Orden viel von seinen ursprünglichen Idealen. Jo-

hannes vom Kreuz und Teresa von Avila reformierten im 16. Jh. gegen innere und äußere Widerstände den Orden, der zu einem Leben in Gebet und Strenge gegen sich selbst zurückkehrte.

„Jeder soll Tag und Nacht im Gesetz des Herrn betrachten und im Gebet wachen." Nach diesem Ideal lebten Teresa von Avila und Johannes vom Kreuz, Therese von Lisieux und Edith Stein. Eine solche radikale Ausrichtung auf Gott kann nur im Dienst an den Mitmenschen gelebt werden. Der Orden sieht sein Ideal am klarsten verdeutlicht in Maria, der Mutter und Königin des Karmel. Deshalb verehrt er seit seinen Anfängen Maria in besonderer Weise. Der Erste Orden (der männliche Zweig) bemüht sich auch heute noch getreu seinem Ideal, ganz für Gott da zu sein und grundsätzlich offen zu sein für jede Art des Apostolats in der Kirche. Der Zweite Orden (der weibliche Zweig) lebt in der Zurückgezogenheit der Klausur ganz dem Apostolat des Gebets und des Opfers, jedoch für die Mitmenschen. Der Dritte Orden (die klösterliche Gemeinschaft) lebt das Ideal des Karmel neben Gebet und Betrachtung im Apostolat tätiger Nächstenliebe (Kindergarten, Altenpflege). In Deutschland sind dies vor allem die „Marienschwestern vom Karmel" und die „Karmelitinnen vom Göttlichen Herzen".

Kartäuser (OCart)

Die Kartäuser gelten als strengster Orden, den die katholische Kirche hervorgebracht hat. Er geht auf Bruno von Köln zurück, geboren 1030 und lange Jahre Leiter der Domschule zu Reims. Im Investiturstreit, der zu einer Verflachung des religiös-kirchlichen Lebens in weiten Kreisen führte, zog er sich in die Einsamkeit von La Chartreuse zurück, um ein Büßerleben zu führen. In der Zwischenzeit als Berater nach Rom berufen, gründete er ein zweites Kloster in der Einsamkeit von Kalabrien. Dort starb er im Jahre 1101. In der Gegend von La Chartreuse fanden sich bald viele Einsiedlergruppen, die sich später der Grande Chartreuse unterstellten. Dieser Zeitpunkt darf als der der eigentlichen Ordensgründung angesehen werden. Zur Zeit seiner größten Ausdehnung im 15. Jh. umfasste der Orden ca. 200 Klöster.

Die Kartäusermönche sind Eremiten und verbringen ihr ganzes Leben – mit Ausnahme der Gottesdienste – in Einsamkeit und Stillschweigen.

Kloster

Das Gebäude einer Gemeinschaft von zölibatär lebenden Christen wird normalerweise als Kloster bezeichnet (vom lat. claustra oder claustrum, „Riegel, Verschluss, Schloss"), d. h. als „ausgesperrter Ort", an dem Mönche oder Nonnen wohnen. Das früheste Kloster geht auf Pachomius

(† 346) zurück, der seine Anlage mit einer Mauer umschließen ließ. Diese Anlage beinhaltete Kirche, Speisesaal, Küche, Kleiderkammer, Bibliothek, Krankenort, Gästehaus und Werkstätten. Der älteste Plan für ein Kloster stammt aus dem Jahr 820: Es ist der St. Gallener Klosterplan, der Vorbild für viele Benediktiner- und alle Zisterzienserklöster wurde.

Missionare von der Heiligen Familie (MSF)
J. B. Berthier gründete die Kongregation 1895 in Crave. Das ursprüngliche Anliegen war die Ausbildung von Spätberufenen zu Priestern. Seit 1926 sind die Mitglieder vor allem in der Mission tätig.

Monastisches Leben
Der Gedanke des Mönchtums ist nicht auf das Christentum beschränkt, er lässt sich in vielen Religionen und Kulturkreisen nachweisen. Die ersten christlichen Mönche finden sich in Ägypten, Palästina, Syrien und Kleinasien (Asketen, Eremiten, Zönobiten) zu Beginn des 4. Jh.s. Auch in der römischen Provinz Gallien – im heutigen Südfrankreich – gab es schon vor dem 4. Jh. mönchisches Zusammenleben. Osten und Westen standen im Austausch über die Lebensweise ihrer Asketen.
Die Mitglieder einer klösterlichen Gemeinschaft (Mönche bzw. Nonnen) leben unter Einhaltung der Gelübde Gehorsam, Beständigkeit und klösterlicher Lebenswandel (Armut und Ehelosigkeit) zusammen, und zwar unter Leitung eines Abtes bzw. einer Äbtissin und unter Beachtung einer bestimmten Klosterregel.
Der Dienst Gottes, dem sie sich verschrieben haben, vollzieht sich in Gebet und Arbeit. Gebet ist unmittelbarer, Arbeit mittelbarer Gottesdienst. Das gemeinschaftliche Gebet im Kloster, das Chorgebet, dessen Hauptbestandteile Psalmen und andere Schrifttexte sind, reicht mit seinen Wurzeln bis in das frühe Christentum zurück. Das Chorgebet wird auch Stundengebet oder Tagzeitenliturgie (vgl. S. 19f) genannt, weil es den Ablauf des Tages heiligt. Es umfasst traditionell folgende Gebetszeiten, die auf die Eucharistiefeier als auf ihr Zentrum hingeordnet sind: Laudes – Morgenlob; Terz, Sext, Non – Heiligung der 3., 6. und 9. Tagesstunde; Vesper – Gebet am Spätnachmittag; Komplet – Gebet vor der Nachtruhe; Nokturnen – nächtliches Gebet. Elemente dieser Tradition werden die Leserinnen und Leser auch im vorliegenden Buch finden. Die (körperliche und geistige) Arbeit ist Gottesdienst, weil sie der Welt und den Menschen im Auftrag Gottes dient. In der Einheit von Gebet und Arbeit, von Kontemplation und Aktivität mag im 21. Jh. so etwas wie eine Alternative zur vorherrschenden Mentalität unserer Gesellschaft sichtbar werden, eine Alternative, die sich inmitten der Modernität ihrer alten Wurzeln bewusst ist.

Oblaten der Makellosen Jungfrau Maria (OMI)
Von Ch.-J.-E. Mazenod 1816 in Aix gegründet, um durch Volksmissionen das religiöse Leben, das durch die Französische Revolution Schaden genommen hatte, wieder zu beleben, wurden die Oblaten 1826 von Rom als Orden anerkannt und vor allem auf die Missionstätigkeit verpflichtet (Kanada, Ceylon, Basutoland). Die deutsche Provinz wurde 1895 errichtet. Viele Schwesterngemeinschaften, die in den letzten hundert Jahren entstanden, fühlen sich der Spiritualität der Oblaten verpflichtet.

Pallottiner (SAC)
Die Pallottiner sind eine Priester- und Brüdergemeinschaft mit unterschiedlichen apostolischen Aufgaben. Um möglichst viele zur Mitarbeit in Kirche und Welt zu motivieren, gründete der heilige Vinzenz Pallotti 1835 die „Vereinigung des Katholischen Apostolates", in der Christen jeden Standes und jeder Berufsgruppe ihren Platz haben können. In dieser Vereinigung tragen die Pallottiner eine besondere Verantwortung. Das Provinzialat für Deutschland und Österreich befindet sich in Friedberg bei Augsburg.

Prämonstratenser (OPraem)
Gründer des Ordens ist Norbert von Xanten, der nach seiner Bekehrung im Jahre 1114 als Wanderprediger die Missstände in der Kirche scharf geißelte. Da viele Priester und Bischöfe sich dadurch angegriffen fühlten, verboten sie diese Predigten, sodass Papst Gelasius II. zugunsten Norberts intervenieren musste. Andere Prediger schlossen sich Norbert an, der im Jahre 1120 das Kloster Prémontré gründete. Die Neugründung erinnert in vielem an die Zisterzienser, unterscheidet sich von diesen jedoch durch die Betonung des Vorrangs der Seelsorge vor individueller Heiligung. In der Reformationszeit wäre der Orden beinahe gänzlich untergegangen, erfuhr in der Folgezeit aber eine kräftige Neubelebung. Gegenwärtig widmen sich die Prämonstratenser vor allem der Seelsorge in den Pfarreien und der Jugend- und Erwachsenenbildung, aber auch die Pflege von Liturgien und Chorgebet wird als zentrale Aufgabenstellung betrachtet.

Redemptoristen (CSSR)
1732 gründete Alfons von Liguori in Italien eine Missionsgesellschaft (vom göttlichen Erlöser), die sich vor allem der Volksmission, der Exerzitien und der außerordentlichen Seelsorge annehmen sollte. Anstoß zu dieser Gründung war der Wille, sich seelsorglich um jene Menschen zu kümmern, die weder von der Pfarrseelsorge noch von den damals üblichen Zentralmissionen erfasst werden konnten. Nach dem Eintritt der

ersten Nichtitaliener 1784 konnte sich die Kongregation, die in ihren Anfängen in Italien unterdrückt wurde, über die ganze Welt ausbreiten und auch eine rege Missionstätigkeit entfalten. 1951 wurde die Regel auf Weisung Pius' XII. gänzlich umgearbeitet und den Erfordernissen der Gegenwart angepasst.

Die Redemptoristinnen, die ebenfalls auf Alfons von Liguori zurückgehen, sind ein streng beschaulicher Orden mit Klausur, der in Gebet und Buße dem Erlöser nachfolgen will.

Salesianer (SDB)

Die *Salesianer* sind eine Kongregation aus Priestern und Laienbrüdern mit einfachen Gelübden, von Don Bosco 1857 in Turin gegründet und 1874 kirchlich approbiert. Don Bosco verlieh seiner Gemeinschaft eine moderne Organisationsform und stellte sie vor allem in den Dienst seines sozialen Jugendwerkes. Das Armutsgelübde gilt nur unter Wahrung der bürgerlichen Rechte der Mitglieder; zudem kennt der Orden keine besondere Tracht. Neben der Jugendarbeit ist das Presseapostolat ein weiterer Schwerpunkt der Gemeinschaft.

Die *Salesianerinnen* (Orden von der Heimsuchung Mariä) sind bedeutend älter als die Salesianer Don Boscos und gehen zurück auf Franz von Sales und Johanna Franziska von Chantal (1610). Die Schwestern versuchen auf der Grundlage der Augustinerregel das tätige mit dem beschaulichen Leben zu verbinden. Die Salesianerinnen wurden Vorbild für eine Vielfalt neuer, besonders karitativ oder apostolisch tätiger Schwesterngemeinschaften.

Salvatorianer (SDS)

Die Gesellschaft des Göttlichen Heilandes wurde von F. M. Jordan 1881 in Rom gegründet und 1923 endgültig approbiert. Ihr Ziel ist innere und äußere Mission unter den jeweiligen gesellschaftlichen und kulturellen Umständen. Gegenwärtig arbeiten die Mitglieder vor allem in Pfarreien, Bildungshäusern und höheren Schulen. Daneben gründete Jordan zusammen mit Th. v. Wüllenweber 1888 die Gemeinschaft der Schwestern vom Göttlichen Heiland; diese Gemeinschaft bewies große Vielseitigkeit und Anpassungsfähigkeit und breitete sich rasch in Mitteleuropa, aber auch in Übersee aus. Die Schwestern wirken vor allem in Kindergärten, Pfarrstationen, Altersheimen und Krankenhäusern.

Serviten (OSM)

Hervorgegangen ist der Orden der Diener Mariens aus einzelnen Bruderschaften, die sich Mitte des 13. Jh.s in Florenz zusammenschlossen, die

Augustinerregel annahmen und 1304 durch Benedikt XI. endgültig bestätigt wurden. Nach der Auflösung des Ordens im Jahre 1800 gelang eine spätere erneute Verbreitung. Der Orden ist in fast allen Staaten Europas vertreten. Die Servitinnen sind besonders auf sozial-karitativem Gebiet tätig.

Spiritaner (CSSp)

Die Gemeinschaft wurde 1703 in Paris von C.-F. Poullart des Places gegründet. 1805 wurde sie mit Missionen in den französischen Kolonien betraut und vereinigte sich 1848 mit der Kongregation vom Hl. Herzen Mariens. Heute sind den Spiritanern Schulen, das Französische Seminar in Rom und Missionsdistrikte in rund 60 Ländern anvertraut.

Stift

Das Wort „Stift" verweist auf die Gründungsgeschichte eines Klosters – und macht klar, dass es sich bei der Klostergründung um eine „Stiftung" handelt, die das Mönchs- oder Kanonikerleben überhaupt erst (wirtschaftlich gesehen) ermöglicht. Als Stifte bezeichnet man in Österreich im Allgemeinen die mit Grundherrschaft und unterschiedlichen Privilegien ausgestatteten Klöster der alten Orden, der Benediktiner und der ihnen verwandten Zisterzienser, der Prämonstratenser und Augustiner-Chorherren und auch der Kartäuser. Sie besaßen in Österreich die Rechte der Grundherrschaft bis 1848 und galten bis zum selben Jahr gewissermaßen als exterritorial. Heute werden sie als juristische Personen gewertet, als Körperschaften öffentlichen Rechts mit großer kulturhistorischer, wirtschaftlicher und geistlicher Bedeutung, ihren politischen Einfluss haben sie jedoch verloren.

Stundengebet / Tagzeitenliturgie

Gemäß des Wortes des Apostels Paulus „Betet ohne Unterlass!" (1 Thess 5,17) versammelten sich die Gemeinden der ersten Jahrhunderte zum täglichen Gebet, vor allem am Morgen und Abend, aber auch zu anderen festen Zeiten. Aus diesem gemeinschaftlichen Gebet entwickelte sich das Stundengebet (Tagzeitenliturgie), das in Klöstern und geistlichen Gemeinschaften regelmäßig gemeinsam gefeiert wird und zu dem Priester, Diakone und Ordensleute verpflichtet sind. Darüber hinaus lädt die Kirche alle Getauften ein, sich diesem Gebet anzuschließen und, wo dies möglich ist, die jeweiligen Gebetszeiten (Horen) in Gemeinschaft zu feiern.

Psalmen, Hymnen und Schriftlesungen sind die Grundbausteine des Stundengebets. Laudes (Morgengebet) und Vesper (Abendgebet) bilden die Angelpunkte des Tages. Die Komplet ist das Nachtgebet, das seinen

Platz unmittelbar vor der Nachtruhe haben soll. Die geltende Ordnung kennt auch noch weitere Gebetszeiten, die im Laufe des Tages gefeiert werden (Terz, Sext, Non, Lesehore). Ihre feierlichste Gestalt findet die Tagzeitenliturgie in gesungener Form, häufig wechselchörig, vor allem im Wechsel von Vorsänger und Gemeinde (vgl. auch „Gotteslob", Nr. 613).

Trappisten (OCSO)

Die Trappisten sind ein Reformzweig des Zisterzienserordens, der 1098 in Burgund als Reformzweig des Benediktinerordens gegründet und nach dem Mutterkloster Cistercium benannt wurde. Der Zisterzienserorden war nach einer fast zweihundertjährigen großen Blütezeit wie so viele Orden von seinem ursprünglichen Ideal abgekommen und zerfallen. Um diesen Zerfall aufzuhalten und wieder zum ursprünglich rein kontemplativen Leben zurückzufinden, wurden schon früh Reformen versucht, aus denen sich dann Reformkongregationen entwickelten. Die bekannteste ist die von La Trappe in Nordfrankreich, die unter Abt de Rancé († 1670) ihre große Blüte erreichte. 1892 schlossen sich drei Reformkongregationen zum Trappistenorden zusammen. Seitdem lebt der Zisterzienserorden in zwei selbstständigen Zweigen weiter. Der Trappistenorden heißt offiziell „Orden der Zisterzienser von der Strengeren Observanz" (OCSO) oder „Orden der Reformierten Zisterzienser" (OCR).

Ursulinen (OSU)

Der Orden der Ursulinen wurde 1535 in Brescia von Angela Merici gegründet, die eine starke soziale Betätigung der Schwestern wünschte. Pius V. zwang – in Anlehnung an die traditionellen Frauenorden – den Ursulinen Klausurvorschriften auf, die das angezielte Apostolat nahezu unmöglich machten. Die Schwestern unterhalten vor allem Internate und Schulen für Kinder aus allen Bevölkerungsschichten. 1907 entstand der Verband selbstständiger deutscher Ursulinenklöster als freie Arbeits- und Hilfsgemeinschaft der Schwestern.

Zisterzienser (OCist)

Der Zisterzienserorden wurde 1098 von Robert von Molesmes als Zweig des Benediktinerordens gegründet und im 12. Jh. durch Bernhard von Clairvaux († 1153) zu hoher Blüte geführt. Die Zisterzienser/innen leben nach der Regel des abendländischen Mönchsvaters Benedikt von Nursia († 547) und nach den Satzungen des Zisterzienserordens. Einige Klöster bewahren noch ihren ursprünglich beschaulichen Charakter, andere jedoch (insbesondere die österreichischen) haben ihn durch die geschichtliche Entwicklung im Sinne des Erziehungsapostolates abgewandelt.

Katholische Klöster

Aachen – **BENEDIKTINERABTEI KORNELIMÜNSTER**

| ✉ | **Adresse** D-52076 Aachen, Oberforstbacher Straße 71.
Tel. 02408 / 3055, Fax 02408 / 3056.
E-Mail: benediktiner@abtei-kornelimuenster.de
Internet: www.abtei-kornelimuenster.de

| 🚗 | **Anfahrt** A 44, Ausfahrt Aachen-Brand oder Aachen Lichtenbusch.

| 🏛 | **Geschichte** Erste Gründung unter dem Namen „Inda" durch Kaiser Ludwig den Frommen im Jahre 815. Erster Abt war 817 bis 821 der heilige Benedikt von Aniane (Südfrankreich), der als „erster großer Mönchsvater aus germanischem Stamm" angesehen wird. Zugleich war er Freund und Berater des Kaisers, der in der Kaiserpfalz zu Aachen residierte und das Kloster mit reichen Stiftungen bedachte (Land, Heiligtum, Reliquien). Unter den Reliquien ist die bedeutendste die des heiligen Papstes und Märtyrers Kornelius († 253), durch dessen große Verehrung der Name des Ortes sich in „Kornelimünster" wandelte. Aufhebung des Klosters durch Napoleon im Jahre 1802. 1906 legten Mönche aus dem nahen Holland den Grundstein zu einem neuen Kloster an der Oberforstbacher Straße, da die ehemaligen Klostergebäude (im Zentrum des Ortes) ein Lehrerseminar beherbergten.

| 🛏 | **Unterkunft** Man wende sich an den Gastpater.

| ✦ | **Gottesdienste** So 8.00, 10.30 Eucharistiefeier; 17.30 Vesper; Mo–Fr 18.00 Konventmesse und Vesper; Sa 11.30 Konventmesse, 17.30 Vesper.

Admont – **BENEDIKTINERSTIFT ST. BLASIUS**

| ✉ | **Adresse** A-8911 Admont/Steiermark.
Tel. 03613 / 2312; Kulturabteilung (zuständig für den touristischen Bereich): 03613 / 2312604,
Fax 03613 / 2312610.
E-Mail: kultur@stiftadmont.at
Internet: www.stiftadmont.at

| 🚆 | **Anfahrt** Bahnstation Admont (Strecke Bischofshofen – Selzthal – Amstetten – Wien). ⇒ Mit dem Pkw: A 9, Ausfahrt Ardning/Admont/Gesäuse.

| 🏛 | **Geschichte** Die Gegend von Admont, kurz vor dem Eintritt der Enns in das Gesäuse, ist uralter Siedlungsboden und wird bereits im Jahre 859 urkundlich genannt. Die Anfänge des Stiftes Admont reichen ins 11. Jh. zurück: Nach einer freilich erst später entstandenen Überlieferung hatte schon die heilige Hemma von Gurk ihre im steirischen Ennstal gelegenen Besitzungen für die Errichtung eines Klosters zur Verfügung gestellt, doch ist die Gründung des Stiftes Admont ein Werk des tatkräftigen Erzbischofs Gebhard von Salzburg. Am 29. September 1074 weihte er die Klosterkirche zu Ehren des Märtyrerbischofs Blasius, nachdem er einen Mönch von St. Peter zum ersten Abt bestimmt hatte.

Seither entfaltet das Stift Admont unter der Leitung von bisher 67 Äbten in fast ungebrochener Kontinuität als Stätte klösterlichen Lebens, seelsorglichen, schulischen und kulturellen Wirkens wie auch als großer Wirtschaftskörper eine weitgespannte Tätigkeit, die in allen Wechselfällen seiner Geschichte nie völlig zum Erliegen kam. Die weitläufigen Stiftsgebäude und die umfangreichen Sammlungen sind ein sichtbarer Ausdruck dieses Wirkens und zugleich ein Teil jenes kostbaren Erbes, zu dessen Pflege sich das Stift auch künftighin verpflichtet weiß.

| 📷 | **Sehenswürdigkeiten** Die Stiftskirche (seit 1787 dient sie auch als Pfarrkirche) ist der erste große neugotische Sakralbau Österreichs und entstand in ihrer heutigen Gestalt nach der Brandkatastrophe von 1865. Tritt sie nach außen als weithin sichtbares Wahrzeichen in Erscheinung, so machen sie im Inneren die stimmungsvolle Raumwirkung und die reiche künstlerische Ausstattung mit Werken aus mehreren Stilepochen zu einem Kunstwerk ganz besonderer Art.

Der bedeutendste Anziehungspunkt ist der majestätische Bibliothekssaal, der als größter klösterlicher Büchersaal der Welt berühmt geworden ist. Wird schon durch die architektonische Gestalt der Eindruck einer unvergleichlichen Raumschöpfung bewirkt, so tritt in der reichen künstlerischen Ausstattung ein wesentliches Element hinzu: Der groß angelegte Freskenzyklus, der sich in den sieben Gewölbekuppeln ausbreitet, stammt von Bartolomeo Altomonte, während der umfangreiche Skulpturenschmuck von dem Stiftsbildhauer Josef Stammel geschaffen wurde; die „Vier letzten Dinge" im Mittelraum des Saales zählen zu den besten Werken der alpenländischen Barockskulptur. In den Regalen stehen etwa 70.000 Bände aus allen Wissensgebieten und bilden insgesamt so etwas wie eine Summe abendländischer Gelehrsamkeit. Der größte Schatz der Büchersammlung sind jedoch die vielen mittelalterlichen Pergamenthandschriften, die zu einem beträchtlichen Teil im eigenen Skriptorium entstanden sind. Seit jeher hatte das Stift Admont auch gelehrte Autoren in den Reihen seiner Angehörigen, die in Mittelalter und Neuzeit die Bücherbestände mit ihren eigenen Werken bereicherten.

Der Stiftsbibliothek steht seit 2003 das neue Großmuseum als weiterer Höhepunkt zur Seite: Handschriften und Frühdrucke, Kunst vom Mittelalter bis zur Gegenwart, die naturhistorische Sammlung von P. Gabriel Strobl, aktuelle MADE FOR ADMONT-Kunst (teils spezifisch für Blinde konzipiert), eine multimediale Stiftspräsentation, Sonderausstellungen, eine Panoramastiege u.v.m. werden zum unvergleichlichen Erlebnis.

Bibliotheks- und Museumstrakt sind in die großzügige Klosteranlage mit ihrer Gartenarchitektur, dem Kräutergarten, dem Stiftsteich und Stiftskeller eingebettet. Sie eröffnen Ausblicke auf die beeindruckende Kulisse der Gesäuse-Landschaft und auf den nahen Nationalpark. Das neue Museum wurde mit dem „Österreichischen Museumspreis 2005" ausgezeichnet und zählt jährlich rund 60.000 Besucher.

Unterkunft Einzelpersonen oder kleinere Gruppen, deren Aufenthalt in einer direkten Beziehung zum Kloster steht, können (nur nach zuvor erfolgter Vereinbarung) in den Gästezimmern des Stiftes untergebracht werden.

Gottesdienste Stiftskirche: 18.00 Rosenkranz; 18.30 Eucharistiefeier – bis Ende September in der alten Pfarrkirche; So 8.30 u. 10.00 Eucharistiefeier; 17.30 Choralvesper in der Stiftskirche; Wo 7.00 Konventmesse in der Benediktuskapelle.

Mitglieder 28.

Tätigkeiten Admonter Patres sind nicht nur in den 26 inkorporierten Pfarren, sondern auch in mehreren Weltpriesterpfarren tätig. Wohl kaum ein anderes österreichisches Ordenshaus war stärker im Aufgabenbereich der Seelsorge engagiert. Die Grundlage für das weit verzweigte Pfarrnetz ist bereits im 11. Jh. gelegt und noch im Mittelalter weitgehend ausgebildet worden. Das Gymnasium kann auf eine fast 350-jährige Tradition verweisen und ist nunmehr in einem großzügig konzipierten Neubau untergebracht. Zur Zeit erhalten hier an die 650 Schülerinnen und Schüler ihre Ausbildung. Das Gymnasium verfügt über einen humanistischen, einen neusprachlichen und seit 1985 auch über einen musischen Zweig. In den verschiedenen stiftischen Betrieben sind 500 Mitarbeiter beschäftigt: in Forstwirtschaft und Holz verarbeitender Industrie, in Landwirtschaft und Gärtnerei, im Elektrizitätswerk und in der Bauabteilung sowie im hoheitsrechtlichen Bereich. Das Stift Admont ist daher einer der wichtigsten Arbeitgeber im weiten Umkreis. Seit 1139 besitzt Stift Admont das Weingut DVERI-PAX. Das Weingut befindet sich in Nordslowenien, ca. 5 km nach der steirischen Grenze hinter Spielberg. Auf ca. 90 ha werden Qualitätsweine angebaut.

Aigen-Schlägl – PRÄMONSTRATENSER-CHORHERRENSTIFT SCHLÄGL

Adresse A-4160 Aigen-Schlägl/Oberösterreich. Schlägler Hauptstr. 1.
Tel. 07281 / 88010, Fax 07281 / 8801227 oder 8801324.
E-Mail: abtei@stift-schlaegl.at; ausstellung@stift-schlaegl.at
Internet: www.stift-schlaegl.at

Anfahrt Von Linz-Urfahr mit der Mühlkreisbahn bis zur Haltestelle Schlägl; mit dem Bus über die Strecke Linz – Aigen. ⇒ Mit dem Pkw von Deutschland aus: ab Passau über B 388 bis Wegscheid, von dort über B 38 und B 127 nach Aigen-Schlägl; in Österreich: Linz, nach der Donaubrücke B 127 Richtung Rohrbach, von dort über B 38 und B 127 nach Aigen-Schlägl.

Geschichte Gegründet wurde Schlägl durch Kalhoch von Falkenstein, einen Ministerialen des Bischofs von Passau. Die erste Gründung im Jahre 1204 mit Zisterziensern aus Langheim in Franken hatte nur kurzen Bestand. Zwischen 1218 und 1250 erfolgte die zweite Gründung mit Prämonstratensern aus Mühlhausen (Böhmen).
Die kleine romanische Anlage wurde zwischen 1444 und 1481 im gotischen Stil umgebaut und erweitert. Nach dem Bauernaufstand von 1626 wurde das Stift im heutigen Umfang wieder aufgebaut und mit barocken Elementen ausgestattet. Eine wirtschaftliche und kulturelle Blüte erlebte Schlägl unter Abt Dominik Lebschy (1838–1884). Im 20. Jh. litt das Kloster schwer unter der Weltwirtschaftskrise und der Auflösung durch die Nationalsozialisten. Mit Abt Florian Pröll (1958–1989) kam eine personelle und ökonomische Wiederbelebung. Schlägl betreut heute 23 Pfarreien und zwei Seelsorgestellen in der Umgebung und stellt einen wichtigen kulturellen wie wirtschaftlichen Faktor im Oberen Mühlviertel dar.

| 🏛 | **Sehenswürdigkeiten** Kreuzgang, romanische Einsäulenkrypta (1260), gotische Krypta, Turmkapelle mit gotischer Scheinarchitektur, dreischiffige gotische Stiftskirche mit barocken Stuckaturen und barocken Altären (Intarsien), barockes Chorgestühl mit reicher Schnitzerei, große Orgel von 1634. Gemäldesammlung, einzigartige Sammlung von Porträts der Stiftsmitglieder ab 1802, neubarocke Bibliothek mit 60.000 Bänden und ca. 240 Handschriften und 190 Inkunabeln. Sakristei mit wertvollen Paramenten und liturgischen Geräten. Öffnungszeiten der Ausstellung: Führungen vom 1. Mai bis 26. Oktober dienstags bis samstags um 10.30 Uhr und 14.00 Uhr, an Sonn- und Feiertagen 11.00 Uhr und 14.00 Uhr; für Gruppen auch außerhalb dieser Zeiten, telefonische Anmeldung erforderlich.

| ⌂ | **Unterkunft** Modernes Seminarzentrum im Klostergebäude für Kurse, Exerzitien und zur persönlichen Einkehr (E-Mail: seminar@stift-schlaegl.at); Ereignis Haus Holzschlag am Hochficht (Gemeinde Klaffer); Hotels, Gasthöfe und Pensionen in der Umgebung.

| ✱ | **Gottesdienste** So 7.00 Laudes mit deutschen Psalmen; 8.30 Messe; 10.00 Hochamt (an Feiertagen Pontifikalamt); 18.00 (17.00 Pontifikalvesper an Feiertagen) Vesper im gregorianischen Choral; Wo 6.30 (Do 7.30 nur Messe) Laudes und Konventmesse; 18.00 Vesper.

| ✝ | **Mitglieder** 41.

| ⚒ | **Tätigkeiten** Österreichs einzige Stiftsbrauerei seit 1580 mit sieben verschiedenen Biersorten; Forstwirtschaft; eigenes E-Werk; gastronomische Betriebe u. a. Stiftskeller; Wirtschaftsbetriebe; Hochficht Schiliftgesellschaft (www.hochficht.at); kleiner Buchladen an der Stiftspforte.

| ✱ | **Angebote** „Kloster auf Zeit" mit Teilnahme am Chorgebet; eigener Veranstaltungskalender für das Seminarzentrum mit Besinnungstagen, Bibelkursen, Meditationskursen, Ehevorbereitungstagen; Urlaub im Kloster mit und ohne geistliche Begleitung, Chor- und Orgelkonzerte.

| 📖 | **Literatur** L. Horstkötter, Der heilige Norbert und die Prämonstratenser, Eigenverlag der Prämonstratenserabtei St. Johann in Duisburg-Hamborn, 7. Aufl. 1989; Schlägler Schriften, 12 Bände ab 1980, Eigenverlag; Prämonstratenserstift Schlägl. Stiftsführer, Ried im Innkreis 1992.
DVD Landschaftsverband Rheinland: Norbert von Xanten, Einzelkämpfer – Prediger – Kirchenreformer, Düsseldorf 2007.

Alexanderdorf – BENEDIKTINERINNENABTEI ST. GERTRUD

| ✉ | **Adresse** D-15838 Am Mellensee, Klosterstraße 1.
Tel. 033703 / 9160, Fax 033703 / 916214.
E-Mail: abtei@kloster-alexanderdorf.de
Internet: www.kloster-alexanderdorf.de

| 🚍 | **Anfahrt** Berlin-Hauptbahnhof nach Trebbin: RE 5: Potsdamer Platz – Berlin-Südkreuz – Trebbin, Stündlich, ca. 30 min, weiter mit dem Taxi – ca. 10 km; Berlin-Schönefeld nach Zossen: RE 7: Stündlich, ca. 25 min, weiter mit dem Taxi – ca. 13 km.

| 🏛 | **Geschichte** Das Kloster wurde 1934 von freien Krankenschwestern aus Berlin gegründet, die im Verlauf eines Jahrzehnts die benediktinische Lebensform angenommen und dann für die Gründung ein Restgut der Grafen von Schwerin erworben hatten. 1984 wurde das Kloster zur Abtei erhoben. Im selben Jahr wurde auch die ehemalige Scheune als Klosterkirche konsekriert.

| 🛏 | **Unterkunft** Gästehaus mit 20 Zimmern, mit und ohne Nasszelle, oder in Pensionen der Umgebung.

| ⊙ | **Gottesdienste** 6.00 (So 6.30) Laudes; 7.30 (So 7.45) Eucharistiefeier als Choralamt; 12.15 Mittagshore; Sa 17.30 lateinische Vesper; 19.45 Komplet und Vigilien.

| ♱ | **Mitglieder** 28.

| ⚒ | **Tätigkeiten** Gästehaus, Hostienbäckerei, Paramentik, Klostergarten, Kursarbeit.

| ✦ | **Angebote** Teilnahme am klösterlichen Tageslauf, „Kloster auf Zeit", geistliche Einzelgespräche, Geistliche Begleitung, Einzel- und Gruppenexerzitien, Ikonenmalkurse, Bibelarbeit, von Mai bis August „Sommermusiken im Kloster Alexanderdorf", Führungen durch den Klostergarten.

Allensbach-Hegne – PROVINZHAUS DER BARMHERZIGEN SCHWESTERN VOM HEILIGEN KREUZ

Adresse D-78476 Allensbach, Konradistraße 12.
Tel. 07533 / 8070, Fax 07533 / 807123.
E-Mail: info@kloster-hegne.de
Internet: www.kloster-hegne.de

Anfahrt Bahnstation Hegne (Strecke Offenburg – Konstanz); Regionalbahn oder Bus: Radolfzell – Markelfingen – Allensbach – Hegne.
⇒ Mit dem Pkw: B 33 oder Autobahn Richtung Konstanz bis Ende der Ausbaustrecke Allensbach.

Geschichte Theodosius Florentini, Kapuziner, gründete 1856 mit der ersten Generaloberin, Mutter Maria Theresia Scherer, in Ingenbohl/Brunnen in der Schweiz die Kongregation der Barmherzigen Schwestern vom heiligen Kreuz, zugehörig der großen franziskanischen Ordensfamilie. Als Sozialreformer wollte er den Nöten seiner Zeit begegnen nach dem Grundsatz: „Was Bedürfnis der Zeit, ist Gottes Wille." In der Folge entstanden auch viele Gründungen in Baden-Württemberg. Um für die Schwestern in Deutschland eine Provinzzentrale zu schaffen, wurde 1892 das Schlossgut in Hegne bei Konstanz gekauft. Dieses hatte bis zur Säkularisation den Bischöfen von Konstanz als Sommerresidenz gedient und war dann in Privatbesitz übergegangen. Als eigenständige Provinz besteht Hegne seit 1895. Von hier aus werden heute Schwestern in 43 verschiedene Häuser entsandt.

Sehenswürdigkeiten Die um die Jahrhundertwende entstandene Klosterkirche wurde Anfang der 1960er Jahre renoviert und in Zusammenhang mit dem Bau der Krypta 1989–1991 neu gestaltet. Eindrucksvoll wirkt das Mosaikbild, das den wiederkehrenden Christus und eine wachende Jungfrau darstellt und die ganze Chorwand einnimmt. In der Krypta unter der Klosterkirche, künstlerisch gestaltet von Prof. Elmar Hillebrand aus Köln, wird das Grab der 1987 selig gesprochenen Schwester Ulrika Nisch von vielen Hilfe suchenden Menschen besucht.

Gottesdienste So 9.30; Di und Fr 17.45; Do 7.00; Sa 8.00; Vesper 17.45 (Sa 17.30).

Mitglieder 330 Schwestern in der Provinz Baden-Württemberg, über 3.000 Schwestern weltweit.

| ✱ | **Angebote** Das neu erbaute Gäste- und Tagungshaus St. Elisabeth bietet ideale Möglichkeiten zu Tagungen, Exerzitien und Urlaub (Tel. 07533 / 9366-2000. E-Mail: info@st-elisabeth-hegne.de; Internet: www.st-elisabeth-hegne.de). Das Haus Franziskus ist ein Begegnungshaus für Jugendliche und junge Erwachsene, die ihr Leben vom Evangelium Jesu her sehen, verstehen und gestalten möchten, die Schwestern und anderen Jugendlichen begegnen wollen, die in ihrem Fragen nach dem eigenen Weg und der persönlichen Berufung Begleitung suchen oder das Kloster und das Leben der Schwestern kennenlernen möchten (Tel. 07533 / 807381; E-Mail: haus.franziskus@kloster-hegne.de; aktuelles Jahresprogramm: www.kloster-hegne.de).

Altenburg – **BENEDIKTINERSTIFT**

| ✉ | **Adresse** A-3591 Altenburg/Niederösterr., Abt-Placidus-Much-Str. 1. Tel. 02982 / 3451, Fax 02982 / 345113.
E-Mail: kultur.tourismus@stift-altenburg.at
Internet: www.stift-altenburg.at

| 🚌 | **Anfahrt** Bahnstationen Horn oder Rosenburg (Strecke Hadersdorf/Kamp-Sigmundsherberg); Bus: ab Wien-Mitte bis Altenburg. ⇒ Mit dem Pkw: B 1 Krems – Horn *oder* Wien – B 4 Stockerau – Horn.

| 🏛 | **Geschichte** Das Kloster wurde vor 1144 von Hildburg, der Witwe des Grafen von Poigen, bei der Kirche einer alten Burg gegründet. Zwei Jahrhunderte später standen hier eine gotische Hallenkirche und ein Kloster, das zum religiösen und kulturellen Mittelpunkt des „Poigreiches" geworden war. Trotz aller Kriege und Zerstörungen behauptete das Kloster diese Stellung über die Reformation hinaus. Als 1645 die Schweden die alte Anlage zerstörten, bauten die Mönche der Barockzeit auf dem alten Platz in fast hundertjähriger Bauzeit ein neues Kloster, dem der St. Pöltner Baumeister Josef Munggenast, ein Prandtauer-Schüler, seine heutige Gestalt gegeben hat. Die alten Traditionen leben fort auch im Gesang der weit über Österreichs Grenzen hinaus bekannten „Altenburger Sängerknaben", die 1961 wieder gegründet wurden.

| 📷 | **Sehenswürdigkeiten** Die Stiftskirche ist berühmt für ihre großartige barocke Ausstattung; die vier Kuppelfresken stammen von Paul Troger

(1733), die Barockorgel vom Wiener Orgelbauer Anton Pfliegler (1774). In der Bibliothek, die als die „schönste Bibliothek im Klösterreich" bezeichnet wird, Troger-Fresken aus dem Jahr 1742. Unterhalb der Bibliothek befindet sich die originelle Krypta (Totentanz-Szenen im Stil des „grotesken Barock"). Die mittelalterliche Klosteranlage wird seit 1983 ausgegraben und teilweise restauriert. Zu besichtigen ist der Kreuzgang (1. V. d. 14. Jh.), Skriptorium, Refektorium, Kapitelsaal, Abtshaus, Heizanlage. Das „Kloster unter dem Kloster" ist einmalig in Mitteleuropa.

Unterkunft 12 Gästezimmer. Gäste werden gebeten, sich vorher schriftlich anzumelden.

Gottesdienste Wo 6.00, So 6.15 Morgengebet (Laudes); 12.00 Mittagsgebet (Sext); 17.30 Abendgebet (Vesper); 19.00 Nachtgebet (Komplet); vor Sonn- und Feiertagen 20.30 Vigilien; Eucharistiefeier: Wo 7.15, So 8.00 und 10.00 (Konventmesse).

Mitglieder 11.

Tätigkeiten Die Mönche arbeiten in der Pfarrseelsorge (sechs Pfarren) und als Religionslehrer. Das Kloster lebt von der Land- und Forstwirtschaft, Produkte werden im Klosterladen angeboten (Stifts-Weine usw.).

Angebote Beliebtes Tagesausflugsziel; Möglichkeit zur Besichtigung der beiden Klosteranlagen aus Mittelalter und Barock. Die jährlichen Sonderausstellungen setzen besondere Schwerpunkte im Angebotsprogramm. Der Klosterladen mit Bioprodukten, das Stiftsrestaurant, der 3 ha große „Garten der Religionen", der „Schöpfungsgarten" oder zahlreiche Wanderwege laden zum längeren Verweilen ein. Im Sommer außerdem: Theater- und Konzertveranstaltungen (Altenburger Sängerknaben, Kammermusik, Klavier- und Orgelkonzerte u.v.m.). Nach Vereinbarung besteht für Männer im Gästehaus die Möglichkeit, durch Besinnung und Erholung sowie die Mitfeier der Stundenliturgie und Eucharistie neue Kraft für den Alltag zu schöpfen.

Literatur Albert Groiss, Benediktinerabtei Altenburg. Spiritualität – Geschichte – Kunst, Salzburg 1994; Albert Groiss/Paul Troger. Der Maler des Himmels (Ausstellungskatalog), Thaur 1998; Fundort Kloster. Archäologie im Klösterreich. Katalog zur Ausstellung im Stift Altenburg, Fundberichte aus Österreich. Materialheft A 8, hg. vom Bundesdenkmalamt, Schriftleitung Horst Adler, Wien 2000.

Altenstadt – BENEDIKTINERINNENABTEI KLOSTER ENGELTHAL

| ✉ | **Adresse** D-63674 Altenstadt/Hessen.
Tel. Kloster: 06047/9636-0; Gästehaus: 06047 / 9636-305 (für Anfragen und Anmeldungen), Fax 06047 / 9636-555.
E-Mail: gaestehaus@abtei-kloster-engelthal.de
Internet: www.abtei-kloster-engelthal.de

| 🚗 | **Anfahrt** Bahnstation Altenstadt (Strecke Frankfurt a.M. – Stockheim). ⇒ Mit dem Pkw: A 45 Gießen – Hanau/Würzburg, Ausfahrt Altenstadt, B 521 Richtung Altenstadt.

| 🏛 | **Geschichte** 1268 Stiftung als Zisterzienserinnenkloster, die der Zisterzienserabtei Arnsburg bei Lich unterstellt war. 1622 Brandschatzung des Klosters. 1636 Rückkehr der Nonnen. 1666–1750 barocker Wiederaufbau. 1699 Weihe der Kirche. 1803 Aufhebung durch den Reichsdeputationshauptschluss. Verschiedene weltliche Besitzer und Weiternutzung der Anlage als Hofgut. 1962 Wiederbesiedlung durch 20 Benediktinerinnen der Abtei vom Heiligen Kreuz, Herstelle/Weser. 1965 Erhebung zur Abtei. Engelthal gehört zur Beuroner Benediktiner-Kongregation.

| 📷 | **Sehenswürdigkeiten** Klosterkirche, Gesamtanlage.

| 🛏 | **Unterkunft** Das Gästehaus verfügt über 30 Gästezimmer, 22 davon sind mit Dusche/WC ausgestattet, davon ist eines ein rollstuhlgerechtes DZ. Gruppenräume, Aufenthaltsraum, Meditations- und Gebetsraum, Gästegarten. Es werden sowohl Einzelgäste als auch Gruppen (bis max. 24 Personen) aufgenommen.

| ✝ | **Gottesdienste** So 7.00 Laudes und 9.00 Eucharistiefeier (mit gregorianischem Choral); Wo 7.30 Laudes in Verbindung mit der Eucharistiefeier (abwechselnd deutsche und lateinische Gesänge). 12.00 Mittagshore; So 17.30, Wo 18.00 Vesper; 20.00 Komplet; vor Sonntagen und Festen anschließend Vigilien.

| ♀ | **Mitglieder** 17.

| ⚒ | **Tätigkeiten** Gästehaus, Buch- und Kunsthandlung, Werkstatt zur Restaurierung von Gemälden und Skulpturen.

Angebote Kursangebot „Tage der Besinnung und der Begegnung in der Benediktinerinnenabtei Kloster Engelthal"; KlosterTage für junge Frauen ab 16 Jahren (Gebet und Arbeit in Garten und Haus); Aufnahme von Einzelgästen das ganze Jahr über; Begleitung durch die Tage und Gespräche mit einer Schwester sind möglich.

Andechs – BENEDIKTINERKLOSTER

Adresse: D-82346 Andechs, Bergstraße 2.
Tel. 08152 / 376-0, Fax 08152 / 376-143.
E-Mail: info@andechs.de
Internet: www.andechs.de

Anfahrt S-Bahn München – Herrsching (S 8), von der S-Bahnstation Herrsching aus weiter mit Bus oder Taxi oder zu Fuß durch das Kiental auf ausgeschildertem Wanderweg. ⇒ Mit dem Pkw: Autobahn München – Lindau. Aus München kommend: Ausfahrt Oberpfaffenhofen; Richtung Herrsching der Beschilderung „Kloster Andechs" folgen. Aus Lindau kommend: Ausfahrt Inning; Richtung Herrsching der Beschilderung „Kloster Andechs" folgen.

Geschichte Klostergründung 1455 durch Herzog Albrecht III. zur Betreuung der Wallfahrt. Diese führte zum Heiltumsschatz, den die Grafen von Andechs-Meranien bis zum Niedergang ihrer Herrschaft (1248) angesammelt hatten (Herren-Reliquien, Heiligenreliquien, Drei Hostien) und der 1388 wieder aufgefunden wurde, in der spätgotischen Kirche, ab dem 17. Jh. Wallfahrt auch zur Muttergottes. 1755 wurde die Kirche in den bis heute erhaltenen Rokokoraum verwandelt, vor allem durch J. B. Zimmermann. Nachdem 1803 das Kloster säkularisiert worden war, wurde es 1846 von König Ludwig I. erworben und 1850 der Abtei St. Bonifaz, München, als Wirtschaftsgut zugestiftet.

Sehenswürdigkeiten Wallfahrtskirche, Kirchturm (nur zeitweise geöffnet), Heilige Kapelle (nur im Rahmen von vorangemeldeten Führungen [08152-376-253] durch Mitarbeiter des Klosters zu besichtigen), Fürstentrakt des Klosters (am Tag des offenen Denkmals öffentlich zugänglich, ansonsten nur im Rahmen von Tagungen und Veranstaltungen geöffnet).

| ⌁ | **Unterkunft** 30 Gästezimmer (28 EZ, 2 DZ).

| ⚫ | **Gottesdienste** So 9.30, 11.00, 18.00; Mi 18.00 Abendmesse mit Vesper. Beichtgelegenheit vor und zwischen den Gottesdiensten und nach Anmeldung an der Klosterpforte.

| ✝ | **Mitglieder** 6.

| ⚒ | **Tätigkeiten** Klosterbrauerei, Klosterladen, Garten, Bräustüberl, Orgelkonzerte.

| ✻ | **Angebote** Wochenenden für Männer, Ferienwochen für Jugendliche, Einzelaufenthalte im Kloster, Exerzitien für Manager, Wallfahrten.

| 📖 | **Literatur** Johannes Eckert, Andechs – Bayerns Heiliger Berg, Verlag Schnell und Steiner, Regensburg 2012; Johannes Eckert, Lebe was du bist, Kösel-Verlag, München, 2. Aufl. 2007, Johannes Eckert, Wohne bei dir selbst, Kösel-Verlag München, 2009, Johannes Eckert, Die Kunst, sich richtig wichtig zu nehmen, Kösel-Verlag, München 2012; Odilo Lechner, Wie Mönche leben, Pattloch Verlag, Aschaffenburg 1997; Kloster Andechs, Großer Kunstführer, 2. Aufl. 2005; Kloster Andechs, Kleiner Kunstführer, 13. völlig neu bearb. Aufl. 2005; Andechs. Ein Reise- und Lesebuch von Peter T. Lenhart, alliteraverlag, München 2009.

Bad Staffelstein – **MUTTERHAUS DER ST.-FRANZISKUS-SCHWESTERN, VIERZEHNHEILIGEN**

| ✉ | **Adresse** D-96231 Bad Staffelstein, Vierzehnheiligen 8.
Tel. 09571 / 95600, Fax 09571 / 9560160.
E-Mail: info@franziskusschwestern-vierzehnheiligen.de
Internet: www.franziskusschwestern-vierzehnheiligen.de

| 🚗 | **Anfahrt** Bahnstation Lichtenfels oder Bad Staffelstein. ⇒ Mit dem Pkw: Nürnberg oder Schweinfurt – Bamberg – Lichtenfels (A73), Ausfahrt Bad Staffelstein-Nord; am nördlichen Ende von Grundfeld zweigt man nach Osten ab und gelangt nach 1,5 km nach Vierzehnheiligen.

| 🏛 | **Geschichte** Die Anfänge gehen auf die Jahrhundertwende in München zurück. P. Dr. Peter Natili, Mitglied des Hieronymiten-Ordens, wollte die Not der Kranken, die ohne Sozialhilfe waren, lindern. Er gründete zu diesem Zweck einen Krankenpflegeverein und stellte den jungen Frauen, die sich diesem Engagement anschlossen, ein kleines neu gebautes Haus in München-Perlach zur Verfügung. Sie lebten als religiöse Gemeinschaft mit einfacher Tracht und waren dem Dritten Orden des hl. Franziskus angeschlossen. Später wurde der Sitz nach Landshut verlegt. In Vierzehnheiligen erwarben die Schwestern im Jahre 1913 ein größeres Gut und mit der kirchlichen Anerkennung als Diözesankongregation der Erzdiözese Bamberg im Jahre 1921 ist der Sitz der Ordensleitung nun in Vierzehnheiligen. Immer versuchen die Schwestern auf die aktuellen Nöte zu reagieren. Seit 1934 wirken die Schwestern in Peru, seit 2002 in Indien und seit 2006 in Kroatien. Immer geht es darum, sich von der Not der Menschen anrühren zu lassen und mit ihnen die selbst erfahrene Zuwendung Gottes zu teilen.

| 📷 | **Sehenswürdigkeiten** Basilika Vierzehnheiligen, Schloss Banz, Therme Bad Staffelstein, Weltkulturerbestadt Bamberg, Korbstadt Lichtenfels, Coburg, Kronach.

| 🛏 | **Unterkunft** Im Mutterhaus für Gäste, die zum Umfeld der Schwestern gehören; der Konradsaal kann für Tagesveranstaltungen gemietet werden (max. 99 Sitzplätze). Weitere Unterkünfte im Diözesanhaus, im Haus Frankenthal und im Hotel „Stern".

| ● | **Gottesdienste** Im Mutterhaus: Eucharistiefeier täglich 7.00, Di 17.40; in der Basilika: siehe unter www.vierzehnheiligen.de. Laudes: täglich 6.40, außer Di; Vesper: Wo 18.00 (außer Di); So um 17.30.

| ✝ | **Mitglieder** In der gesamten Kongregation 150.

| ☼ | **Angebote** „Kloster auf Zeit" nach Vereinbarung. Gäste können am Stundengebet der Gemeinschaft teilnehmen und halbtags mit den Schwestern arbeiten. Raum für Gespräche und Besinnung. Weitere Angebote lt. Programm. Kooperationspartner von „weltwärts" für Missionar/in auf Zeit im Ausland.

Baden-Baden – CISTERCIENSERINNEN-ABTEI LICHTENTHAL

Adresse D-76534 Baden-Baden, Hauptstraße 40.
Tel. 07221 / 504910, Fax 07221 / 5049166.
E-Mail: kontakt@abtei-lichtenthal.de
Internet: www.abtei-lichtenthal.de

Anfahrt Mit der Bahn: Strecke Mannheim – Basel bis Baden-Baden, vom Bahnhofsvorplatz mit Bus 201 Richtung Lichtenthal-Oberbeuern bis Haltestelle Klosterplatz (ca. 20 Min.). ⇒ Mit dem Pkw: Autobahn Karlsruhe – Basel, Ausfahrt Baden-Baden, auf der B 500 durch den Michaelstunnel bis zum „Klosterplatz". Gute Beschilderung vorhanden.

Geschichte Lichtenthal wurde 1245 von der Markgräfin Irmengard von Baden gegründet und mit Zisterzienserinnen aus dem Kloster Wald aus besiedelt. 1248 wurde das Kloster dem Zisterzienserorden eingegliedert und die Kirche geweiht. 1312 fand die Weihe der Fürstenkapelle, der Grablege der Markgrafen von Baden, statt. In der Säkularisation 1803 verlor das Kloster zwar seinen Besitz, konnte aber als Kommunität bestehen bleiben, weil die Schwestern den Schulunterricht übernahmen. In unseren Tagen wurde die Landwirtschaft aufgegeben, die Gebäude wurden zu einem Gästehaus umgestaltet.

Sehenswürdigkeiten Barocke Klosteranlage, gotische Klosterkirche und Fürstenkapelle, Grablege der badischen Markgrafen, beide mit bedeutenden Kunstschätzen der oberrheinischen Schule aus dem späten Mittelalter, Renaissancekanzel, Museum.

Unterkunft Gästehaus (Tel. 07221/50491-19, gaestehaus@abtei-lichtenthal.de) für Einzelgäste, Familien, Gruppen, Tagungen, Tagungsräume für bis zu 100 Personen.

Gottesdienste Eucharistiefeier: So 9.00, Wo 7.15 (Di, Do, Fr, Sa) bzw. 17.30 (Mo u. Mi); Stundengebet: Vesper 17.00.

Angebote Gottesdienste, Führungen, Konzerte, Meditationen, Buch- und Kunsthandlung, Kerzenatelier, Skriptorium; Klosterprodukte: Gebäck, Marmelade, Liköre, Tropfen, Kunstkarten. Café im Klosterhof: Café Lumen.

Baldegg – KLOSTER DER SCHWESTERN VON DER GÖTTLICHEN VORSEHUNG AUS DEM REGULIERTEN DRITTEN ORDEN DES HEILIGEN FRANZISKUS

| ✉ | **Adresse** CH-6283 Baldegg LU, Sonnhaldenstraße 2. Tel. 041 / 9141800, Fax 041 / 9141818. E-Mail: info@klosterbaldegg.ch oder: sr.martine@klosterbaldegg.ch Internet: www.klosterbaldegg.ch

| 🚗 | **Anfahrt** Bahn und Pkw: Von Luzern oder von Lenzburg (Autobahn Zürich – Bern) aus (Fahrzeit ca. 30 Minuten).

| 🏛 | **Geschichte** Weil der Mädchenbildung im ländlichen Luzerner Seetal keine Beachtung geschenkt wurde, plante der initiative Kaplan von Hochdorf, Josef Leonz Blum, im alten Schloss von Baldegg eine Schule zu errichten. Sieben leibliche Schwestern der Familie Hartmann aus dem nahen Bauerngut Hilty stellten sich Kaplan Blum für diese Aufgabe zur Verfügung und begaben sich am 2. Februar 1830 unter seiner Leitung ins Schloss zu Baldegg. Sie setzten sich für die Mädchenbildung und die Betreuung der Armen ein. Das war der Beginn der Ordensgemeinschaft der Baldegger Schwestern. Bald kamen weitere junge Bauerntöchter dazu. Die religiöse Gemeinschaft übernahm die Ordensregel des hl. Franziskus von Assisi und gehört bis heute zur weltweiten franziskanischen Familie.
Ihr Leitwort, der auch dem Orden seinen Namen gab: „Beten und arbeiten und auf die Göttliche Vorsehung vertrauen". Auch nach bald 200 Jahren leitet die „Schwestern von der Göttlichen Vorsehung" dieses Wort.

| 📷 | **Sehenswürdigkeiten** Mutterhaus und Pflegeheim Sonnhalde sind Bauten von Architekt Marcel Breuer.

| 🛏 | **Unterkunft** In der Klosterherberge.

| ⏰ | **Gottesdienste** So 7.45 Laudes; 10.00 Eucharistiefeier; 18.00 Vesper; Wo 6.30, 10.30 Eucharistiefeier; 18.10 Vesper.

| ✝ | **Mitglieder** 275.

| ⬧ | **Tätigkeiten** Mitarbeit in den klösterlichen Betrieben in Baldegg (Mutterhaus, Pflegeheim und Klosterherberge, s.u.) und in anderen klostereigenen Häusern.

| ✺ | **Angebote** Teilnahme am Gebet in der Kapelle des Mutterhauses und in der Klosterherberge. In der Klosterherberge Treffpunkt-Angebot zu den Themenbereichen: Glauben, Feiern, Leben, Handwerk, Kultur. Geistliche Begleitung und Exerzitien. Psychologische Beratung. Klosterkafi; Klosterladen.

| 📖 | **Literatur** Frauenklöster in der Schweiz, hrsg. von der Vereinigung der Ordensfrauengemeinschaften der deutschsprachigen Schweiz, Freiburg/Schweiz 1984, S. 102; Hilda-Maria Steiner, Baldegger Schwestern 1830–1930. Ein Überblick zur Hundertfünfzigjahrfeier. BaldeggerJournal, 2× jährlich.

Bamberg – **MISSIONSHAUS BUG DER MISSIONSBRÜDER DES HEILIGEN FRANZISKUS**

| ✉ | **Adresse** D-96049 Bamberg, Schlossstraße 30.
Tel. 0951 / 56214, Fax 0951 / 55245.
E-Mail: bug.cmsf@t-online.de
Internet: www.cmsf.de

| 🚌 | **Anfahrt** Mit Bahn und Bus: Bahnstation Bamberg (Strecken Würzburg – Bamberg und Nürnberg – Bamberg), Bus bis ZOB, von dort Linie 18 bis Schlossstraße, von da aus 100 m zu Fuß. ⇒ Mit dem Pkw: A 73, Ausfahrt Bamberg-Süd in Richtung Klinikum/Stadtteil Bug; B 22 Klinikum/Stadtteil Bug; B 173/A 73, Ausfahrt Bamberg-Ost/Litzendorf – Klinikum/Stadtteil Bug Missionsmuseum; A 70, Ausfahrt Centrum.

| 🏛 | **Geschichte** Das Missionshaus wurde 1961 gegründet. Den Grundstein dazu legte der damalige Erzbischof von Bombay, Kardinal Gracias. Das ältere Haus stammt aus dem Jahr 1740. Der letzte seiner verschiedenen Eigentümer war der bayerische Staat, dem es als Forsthaus diente. 1965 kam das Missionsmuseum hinzu. Es wurde 1985 aufgestockt, um zunächst als Tagungsstätte zu dienen. Aufgrund der Nachfrage richteten die Brüder für Jugendgruppen ein Matratzenlager ein. Das Noviziat musste infolge Nachwuchsmangels 1993 geschlossen werden.

| 📷 | **Sehenswürdigkeiten** Missionsmuseum mit Sammlungen aus der indischen Fauna und Flora und Zeugnissen aus Kultur, Handwerk und Geschichte Indiens, Paraguays und Boliviens.

| ✝ | **Gottesdienste** Mo und Mi Eucharistiefeier; täglich morgens Laudes, mittags Sext, spätnachmittags Vesper, an einigen Abenden Komplet.

| 👤 | **Mitglieder** 4.

Baumgartenberg – KLOSTER DER SCHWESTERN VOM GUTEN HIRTEN

| ✉ | **Adresse** A-4342 Baumgartenberg 1/Mühlviertel.
Tel. 07269 / 204 und 07269 / 420 (Mädchenwohngruppen),
Fax 07269 / 20459.
www.kloster-baumgartenberg.de

| 🚗 | **Anfahrt** Mit der Bahn: Donauuferbahn, Haltestelle Baumgartenberg.
⇒ Mit dem Pkw: Westautobahn aus Richtung Linz: Abfahrt Enns; aus Richtung Wien: Abfahrt Ybbs.

| 🏛 | **Geschichte** Otto von Machland und Jutta von Peilstein stifteten nach kinderloser Ehe 1141 das Kloster Baumgartenberg. Otto übertrug es dem noch jungen Orden der Zisterzienser. Die ersten zwölf Mönche schickte Bernhard von Clairvaux selbst aus Morimond in Burgund. Sie begannen mit dem Bau von Kloster und Kirche. 1232 war der Klosterbau vollendet, und 1243 konnte der Bischof von Passau die Kirche weihen. 1428 und 1434 Zerstörung von Kloster und Kirche durch die Hussiten. Später durchgängige Barockisierung, die enorme Schulden und in der Folgezeit schwere Krisen verursachte. 1748 befahl Kaiser Joseph II. die Auflösung des Klosters. Nach kurzer Tätigkeit der Jesuiten kauften 1865 die Schwestern vom Guten Hirten die Gebäude und errichteten darin Schulen und Ausbildungsstätten für Kinder und Jugendliche.

| 📷 | **Sehenswürdigkeiten** In der Stiftskirche: Westportal der ehemaligen Stiftskirche aus der romanischen Bauzeit mit anschließendem „Paradies". Gesamte Pfarrkirche, in der Romanik, Gotik und Barock (Baumeister Antonio Carlone) harmonisch vereint sind. Reicher Stuck- und Freskenschmuck

(Bartolomeo Carlone). Chorgestühl. Barocke Kanzel (hl. Bernhard als Kanzelfuß). Labyrinth im Klostergarten.

| ♦ | **Mitglieder** 13 Schwestern vom Guten Hirten.

| ⇐ | **Tätigkeiten** STEP. Stufenplan zur Entwicklung der Persönlichkeit – Sozialpädagogische Mädchenwohngruppen der Schwestern vom Guten Hirten; Wohnheim für behinderte Menschen; Dreijährige Fachschule für wirtschaftliche Berufe und Einjährige Wirtschaftsfachschule; Angebote zur beruflichen Weiterbildung und Förderung Jugendlicher in schwierigen Lebenssituationen; Damenkleidermacherlehre und Kochlehre; Arbeitstraining in verschiedenen Formen. Seit 1995 privates Europagymnasium vom Guten Hirten.

| ❁ | **Angebote** Mitleben in der Schwesterngemeinschaft (nach Voranmeldung); geistliche Einzelgespräche.

Benediktbeuern – **KLOSTER BENEDIKTBEUERN DER SALESIANER DON BOSCOS**

| ✉ | **Adresse** D-83671 Benediktbeuern, Don-Bosco-Straße 1. Tel. 08857 / 880, Fax 08857 / 88199.
E-Mail: info@kloster-benediktbeuern.de
Internet: www.kloster-benediktbeuern.de

| ⌬ | **Anfahrt** Bahnstation Benediktbeuern (Strecke München – Tutzing – Kochel). ⇒ Mit dem Pkw: Autobahn München – Garmisch, Ausfahrt Sindelsdorf.

| 🏛 | **Geschichte** 739 gegründet, war Benediktbeuern eines der bedeutendsten Benediktinerklöster Bayerns. Im Laufe der Jahrhunderte entstand ein geistliches Zentrum mit einzigartigen Werken der Kunst, Wissenschaft und Literatur. Die Säkularisation im Jahre 1803 beendete dieses Leben abrupt. 1930 erwarben die Salesianer Don Boscos das Kloster vom Freistaat Bayern und gaben so unter veränderten Bedingungen dem Kloster seine Bedeutung zurück. Heute ist Benediktbeuern mit einem Studiengang „Religionspädagogik und kirchliche Bildungsarbeit", einer Fachhochschule für Sozialwesen, einer Jugendbildungsstätte, dem Zentrum für Umwelt und

Kultur eine in Staat und Kirche geschätzte Bildungs- und Ausbildungsstätte, ein geistliches Zentrum, das besonders jungen Menschen offensteht.

| 📷 | **Sehenswürdigkeiten** Die gesamte barocke Klosteranlage; spätgotischer Kreuzgang, Basilika, Anastasiakapelle, Barocksaal, ehem. Bibliothekssaal (Deckengemälde von Johann Baptist Zimmermann), Kapitelsaal, Historische Fraunhofer Glashütte.

| 🛏 | **Unterkunft** Gästehaus (Anfragen unter 08857 / 88195 (gaestehaus@kloster-benediktbeuern.de); Jugendbildungsstätte (www. aktionszentrum.de).

| ☉ | **Gottesdienste** Wo 6.30 Eucharistiefeier; 17.45 Stundengebet. So 9.00 Eucharistiefeier; 17.45 Stundengebet.

| 👤 | **Mitglieder** ca. 60.

| ⚖ | **Tätigkeiten** Siehe oben; außerdem ein Klosterladen.

| ✦ | **Angebote** Mitleben in der Hausgemeinschaft bedingt möglich, Teilnahme an der Liturgie, geistliche Einzelbegleitung, Kursprogramm der Jugendbildungsstätte.

Bengel – KARMELITENKLOSTER SPRINGIERSBACH

| ✉ | **Adresse** D-54538 Bengel, Karmelitenstraße 2.
Tel. 06532 / 93950, Fax 06532 / 939580.
E-Mail: exerzitienhaus.springiersbach@karmeliten.de
Internet: www.karmeliten.de/exerzitienhaus

| 🚗 | **Anfahrt** Mit der Bahn: Strecke Koblenz – Trier, Bahnhof Bullay (12 km) oder Bengel (2 km); von Bengel nach telefonischer Vereinbarung Abholung möglich. ⇒ Mit dem Pkw: A 48 aus Richtung Trier: Ausfahrt Wittlich, in Wittlich Richtung Zell/Cochem über Neuerburg, Bausendorf, Kinderbeuern, Bengel, am Ortsende links nach Springiersbach (1 km). A 48 aus Richtung Koblenz: Ausfahrt Mehren, dann B 421 Richtung Zell über Hontheim nach Kinderbeuern, auf der B 49 bis Bengel, am Ortsende links nach Springiersbach (1 km). A 61: Ausfahrt Rheinböllen, Simmern – Kappel – Zell, in

Zell über die Moselbrücke bis Alf, in Alf links Richtung Wittlich bis kurz vor Bengel, rechts nach Springiersbach.

Geschichte Die Geschichte des Klosters beginnt um das Jahr 1100. Benigna von Daun, eine adelige Dame aus der Eifel, gründet auf dem ihr als Witwengut zugefallenen Hof eine klösterliche Niederlassung. Man wählt die Ordensregel des hl. Augustinus als Grundlage der Gemeinschaft, die sich dann Augustiner-Chorherren nennt. Nach einer Blütezeit unter dem ersten Abt Richard (1158) wird die Geschichte des Springiersbacher Stiftes über Jahrhunderte vom Wechsel zwischen Reformversuchen und Verfall geprägt. Im Jahre 1769 wird die alte und wahrscheinlich baufällig gewordene dreischiffige romanische Basilika abgebrochen und eine neue Kirche im Stil des Barock und Rokoko errichtet. Aber schon 30 Jahre später (1802) werden Kirche und Kloster säkularisiert. Um die fast neue Kirche vor dem Abbruch zu retten, erhebt sie der Trierer Bischof zur Pfarrkirche von Bengel. 100 Jahre später (1902) baut die Pfarrei Bengel eine eigene Kirche. Die Springiersbacher Klosterkirche bleibt ungenutzt bis 1922. In diesem Jahr gründet die Oberdeutsche Provinz der Karmeliten einen kleinen Konvent in dem leer stehenden Kloster. Im Jahr 2002 feierte Springiersbach den 900. Jahrestag seiner Gründung. Eine Festschrift informiert ausführlich über die geistliche und geschichtliche Entwicklung von den Anfängen bis zur Gegenwart.

Sehenswürdigkeiten Besonders hervorzuheben ist ein Besuch der Klosterkirche. Ihr Inneres beeindruckt durch die Pracht der Ausstattung, durch die in den Farben und Formen des Rokoko kunstvoll gestalteten Deckenfresken. Ein sehr gut erhaltenes, geschnitztes Chorgestühl aus dem 18. Jh. verleiht dem Kirchenraum eine besondere Atmosphäre. 1998 konnte eine dem Kirchenraum klanglich und optisch hervorragend angepasste Sandtner-Orgel mit 27 Registern eingeweiht werden. Der spätromanische, restaurierte Kapitelsaal aus der 1. Hälfte des 12. Jh.s mit seinen sechs Bündelpfeilern und teilweise noch erhaltenen Kapitellen besticht durch seine Schönheit. Besonderer Beliebtheit erfreuen sich die Konzerte des Musikkreises Springiersbach. Monatliche Konzerte mit bekannten Solisten und Orchestern in der Kirche und dem spätromanischen Kapitelsaal bieten musikalischen Hochgenuss.

Unterkunft Das Exerzitienhaus „Carmel Springiersbach" verfügt über 30 Einzelzimmer/DU/WC, davon können 10 auch als Zweibettzimmer genutzt werden. Dazu stehen Gruppen- und Aufenthaltsräume sowie eine 1989 modern gestaltete Hauskapelle und ein Meditationsraum (2003) zur Verfügung. Im Haus werden eigene Kurse angeboten; ebenso kann es von kirchlichen Gruppen, Kreisen usw. für eigene Kurse gebucht werden. Aktuelles Jahresprogramm auf Anfrage.

| ⚫ | **Gottesdienste** Eucharistiefeier Sa 17.00 (Vorabendmesse); So 10.30; Di/Mi 19.00, Do/Fr 7.30. Besonders gefeiert wird das Hochfest des Karmelitenordens „Maria vom Berge Karmel" (in der Regel am Sonntag nach dem 16. Juli). Eine von der Jagdhornbläsergruppe Bengel gestaltete Jägermesse am 2. Sonntag im Oktober zieht zahlreiche Besucher an. Da die Klosterkirche das Ausflugsziel vieler Chöre ist, werden die Gottesdienste häufig durch Chorgesang bereichert.

| 👤 | **Mitglieder** 5.

| ⬥ | **Tätigkeiten** Seelsorge an der Klosterkirche, Exerzitien- und Bildungshaus „Carmel Springiersbach", Geistliche Begleitung, Gemeindepastoral.

| ✱ | **Angebote** Kloster und Exerzitienhaus laden ein zur Teilnahme an Kursen, Seminaren, Einzel- und Gruppenexerzitien, zum Mitleben in der Klostergemeinschaft, zu geistlichen Einzelgesprächen, Tagen der Stille und zur Besinnung.

| 📖 | **Literatur** Günter Benker, Die Gemeinschaften des Karmel: Stehen vor Gott – Engagement für die Menschen, Matthias-Grünewald-Verlag, Mainz 1994; Kees Waaijman, Der mystische Raum des Karmels. Eine Erklärung der Karmelregel, aaO. 1997; Provinzialat der Oberdeutschen Provinz der Karmeliten, Der Weg des Karmel – Regel und Konstitutionen (Auszüge) und Spiritualität des Karmelitenordens, Bamberg 1998; Karmelitenkloster Springiersbach (Kunstführer Nr. 2207), Schnell & Steiner, Regensburg, 3., neubearb. Aufl. 2005; Michael Plattig/Elisabeth Hense (Hg.), Grundkurs Spiritualität des Karmel. Und führte Euch in das Land des Karmel, Verlag Kath. Bibelwerk, Stuttgart 2006.

Beuron – BENEDIKTINERERZABTEI ST. MARTIN

Adresse D-88631 Beuron, Abteistr. 2.
Tel. 07466 / 17-158, Fax 07466 / 17-159.
E-Mail: info@erzabtei-beuron.de
Internet: www.erzabtei-beuron.de

Anfahrt Bahnstation Beuron (Strecke Freiburg – Ulm). ⇒ Mit dem Pkw: Donautalstraße Tuttlingen – Sigmaringen.

Geschichte Die Sage berichtet, Graf Gerold von Bussen habe 777 das erste Kloster Beuron gegründet. In einem Besitzverzeichnis der Abtei St. Gallen aus dem Jahre 861 findet man die Ortsbestimmung „Purron", mit der wohl Beuron gemeint ist. Die erste Klosteranlage wurde von den Ungarn zerstört. Der 1077 erfolgte Wiederaufbau wird dem Grafen Peregrin von Hoßkirch zugeschrieben. 1097 bestätigte Papst Urban II. die Gründung als eines der ältesten Augustiner-Chorherrenstifte Deutschlands. Im Dreißigjährigen Krieg wurde das Kloster fast völlig zerstört. 1694 Wiederaufbau des Ost- und Westflügels, 1732–1738 der Kirche. Die Säkularisation hob auch das Stift Beuron auf (1803) und übertrug es dem fürstlichen Hause von Hohenzollern-Sigmaringen. Nach 60 Jahren, 1863, konnte Beuron mit Hilfe der Fürstin-Witwe Katharina von Hohenzollern von den Benediktinermönchen Maurus und Placidus Wolter neu besiedelt werden. Nachdem zahlreiche Tochtergründungen von Beuron ausgegangen waren, nannte man das Mutterkloster „Erzabtei", den Verband der Tochterklöster „Beuroner Benediktiner-Kongregation".

Sehenswürdigkeiten Barockkirche, Gnadenkapelle im Beuroner Stil, St.-Maurus-Kapelle.

Unterkunft Klostergästeflügel; Hotel Pelikan und privat.

Gottesdienste Eucharistiefeier: So 8.00, 9.30 (Konventmesse mit Gregorianischem Choral), 11.00; Wo 6.00, 8.00 (Mi u. Fr), 11.00 (Konventmesse mit Gregorianischem Choral); Stundengebet: 5.00 Morgenhore; So 15.00, Wo 18.00 Vesper; 20.00 Komplet.

Beverungen – BENEDIKTINERINNENABTEI VOM HEILIGEN KREUZ, HERSTELLE

Adresse D-37688 Beverungen, Carolus-Magnus-Straße 9.
Tel. 05273 / 8040, Fax 05273 / 804370.
E-Mail: benediktinerinnen@abtei-herstelle.de
gaestehaus@abtei-herstelle.de

Anfahrt Bahnstation Bad Karlshafen (Strecke Göttingen – Altenbeken), von dort 4 km mit Bus oder Taxi. ⇒ Mit dem Pkw: Über B 80/ B 83 (ca. 47 km nordöstlich von Kassel).

Geschichte In dem auf Karl den Großen zurückgehenden Ort Herstelle (797) bauten die 1657 aus Höxter vertriebenen Minoriten das Pfarrhaus zum Kloster aus und lebten darin bis zur Aufhebung 1824. 1899 wurden die Gebäude durch Benediktinerinnen der Ewigen Anbetung aus Peppingen/Luxemburg wieder besiedelt. 1924 erfolgten der Anschluss an die Beuroner Benediktiner-Kongregation und die Erhebung zur Abtei vom Heiligen Kreuz. 1962 wurden zwanzig Schwestern in die ehemalige Zisterzienserinnenabtei Engelthal (Diözese Mainz) entsandt, die seit 1965 selbstständige Abtei ist. Die Schwestern der Hersteller Abtei sehen heute neben der Feier des Gotteslobes ihre Aufgabe darin, dem Bedürfnis vieler Menschen nach Stille, Besinnung und geistlicher Vertiefung im Sinn benediktinischer Gastfreundschaft zu entsprechen.

Sehenswürdigkeiten In unmittelbarer Nähe bedeutende mittelalterliche Klöster: Weltkulturerbe Corvey, Helmarshausen, Bursfelde, Lippoldsberg u.a.

Unterkunft Gästehaus St. Scholastika mit behindertenfreundlichen Einzel- und Doppelzimmern mit Nasszelle. Dazu Leseraum, Teeküche, Meditationsraum und Gruppenräume.

Gottesdienste 6.20 Matutin bzw. Laudes; Wo 7.45, So 8.45 Choralamt; 12.15 Sext; Wo 14.45, So 15.30 Non; 18.00 Vesper; 20.00 Vigilien/ Komplet.

Mitglieder 37.

Tätigkeiten Gästebetrieb; Klosterladen; Keramikwerkstätten; Kerzenwerkstatt, Seifenmanufaktur.

| ❖ | **Angebote** Mitfeier von Stundengebet und Eucharistie; Exerzitien; geistliche Wochenenden; Einzel- und Gruppengespräche; Kurse für Zielgruppen; Kloster auf Zeit.

| 📖 | **Literatur** Kyrilla Spiecker, Zerreißproben. Nazihaft – Ärztin im Kriegseinsatz – Klosteralltag; Klosterführer: Benediktinerinnenabtei vom Heiligen Kreuz, Herstelle. Erhältlich im Klosterladen: klosterladen@abtei-herstelle.de.

Billerbeck – BENEDIKTINERABTEI GERLEVE

| ✉ | **Adresse** D-48727 Billerbeck, Gerleve 1.
Tel. 02541 / 8000, Fax 02541 / 800233.
E-Mail: kontakt@abtei-gerleve.de
Internet: www.abtei-gerleve.de

| 🚗 | **Anfahrt** Bahnstationen Coesfeld oder Billerbeck, dann weiter mit Bus oder Taxi (ca. 10 km). ⇒ Mit dem Pkw: von der A 43 (Ausfahrt Nottuln) 13 km über die B 525 Richtung Coesfeld.

| 🏛 | **Geschichte** Das Kloster wurde 1899 durch Mönche der Erzabtei Beuron auf einem von den Geschwistern Wermelt gestifteten Bauernhof gegründet. 1904 Abtei. 1941 Vertreibung der Mönche durch das NS-Regime. 1946 Rückkehr in das Kloster. 1951 Neugründung des Klosters Nütschau (Bad Oldesloe).

| 📷 | **Sehenswürdigkeiten** Abteikirche mit romanischer Kreuzigungsgruppe.

| 🛏 | **Unterkunft** Zehn Einzelzimmer für männliche Gäste im Kloster. Einzelgäste und Gruppen finden Platz im Gästehaus „Ludgerirast" sowie in der Jugendbildungsstätte „Haus St. Benedikt".

| ⚫ | **Gottesdienste** 5.20 Vigilien und Laudes; Wo 9.00, So 8.30 und 10.00 Eucharistiefeier; 12.00 Sext; 13.15 Non; 17.30 Vesper; 20.15 Komplet.

| 👤 | **Mitglieder** 42.

| ✍ | **Tätigkeiten** Seelsorge und religiöse Bildungsarbeit vor allem für die Gäste des Klosters; Kunst- und Buchhandlung; wissenschaftliche Forschung

und Lehre; Erhalt und Ausbau der Abteibibliothek mit ca. 230.000 Bänden; Pflege des Klostergartens.

Angebote Mitfeier von Stundengebet und Eucharistie; seelsorgerische Begleitung; Exerzitienkurse und Besinnungstage im Gästehaus „Ludgerirast" und in der Jugendbildungsstätte „Haus St. Benedikt".

Literatur Marcel Albert, 100 Jahre Benediktinerabtei Gerleve, Aschendorff, Münster 2004. Pius Engelbert (Hg.), Saeculum. Zeit und Welt. 100 Jahre Abtei Gerleve, Dialogverlag, Münster 2004.

Birkenwerder – KLOSTER DER TERESIANISCHEN KARMELITEN

Adresse: Karmel St. Teresa, D-16547 Birkenwerder, Schützenstraße 12. Tel. 03303 / 503419, Fax 03303 / 402574.
E-Mail: exerzitienhaus@karmel-birkenwerder.de
Internet: www.karmel-birkenwerder.de

Anfahrt S-Bahnstation Birkenwerder (von allen Berliner Bahnhöfen aus ca. 1 Std.). ⇒ Mit dem Pkw: Autobahn Berliner Ring, Ausfahrt Birkenwerder.

Geschichte Das Kloster St. Teresa wurde 1986 in der damaligen DDR gegründet. Ein früheres Kinderheim wurde als Exerzitienhaus hergerichtet.

Unterkunft Im Gästehaus des Klosters.

Gottesdienste Wo 8.00, So 9.00 Eucharistiefeier, Sa 15.30 Vespergottesdienst.

Mitglieder 3.

Tätigkeiten Exerzitienseelsorge, Gemeindearbeit.

Angebote Gruppenexerzitien, „Stille Tage", Urlaub, Tagungen (bis zu 50 Personen). Jahresprogramm im Kloster erhältlich.

Literatur Reinhard Körner OCD, Du Gott. Christliche Spiritualität aus dem Teresianischen Karmel, St. Benno Verlag, Leipzig 2005; KAR-

MELimpulse. Geistliche Vierteljahreszeitschrift, kostenlos erhältlich im Kloster.

Bochum – ZISTERZIENSERKLOSTER STIEPEL

| ✉ | **Adresse** D-44797 Bochum-Stiepel, Am Varenholt 9.
Tel. 0234 / 777050, Fax 0234 / 7770518.
E-Mail: info@kloster-stiepel.de
Internet: www.kloster-stiepel.de

| 🚌 | **Anfahrt** Bahnstation Bochum Hbf, von dort Bus CE 31 in Richtung Hattingen bis Haltestelle Haarstraße.

| 🏛 | **Geschichte** Im Jahre 1008 erhielt die Gräfin Imma von Stiepel vom Kölner Erzbischof die Erlaubnis, auf ihrem Hof in Stiepel eine Kirche zu Ehren der Jungfrau Maria zu errichten. So entwickelte sich ein viel besuchter Wallfahrtsort. Das Gnadenbild, eine geschnitzte Pietà, stammt aus dem 15. Jh. Um 1610 wurde die Gemeinde (und die Kirche) evangelisch. Die Wallfahrt verlor immer mehr an Bedeutung. 1920 wurde das alte Marienbild in die inzwischen neu gebaute katholische Kirche gebracht. Dies führte zu einem neuerlichen Aufblühen der Wallfahrt. Nach langjährigem Drängen des Bischofs von Essen, Kardinal Franz Hengsbach, gründete am 1. September 1988 das österreichische Stift Heiligenkreuz bei der Stiepeler Kirche ein Zisterzienserkloster. Die neue Klosteranlage wurde 1988–1990 erbaut. Innerhalb weniger Jahre hat sich das Kloster mit jungen, begeisterten Ordensleuten gefüllt. So ist dieser Ort zu einem geistlichen Zentrum für das Ruhrgebiet geworden.

| 📷 | **Sehenswürdigkeiten** Neugotische Kirche mit dem Stiepeler Gnadenbild. Die Klosteranlage ist modern, orientiert sich aber an dem alten Idealplan der Zisterzienserklöster aus dem 12. Jh.

| 🛏 | **Unterkunft** In zwei Gästehäusern mit je sechs Einzelzimmern in unmittelbarer Nähe des Klosters.

| ⊙ | **Gottesdienste** Sa 18.30 Vorabendmesse, So 8.30 Lat. Konventamt, 10.00, 11.30, 18.30 Abendmesse; Wo (außer Mi) Konventmessen: 7.15; Gemeindemessen: Di–Sa 18.30; Chorgebet: 6.00 Vigilien, Laudes; 7.00 Terz; 12.00 Sext und Non; 18.00 Vesper; 20.00 Komplet.

| ♦ | **Mitglieder** 15.

| ⚘ | **Tätigkeiten** Klösterliches Leben, Pfarrseelsorge, Wallfahrtsseelsorge, Einkehrtage, Exerzitien, Klosterladen, „Auditorium Kloster Stiepel", Konzertreihe „Marienlob".

| ✱ | **Angebote** „Kloster auf Zeit" nach Anmeldung jederzeit möglich; Einzelexerzitien bzw. Einkehrtage nach Anfrage; Programm von „Auditorium Kloster Stiepel" auf Anfrage.

| 📕 | **Literatur** Kloster Stiepel (Hrsg.), Ein Kloster für das Ruhrgebiet. Die Zisterzienser am Marien-Wallfahrtsort zu Bochum-Stiepel, Bochum 1998.

Bollingen bei Jona/Rapperswil SG – **ZISTERZIENSERINNENABTEI MARIAZELL-WURMSBACH**

| ✉ | **Adresse** CH-8715 Bollingen bei Jona/Rapperswil SG.
Tel. 055 / 2254900 (Zentrale), Fax 055 / 2254905.
E-Mail: info@wurmsbach.ch
Internet: www.wurmsbach.ch

| 🚗 | **Anfahrt** Bahnstationen Bollingen, Jona oder Rapperswil. ⇒ Mit dem Pkw: Autobahn Zürich – Chur, Ausfahrt Rapperswil oder E 53, Ausfahrt Jona.

| 🏛 | **Geschichte** 1259 schenkte Graf Rudolf von Rapperswil seine Burg zu Wurmsbach einer Schwesterngemeinschaft am Albis, die sich dem Zisterzienserorden anschließen wollte. Die Paternitätsrechte übten kurze Zeit die Äbte von Lützel und St. Urban aus, seit dem 13. Jh. bis heute das Kloster Wettingen, das in der Mehrerau/Bregenz weiterlebt. 1281 konnte die romanische Klosterkirche konsekriert werden. 1656 und 1789 wurde das Kloster vollständig ausgeraubt, sodass es über sehr wenige Kunstschätze verfügt. Wurmsbach, wie alle Klöster des Ordens autonom, gehört zur Mehrerauer Kongregation des Zisterzienserordens. Die Kirche erfuhr im Laufe der Jahrhunderte mehrere Restaurierungen, zuletzt 2003. Die Raumgliederung und der eigens gestaltete Schwesternchor gibt der zisterziensischen Einfachheit neue Bedeutung.

| 📷 | **Sehenswürdigkeiten** Sehr schöne Lage direkt am Zürichsee mit prachtvoller Aussicht; Konventgebäude mit Renaissancefresken; Kirche steht

unter Denkmalschutz und lädt – wie auch der neu erstellte Gebetsraum unter alten Gewölben – zur Stille und zum Gebet ein. Der 2003 restaurierte Lichthof aus dem 16. Jahrhundert vereinigt alte und neue Baukunst.

| ⌂ | **Unterkunft** Im Lichthof, mit Voranmeldung.

| ☉ | **Gottesdienste** Wo: 6.30 Laudes, Eucharistie- oder Wort-Gottes-Feier; 12.00 Mittagshore; 17.30 Vesper; 19.30 Lesehore, Komplet. So: 7.30 Laudes; 10.00 Eucharistiefeier; 12.00 Mittagshore; 17.30 Vesper; 19.30 Lesehore, Komplet.

| ♀ | **Mitglieder** 12.

| ✦ | **Tätigkeiten** Impulsschule mit 100 Mädchen von 12 bis 16 Jahren, Lern- und Lebensgemeinschaft; Empfang und Betreuung von Gästen; Haus-, Büro- und Gartenarbeit; Herstellung verschiedener Produkte, Verkauf in der Boutique Bernard.

| ✺ | **Angebote** Tage der Stille im Lichthof, Schnuppern im Kloster, Boutique Bernard. Zeitgemäße Gottesdienste in verschiedener Form geben diesem Ort besondere Akzente – Details siehe Homepage oder aktueller Prospekt. Klosterführung nach Absprache.

| 📖 | **Literatur** M. Beatrix Oertig, Kloster Mariazell Wurmsbach, Mariazell-Wurmsbach 1984. Marianne-Franziska Imhasly, 1258 Wurmsbach 2009, Rapperswil-Jona 2009.

Borken – **KLOSTER BURLO DER OBLATEN DER MAKELLOSEN JUNGFRAU MARIA**

| ✉ | **Adresse** D-46325 Borken.
Tel. 02862 / 3020, Fax 02862 / 30218.
E-Mail: info@mariengarden.de
Internet: www.mariengarden.de

| 🚆 | **Anfahrt** Bahnstation Borken (Strecke Essen – Bottrop – Borken), von dort Bus. ⇒ Mit dem Pkw: Strecke Bocholt – Gronau/Oeding.

| 🏛 | **Geschichte** 1220 Errichtung einer Seelsorgsstation; 1245 Niederlassung der Wilhelmiten-Eremiten; Mitte des 15. Jh.s an den Zisterzienserorden übergegangen; 1803 aufgehoben und an den Fürsten Salm-Salm in Anholt gefallen; 1921 von den Oblaten gepachtet und 1951 von ihnen gekauft. Die Oblaten errichteten eine Missionsschule, die 1954 staatlich anerkannt wurde und heute als Gymnasium in kirchlicher Trägerschaft Jungen und Mädchen bis zum Abitur führt.

| 📷 | **Sehenswürdigkeiten** Kirche und Kloster.

| 🛏 | **Unterkunft** Im Gästehaus (130 Betten).

| ✱ | **Gottesdienste** So 8.00, 10.00; Sa 17.00.

| ✝ | **Mitglieder** 13.

Bozen-Gries – **PROVINZHAUS DER BARMHERZIGEN SCHWESTERN VOM HEILIGEN VINZENZ VON PAUL**

| ✉ | **Adresse** I-39100 Bozen-Gries/Südtirol, Prinz-Eugen-Allee 20. Tel. 0471 / 281001.

| 🚗 | **Anfahrt** Mit dem Pkw: Strecken Brenner – Brixen – Bozen und Reschenpass – Meran – Bozen.

| 🏛 | **Geschichte** Der Begründer der Barmherzigen Schwestern in Österreich war Nikolaus Tolentin Schuler, Dekan von Zams. 1825 erhielt die Gemeinschaft von Zams die kirchliche und staatliche Anerkennung. Das Mutterhaus entsandte auch Schwestern nach Südtirol, wo sie in Seminaren, Schulen und Altenheimen arbeiteten. Nach dem Ersten Weltkrieg wurde Südtirol von Österreich getrennt und dem Königreich Italien einverleibt. Somit wurde es notwendig, für die Schwestern in Südtirol ein eigenes Provinzhaus zu errichten (1922). Die Schwestern haben Tätigkeiten in Krankenhäusern und Heimen für Menschen mit Behinderung sowie ein Internat für Mädchen und Jungen übernommen.

| 🛏 | **Unterkunft** In Hotels in der Nähe des Klosters.

| ⬤ | **Gottesdienste** So 7.00 Eucharistiefeier; 17.30 Vesper oder Rosenkranz.

| ✝ | **Mitglieder** 59 (davon 30 im Provinzhaus).

Bozen – **BENEDIKTINERABTEI MURI-GRIES**

| ✉ | **Adresse** I-39100 Bozen 5/Südtirol, Grieserplatz 21.
Tel. 0471 / 281116.
E-Mail: info@muri-gries.it
Internet: www.muri-gries.it

| 🚗 | **Anfahrt** Bahnstation Bozen, Bus bis Grieserplatz. ⇒ Mit dem Pkw: Brennerautobahn, Ausfahrt Bozen (Nord oder Süd).

| 🏛 | **Geschichte** Das Benediktinerkloster Muri in der Schweiz (Kanton Aargau) wurde 1027 vom Grafen Radbot von Habsburg und seiner Gemahlin Ita von Lothringen gestiftet. Die Besiedlung des Klosters erfolgte durch Mönche aus Einsiedeln. Im 17. und 18. Jh. erlebte es eine monastische und kulturelle Blüte. Am 13. Januar 1841 mussten die Muri-Mönche im Zuge der aargauischen Klosteraufhebung die Baulichkeiten verlassen. Eine erste Exilheimat fanden sie in Sarnen (Zentralschweiz), wo sie an der Kantonalen Lehranstalt den Unterricht erteilten. Ein Teil des Konvents führt dieses Gymnasium noch heute (siehe: Sarnen). Gleich nach der Klosteraufhebung erwog der Kaiserhof in Wien, den vertriebenen Mönchen im Reich eine neue Heimat zu verschaffen. Fürst Metternich setzte sich für diese Idee ein, und nach vierjährigen Verhandlungen zogen 1845 Benediktiner aus Muri in das verlassene Augustiner-Chorherrenstift Gries ein. Seither besteht das Benediktinerkloster „Muri-Gries-Sarnen". Seit 1959 leben wieder zwei Patres im Stammkloster Muri.

| 📷 | **Sehenswürdigkeiten** Stiftskirche; Alte Pfarrkirche mit Pacher-Altar (in der Nähe des Klosters).

| 🛏 | **Unterkunft** Nach schriftlicher Vereinbarung mit dem Gastpater für persönliche Gäste der Mitbrüder. Weitere Unterkunftsmöglichkeiten (Hotels) in nächster Umgebung des Klosters.

| ✻ | **Angebote** Weinkellerei, Blumengärtnerei.

Braunschweig – DOMINIKANERKLOSTER ST. ALBERTUS MAGNUS

Adresse D-38106 Braunschweig, Brucknerstraße 6. Tel. 0531 / 36250016, Fax 0531 / 2388585. Internet: www.dominikaner-braunschweig.de

Geschichte 1310 von Meister Eckhart gegründet. 1535 im Zuge der Reformation aufgelöst. 1958 Wiedererrichtung in neuem Kloster und neuer Kirche. 1987 Umgestaltung der Kirche.

Sehenswürdigkeiten Kirche mit zeitgenössischer Kunst. Altarbild: Kreuztrilogie Rosenkranz (incarnatio, passio, glorificatio) von Gerd Winner. Kreuzweg: 14 farbige Stahlreliefskulpturen von Gerd Winner. Marienkapelle: oktogonaler Bau mit zentraler Marienskulptur, umgeben von 18 Marienikonen (Siebdruck Schwarz auf Stahl) vom selben Künstler. Vor der Kirche: Skulpturen von Menashe Kadishman (Pietà) und Jean Ipoustéguy (Porte du Ciel).

Gottesdienste Eucharistiefeier: Sa 18.00 Vorabendmesse; So 9.30, 11.00, 18.00.

Mitglieder 7.

Tätigkeiten Bildungsarbeit im eigenen Las-Casas-Haus; Gemeindearbeit in der Pfarrei St. Albertus; Krankenhausseelsorge; Gesprächs- und Beratungsangebote; Predigt.

Angebote Seminarveranstaltungen im Las-Casas-Haus; Kino im Kloster – ein besonderes Filmangebot; Kunst im Kloster – Ausstellungen mit zeitgenössischer Kunst; Forum Extra – Diskussions- und Talkveranstaltungen.

Literatur Thomas Eggensperger/Ulrich Engel, Dominikanerinnen und Dominikaner. Geschichte und Spiritualität (Topos-Taschenbücher 709), Matthias Grünewald Verlag, Mainz 2. bearb. Aufl. 2010.

Brixen – **FRANZISKANERKLOSTER**

- **Adresse** I-39042 Brixen/Südtirol, Runggadgasse 27.
  Tel. 0472 / 836325.
  Internet: www.franziskaner.at

- **Anfahrt** Bahnstation Brixen. ⇒ Mit dem Pkw: Von der Landesstraße über Abzweigung zur Plosestraße. Das Kloster ist ans Klarissenkloster angebaut.

- **Geschichte** Siehe Klarissenkloster in Brixen (Literatur an der Klosterpforte erhältlich).

- **Sehenswürdigkeiten** Besichtigt werden können der Kreuzgang und ein unter Denkmalschutz stehender Hans-Klocker-Altar (von 1492) in einem kleinen Raum im Kreuzgang.

- **Gottesdienste** So 7.30 (deutsch), 9.00 (italienisch); Wo 6.30 (deutsch).

- **Tätigkeiten** Seelsorgliche Betreuung der Nonnen des Klarissenklosters; Noviziatskloster.

Brixen – **KLARISSENKLOSTER**

- **Adresse** I-39042 Brixen/Südtirol.
  Tel. 0472 / 835753.
  Internet: www.franziskaner.at

- **Anfahrt** Bahnstation Brixen. ⇒ Mit dem Pkw: Brennerautobahn, Ausfahrt nördlich von Brixen.

- **Geschichte** In Brixen entstand nahezu 20 Jahre vor dem Tod der hl. Klara ein Kloster ihres Ordens. Eine Urkunde geht auf das Jahr 1235 zurück. Die Franziskaner, die hier die Seelsorge ausüben, kamen 1245 nach Brixen und hatten eine kleine Wohnung neben dem Klarissenkloster. Diese Patres sammelten auch die Almosen für die Schwestern in der Klausur, die in „ständigem Stillschweigen", in Gebet und Buße ihr Leben verbrachten. Zuerst lebten die

Schwestern unter der Regel Papst Gregors IX., nahmen dann aber endgültig die Regel Papst Urbans IV. an. Neben den Päpsten waren die Bischöfe von Brixen große Wohltäter des Klosters. Im 15. Jh. folgte eine Zeit des Niedergangs und der Erschlaffung der Ordenszucht. Kardinal Nikolaus von Kues griff 1452 reformierend ein, indem er Klarissen aus Nürnberg berief. Zur Zeit des Josephinismus (1782–1838) retteten die Schwestern ihr Kloster vor der Aufhebung, indem sie für kurze Zeit Krankenpflege übernahmen. Die Form der heutigen Gebäude und der Kirche geht auf die Jahre 1663–1668 zurück.

Sehenswürdigkeiten Die Kirche. Das Kloster selbst ist streng beschaulich, Gespräche sind nur im Sprechzimmer möglich.

Gottesdienste So 7.30 (deutsch), 9.00 (italienisch); Wo 6.30 (deutsch). Das Chorgebet wird auf dem über der Kirche liegenden Chor gehalten.

Mitglieder 15.

Brunnen – **MUTTERHAUS DER BARMHERZIGEN SCHWESTERN VOM HEILIGEN KREUZ**

Adresse CH-6440 Brunnen, Klosterstraße 10.
Tel. 041 / 8252000.
E-Mail: generalleitung@scsc-ingenbohl.org
Internet: www.scsc-ingenbohl.org

Anfahrt Mit dem Schiff von Flüelen oder Luzern. ⇒ Mit der Bahn auf den Strecken Zürich – Zug – Arth-Goldau oder Luzern – Arth-Goldau (Bahnstation Brunnen), Fußweg zum Kloster ca. 10 Minuten. ⇒ Mit dem Pkw: Autobahn A 14 Schwyz – Gotthard, dann A4 Ausfahrt Brunnen.

Geschichte Gegründet wurde die größte Ordensgemeinschaft der Schweiz Mitte des 19. Jh.s von P. Theodosius Florentini OFMCap (1808–1865). Erste Generaloberin war Mutter M. Theresia Scherer (1825–1888), 1995 selig gesprochen. Die Schwesterngemeinschaft breitete sich rasch aus. Die Schwestern sind heute in 13 Provinzen und 3 Vikariaten in Europa, Nord- und Südamerika, in Asien und Afrika tätig. Die Gemeinschaft, ein Institut päpstlichen Rechts, gehört zur weltweiten franziskanischen Familie, und wie Franziskus möchten die Ingenbohler Schwestern die frohe und befreiende Botschaft des Evangeliums in ihre Welt und Zeit tragen. Ihr Wahlspruch: Was Bedürfnis der Zeit ist, ist Gottes Wille.

| 📷 | **Sehenswürdigkeiten** Mutterhaus, Klosterkirche und Krypta.

| 🛏 | **Unterkunft** Gäste finden im Kurort Brunnen preisgünstige Unterkunft (www.brunnentourismus.ch). Rom- und Jakobspilgern wird eine Übernachtungsmöglichkeit geboten. (info@kloster-ingenbohl.ch)

| ✝ | **Gottesdienste** Sonn- und feiertags: Vorabendmesse 17.15, So 7.30 Laudes, 10.30 Eucharistiefeier, 18.00 Vesper; Mo 7.15 Laudes, 11.50 Mittagsgebet, 17.15 Abendmesse, 18.00 Vesper; Di – Fr 6.45 Laudes und Eucharistiefeier, 11.50 Mittagsgebet, 17.15 Abendmesse in der Krypta, 18.00 Vesper; Sa 8.15 Laudes und Eucharistiefeier oder Wortgottesfeier, 11.50 Mittagsgebet, 18.00 Vesper. Am 16. jedes Monats 10.30 Pilgergottesdienst, 14.30 Pilgergebet.

| 👤 | **Mitglieder** 3.279, davon im deutschsprachigen Raum 1.270 Schwestern.

| 🔧 | **Tätigkeiten** In Schul-, Kranken- und Jugendbetreuung, in Sozial- und Pastoraldienst, in der Erwachsenenbildung, der bildenden Kunst, in der Leitung und Verwaltung der eigenen Werke, in der Pilgerseelsorge.

| ✻ | **Angebote** Klosteraufenthalt, geistliche Begleitung, Einführung in die Kontemplation in der Weggemeinschaft Ingenbohl (weggemeinschaft@kloster-ingenbohl.ch). Möglichkeit für Frauen zur Teilnahme an den Exerzitien der Schwestern (info@kloster-ingenbohl.ch).

| 📖 | **Literatur** Inge Sprenger Viol, Ein Leben gegen Elend und Unrecht. Weg und Wirken der Schwester Maria Theresia Scherer, Verlag Herder, Freiburg 1995. Inge Sprenger Viol, „... schläft ein Lied in allen Dingen ...". Weg und Schicksal der Schwester Zdenka Schelling, hg. vom Institut Ingenbohl 2003.

Cazis – **DOMINIKANERINNENKLOSTER ST. PETER UND PAUL**

| ✉ | **Adresse** CH-7408 Cazis/Graubünden.
Tel. 081 / 632 30 60, Fax 081 / 632 30 69.
E-Mail: info@kloster-cazis.ch
Internet: www.kloster-cazis.ch

Geschichte Cazis ist das älteste Frauenkloster nördlich der Alpen, gegründet vom Churer Bischof Viktor II. um das Jahr 700. Im Auf und Ab der Geschichte hat das Kloster seinen Standort zweimal gewechselt. Seit seiner Reform durch Bischof Adalgott im Jahr 1156 war es Augustiner-Chorfrauenstift. Da die Augustinerinnen zur Zeit der Reformation keine Novizinnen mehr aufnehmen durften, starb die Gemeinschaft von Cazis aus. 1647 gelang die Wiederbelebung durch Dominikanerinnen unter Bischof Johann VI. Die kleine Schar von Dominikanerinnen – zu Beginn waren es sechs Nonnen – hatte lange Zeit einen Existenzkampf zu führen. Um den Weiterbestand der Gemeinschaft zu sichern, waren die Churer Bischöfe immer wieder genötigt, sich für das materielle Wohl der Nonnen einzusetzen. Dazu führte 1768 ein Brand das Kloster beinahe in den Ruin.
Bis Anfang des 20. Jahrhunderts gehörten die Dominikanerinnen von Cazis dem zweiten Orden an. Seit der Übernahme der neuen Konstitutionen am 30. November 1928 gehört das Kloster zum dritten Orden des heiligen Dominikus. Dadurch war es der Gemeinschaft möglich, ihren Wirkungskreis außerhalb der Klausur zu entfalten. Ständig wuchs die Zahl der Schwestern, heute sind es 46 Schwestern mit ewiger Profess. Das Kloster wurde schrittweise erneuert und ausgebaut. Die letzte wesentliche Erweiterung fand im Jahr 1996 statt mit dem Bau des Marienheiligtums. Im Jahr 2002 wurde eine Niederlassung im Kloster St. Peter in Bludenz/Vorarlberg gegründet.

Sehenswürdigkeiten Aufgrund seiner Geschichte verfügt das Kloster über sehr wenige Kostbarkeiten. Die restaurierte Wendelinskapelle zeigt seit 1999 schöne Fresken, in der Pfarrkirche sind im gotischen Chor zwei wertvolle Fresken zu sehen. Im Kloster befindet sich eine ständige Ausstellung mit religiöser Kunstkeramik von Sr. Caritas Müller.

Unterkunft Im eigenen Gästehaus. Informationen auf der Homepage oder Prospekte anfordern.

Gottesdienste Eucharistiefeier: Sa/So 7.00; Mo/Do 19.15; Di, Mi, Fr 6.30; das Stundengebet wird mit Harfenbegleitung auf Deutsch gesungen.

Mitglieder 47.

Tätigkeiten Eigene Schule: schulisches und integratives Brückenangebot mit Wohnheim und Erwachsenenbildung, Deutsch für Fremdsprachige und Flüchlinge, Kinderkrippe, Gästebetrieb, Arbeit im Altenheim, kleiner Klosterladen, Kunstkeramik.

| ✻ | **Angebote** Ferien im Gästehaus, Exerzitien, spirituelle Angebote, Rehaseminar für Krebskranke, Kurse für Sterbebegleitung, Kloster auf Zeit (aktuelle Informationen auf der Homepage), Schweigeexerzitien für Einzelpersonen, Logotherapeutische Beratung.

Cham – REDEMPTORISTENKLOSTER „MARIA-HILF"

| ✉ | **Adresse** D-93413 Cham, Ludwigstraße 16.
Tel-Kloster: 09971 / 2000-5, Tel-Exerzitienhaus: 09971 / 2000-0.
Fax-Kloster: 09971 / 2000-60, Fax-Exerzitienhaus: 09971 / 2000-10.
E-Mail: exerzitienhaus.cham@redemptoristen.de
Internet: www.exerzitienhaus-cham.redemptoristen.de;
www.redemptoristen.com

| 🚗 | **Anfahrt** Bahnstation Cham (Strecke Nürnberg – Schwandorf – Furth i.W. – Prag oder München – Prag). ⇒ Mit dem Pkw: B 22 (Weiden – Cham), B 85 (Bayreuth – Cham), B 20 (Furth – Cham – Straubing).

| 🏛 | **Geschichte** „Ich wüsste in der ganzen Welt keinen Ort, der sich so gut für ein Redemptoristenkloster eignet, wie Cham", so Bischof Ignatius von Senestry 1895. 1899 nahm der erste Redemptoristenpater seinen Wohnsitz in Cham. Von 1900 bis 1904 wurden Kirche, Kloster und Exerzitienhaus erbaut. Die Kirche ist, ähnlich den romanischen Domen, im Rundbogenstil gebaut und im spät-nazarenischen Stil ausgemalt.
Mit Kirche und Kloster ist das Exerzitienhaus „Maria-Hilf" verbunden, ein Ort der Stille und Einkehr, der im Sommer auch die Möglichkeit religiöser Freizeit bietet.

| 📷 | **Sehenswürdigkeiten** Die Klosterkirche der Redemptoristen „Maria Hilf" gleich neben dem Kloster. In der sehenswerten Altstadt findet sich die Barrockkirche St. Jakob, die alte Spitalkirche und die frühere Franziskanerkirche. Etwas außerhalb von Cham liegt die Urkirche in Chammünster und im Wald auf einer Anhöhe auf dem Lamberg die Wallfahrtskirche, die der hl. Wallburga geweiht ist.

| ⏰ | **Gottesdienste** So 7.00, 8.30, 10.00; 19.00 Vespergottesdienst; Wo 8.00, Mo, Mi, Fr zusätzlich um 19.00.

Angebote Spirituelle Angebote zur Glaubens- und Lebenshilfe, Meditationsangebote und Fastenkurse, Exerzitien in verschiedenen Formen. Besinnungstage für Senioren, für Frauen, Männer und junge Christen, religiöse Freizeit für Gruppen, aber auch für Einzelne, die Stille und den Rückzug aus dem Alltag suchen. Offen für Beleg-Gruppen. Stille Tage mit geistlicher Begleitung sind nach Absprache. möglich. Das Jahresprogramm kann im Internet eingesehen, aber auch angefordert werden.

Dahlem – ABTEI MARIA FRIEDEN DER ZISTERZIENSERINNEN VON DER STRENGEREN OBSERVANZ (TRAPPISTINNEN)

Adresse D-53949 Dahlem/Eifel.
Tel. 02447 / 91779-0, Fax 02447 / 91779-99.
E-Mail: gaestehaus@mariafrieden-ocso.de oder
info@mariafrieden-ocso.de
Internet: www.mariafrieden-ocso.de

Anfahrt Bahnstation Dahlem oder Schmidtheim. ⇒ Mit dem Pkw: Über die B 51 oder B 256, in Dahlem abzweigen in die Ursprungstraße. Das Kloster liegt am Ende der Straße.

Geschichte Auf dem Gelände des heutigen Klosters wurden im „Dritten Reich" von der NS-Volkswohlfahrt eine „Musterschäferei" und eine „NS-Ordensburg" errichtet. Nach dem Krieg nutzten zunächst katholische Jugendverbände den Ort für ihre Ferienlager, bis 1952 die Trappisten von Mariawald die Domäne kauften, damit auch in Deutschland ein Frauenkloster des Ordens entstehen konnte. 1953 kamen 16 Schwestern aus der holländischen Trappistinnenabtei Konigsoord und gründeten dieses kontemplative Kloster in der Tradition des alten Mönchtums, um durch ihr Gebet mitzuwirken an Frieden und Versöhnung unter den Völkern. 1955 wurde das Kloster zur Abtei erhoben, 1958 die Kirche geweiht, 1968 der Klosterbau abgeschlossen. In dieser Zeit wurde auch die Muttersprache in das feierliche Chorgebet eingeführt; das tägliche Konventamt wird jedoch weiter im lateinischen Choral gesungen. Das einfache, stille und größtenteils verborgene Leben wird von der Regel des heiligen Benedikt und den Gewohnheiten der Zisterzienser geprägt: Gemeinsames und privates Gebet, geistliche Lesung und Arbeit zum Lebensunterhalt bzw. in

Haus und Garten wechseln einander ab. Einkehrgäste und Besucher können in der Gästekapelle an der Messe und der Tagzeitenliturgie teilnehmen.

Unterkunft Das kleine Gästehaus und ein Priesterhaus bieten einfache Zimmer für Gäste, die stille Tage verbringen möchten. In Dahlem gibt es ein Hotel, Haus Schieferstein, und Fremdenzimmer.

Gottesdienste Wo 4.05 Vigilien; 7.00 Laudes; 7.30 Eucharistiefeier; 9.00 Terz; 12.15 Sext; 14.20 Non; 17.15 Vesper, 19.25 Komplet. Sonn- und feiertags davon abweichend: 7.30 Laudes; 9.45 Terz; 10.00 Hochamt; 17.00 Vesper mit sakramentalem Segen.

Mitglieder 22.

Tätigkeiten Paramentenwerkstatt mit Handweberei; Herstellung eines Kräuterlikörs, eines Hautöls und eines Kastanienextraktes; Verkauf von Karten, Klosterprodukten, Kleinschriften, Devotionalien usw. an der Klosterpforte; Pflege der eigenen alten und kranken Mitschwestern.

Angebote Teilnahme an den Gottesdiensten (in der Gästekapelle); Gespräche und Lichtbildervorträge auf Anfrage in bescheidenem Rahmen (Gruppen bis zu 20 Personen).

Dietfurt – **FRANZISKANERKLOSTER**

Adresse D-92345 Dietfurt, Klostergasse 8.
Tel. 08464 / 6520, Fax 08464 / 65222.
E-Mail: meditationshaus-dietfurt@franziskaner.de
Internet: www.meditationshaus-dietfurt.de

Anfahrt Bahnstation Neumarkt (Opf.), von dort mit dem Bus nach Dietfurt. ⇒ Mit dem Pkw: Autobahn München – Nürnberg, Ausfahrt Altmühltal; Autobahn Nürnberg – Regensburg, Ausfahrt Parsberg.

Geschichte Nach dem Dreißigjährigen Krieg, als überall großer Priestermangel herrschte, bemühte sich die Bürgerschaft von Dietfurt um die Gründung eines Franziskanerklosters auf ihrem Gebiet. Bürgermeister

Huebner stiftete den Grund, der Kurfürst von Bayern und der Bischof von Eichstätt erteilten die Genehmigung zur Errichtung des Klosters. 1660 wurde der Grundstein gelegt; 1665 war der Klosterbau vollendet. 1667 konnte die Klosterkirche eingeweiht werden. 1715 wurde an die Kirche eine Antoniuskapelle angebaut und neben dem Kloster ein Noviziatsbau errichtet. Seit dieser Zeit ist in Dietfurt das Noviziat der Bayerischen Franziskanerprovinz. Das Kloster wurde in der Säkularisation zwar nicht aufgehoben, wurde aber 1820 als Absterbehaus für alte Ordensangehörige bestimmt. 1827 wurde es von König Ludwig I. von Bayern als Seelsorgskloster wiederhergestellt. 1976–1978 entstand neben dem Konventgebäude ein Meditationshaus, das von den Franziskanern geleitet wird.

| 📷 | **Sehenswürdigkeiten** Die Kirche ist ein schlichter Bau im Mendikantenstil mit einfacher Barockausstattung. Der größte Schatz der Kirche ist eine gotische Madonna auf dem linken Seitenaltar. Der Hochaltar ist flankiert von Barockstatuen der Immaculata und des hl. Erzengels Michael. Das neuere Altarbild zeigt den hl. Johannes (Evangelist) unter dem Kreuz des Herrn. In der Fastenzeit wird das Altarbild entfernt. Dadurch entsteht eine Bühne, auf der die viel besuchten dramatischen Ölbergandachten stattfinden. Sie sind ein kostbarer Überrest der geistlichen Spiele des Mittelalters und der Barockzeit (1680 hier eingeführt).

| 🛏 | **Unterkunft** Meditationshaus St. Franziskus.

| ● | **Gottesdienste** So 7.30, 10.00; Wo 8.00.

| ✝ | **Mitglieder** 5.

| ✻ | **Angebote** Geistliche Einzelgespräche, Meditationskurse, Jahresprogramme.

Dietramszell – **KLOSTER DER SALESIANERINNEN**

| ✉ | **Adresse** D-83623 Dietramszell, Klosterplatz 1.
Tel. 08027 / 801, Fax 08027 / 830.
E-Mail: kloster.dietramszell@t-online.de
Internet: www.kloster-dietramszell.de

| 🚗 | **Anfahrt** Mit der S-Bahn S 5 München – Holzkirchen. ⇒ Mit dem Pkw: Autobahn München – Salzburg, Ausfahrt Sauerlach.

| 🏛 | **Geschichte** 1098 von dem Priester Dietram als Augustiner-Chorherrenstift gegründet, 1803 säkularisiert, Süd- und Westflügel durch die Familie von Schilcher erworben. 1831 siedelten die Salesianerinnen von München-Indersdorf über in den Ost- und Nordflügel des Klosters, der zum Staatsärar gehört. 1958 erwarben die Salesianerinnen auch Süd- und Westflügel von der Familie von Schilcher hinzu.

| 📷 | **Sehenswürdigkeiten** Stiftskirche, Bauzeit 1729–1741, konsekriert 1748.

| 🛏 | **Unterkunft** In verschiedenen Pensionen der Umgebung und in der Klosterschänke möglich.

| ✝ | **Gottesdienste** So 7.30, Wo 7.15 (Martinskirche). Andachten: So 17.15.

| 👤 | **Mitglieder** 13.

| ✦ | **Angebote** Führungen durch einen Teil des Klosters – mit Voranmeldung, Klosterarbeiten (Golddrahtarbeiten nach alten Mustern) – nach Vorbestellung. Details siehe Homepage oder Prospekt.

Dinklage – ABTEI ST. SCHOLASTIKA, BURG DINKLAGE

| ✉ | **Adresse** 49413 Dinklage, Abtei Burg Dinklage, Burgallee 3.
Tel. 04443 / 5130, Fax 04443 / 513118.
E-Mail: abtei@abteiburgdinklage.de
Internet: www.abteiburgdinklage.de

| 🚗 | **Anfahrt** Bahnstation Lohne (Oldbg), 3x tägl. zeitgerechte Busanbindung, ansonsten Taxi. ⇒ Mit dem Pkw: A 1 Abfahrt Lohne/Dinklage, Richtung Dinklage, nach Ortsschild erste Straße links (vor der ersten Tankstelle) Burgallee.

| 🏛 | **Geschichte** Benediktinisches Leben auf der Burg Dinklage, einer alten Wasserburg der Familie von Galen, begann im Jahr 1949 durch eine Gruppe von Schwestern aus dem Benediktinerinnenkloster St. Gertrud in Ale-

xanderdorf, die hier einen Neuanfang wagte. Die Wurzeln dieser Gemeinschaft wiederum liegen in einer Gruppe katholischer Krankenschwestern in Berlin der 1920er Jahre, die nach und nach zu einer monastischen Gemeinschaft nach der Regel des hl. Benedikt gewachsen ist. 1949 stellt Christoph Bernhard Graf von Galen (ein Neffe des Seligen Clemens August Kardinal von Galen) den Schwestern Burg Dinklage, deren älteste Teile aus dem 16. Jh. stammen, für eine Neugründung zur Verfügung. Heute leben hier 23 Schwestern. Mittelpunkt des monastischen Lebens ist die Klosterkirche, eine ehemalige Scheune, in der sich durch die in ihrer Originalität erhaltenen Holz-Stein-Konstruktion, Bodenständigkeit mit der Transzendenz der Liturgie verbindet.

Sehenswürdigkeiten Burganlage aus dem 16. Jh., Erinnerungsort Kardinal von Galen mit Ausstellung, alter Eichenbestand im angrenzenden Burgwald.

Unterkunft Im klostereigenen Gästehaus.

Gottesdienste So 6.45 Laudes, Eucharistiefeier 8.00 (1 x im Monat um 11.00; aktuelle Termine: s. Homepage), 11.55 Friedensgebet; 12.00 Sext, 18.00 Vesper, 20.30 Komplet + Vigil; Wo 5.45 Laudes; 7.30 Eucharistiefeier; 12.00 Sext, 18.00 Vesper, Mo, Mi, Fr 19.30; Di, Do, Sa 20.30 Komplet und Vigil.

Mitglieder 23.

Tätigkeiten Hostienbäckerei, Handweberei, Paramentik, Ikonenwerkstatt, Kerzenwerkstatt, Klostercafé, Klosterladen (www.klosterladenburgdinklage.de). Soziales Engagement in der „Martinscheune" (Herberge für Menschen in Not), Gästeaufnahme und vieles mehr ...

Angebote „Ora et labora-Tage" und „Kloster auf Zeit" nach Absprache; Exerzitienbegleitung und geistliche Begleitung, Gruppenexerzitien und Kursangebote auf Anfrage, Gastaufenthalte, Gruppenführungen.

Literatur Barrawasser/Hecker/Streier, Domus Dei, Haus Gottes – Haus des Lebens, Benediktinerinnen in Dinklage, Münster, 2. Aufl. 2005; Benediktinerinnenabtei Burg Dinklage, Meine Hoffnung auf Gott setzen. Persönlich beten mit den Benediktinerinnen auf Burg Dinklage, Münster 2009.

Disentis – **BENEDIKTINERABTEI**

Adresse CH-7180 Disentis/Graubünden.
Tel. 081 / 9296900, Fax 081 / 9296901.
E-Mail: abtei@kloster-disentis.ch
Internet: www.kloster-disentis.ch

Anfahrt Disentis ist Endstation der Rhätischen Bahn Chur – Disentis und der Matterhorn Gotthard Bahn Andermatt – Disentis. ⇒ Mit dem Pkw: Von Chur, Oberalppass von Andermatt, Lukmanierpass von Biasca (Pässe im Winter geschlossen).

Geschichte Um 700 Zelle des fränkischen Asketen Sigisbert, doch erst unter Bischof Ursizin Klosteraufbau mit anschließender glücklicher Entwicklung der „Desertina" (wenig bewohnte Landschaft). 940 Sarazeneneinfall, Flucht der Mönche nach Zürich. Nach der Rückkehr neuer, großer Aufschwung. Reiche Beschenkung durch deutsche Kaiser. Politische Wirksamkeit der Äbte von Disentis im 14. und 15. Jh. Nach der Reformation neuerliche Konsolidierung und Blüte der humanistischen und naturwissenschaftlichen Bildung im Kloster. 1799 Brandschatzung von Dorf und Kloster durch französische Truppen, 1804 Rückkehr des monastischen Lebens. Nach den Rückschlägen durch das kantonale Klostergesetz (1861) gegen Ende des 19. Jh.s Restaurierung der Abtei.

Sehenswürdigkeiten Klosterkirche, Marienkirche, Klostermuseum.

Unterkunft Ordensmitglieder und Familienangehörige finden im Kloster Aufnahme, ebenso suchende Menschen, die sich für das monastische Leben interessieren. Für Seminare und Weiterbildungen stehen Zimmer im Klausur- und Kulturzentrum Kloster Disentis zur Verfügung.

Gottesdienste So 8.00 Morgenhore; 10.30 Konventamt; 17.45 Vesper; 20.00 Komplet. Wo 5.30 Morgenhore; 7.30 Konventamt; 18.00 Vesper; 20.00 Komplet. Stundengebet in Deutsch, Konventamt mit gregorianischem Choral.

Mitglieder 25.

Tätigkeiten Internats-Gymnasium, Erwachsenenbildung, Seelsorge, Jugendarbeit, Wallfahrt, Tagungszentrum.

Angebote „Kloster auf Zeit" für Männer; Jugendvigil, Große Stille; Exerzitienbegleitung auf Anfrage; Klosterladen; Stiva ST. Placi (Restaurant).

Literatur Daniel Schönbächler, Die Benediktinerabtei Disentis (Schweizerische Kunstführer GSK 524/525), Bern 1992.

Dormagen – KLOSTER KNECHTSTEDEN DER SPIRITANER

Adresse D-41540 Dormagen.
Tel. 02133 / 8690; Fax 02133 / 869155.
Internet: www.klosterkirche-knechtsteden.de

Anfahrt Bahnstation Dormagen (Strecke Köln – Neuss). Bus VRR 871 oder 883 ⇒ Mit dem Pkw: A 57, Ausfahrt Dormagen (ASt 25) Richtung Rommerskirchen, Parkplatz an L 36.

Geschichte 1130 als Prämonstratenserkloster gegründet (Bau der romanischen Kirche mit sehenswertem Fresko in der Westapsis: 1138–1162), bestand das Kloster Knechtsteden bis zur Säkularisation 1803. Nachdem ein Großbrand 1869 weite Gebäudeteile zerstört hatte, erwarb der Missionsorden der Spiritaner 1895 die Klosteranlage und richtete hier seine deutsche Missionszentrale ein. Sie betreute zunächst deutsche Spiritaner in Afrika und Brasilien; heute ist sie besonders für die dortigen einheimischen Ordensgründungen zuständig.

Sehenswürdigkeiten Romanische Doppelchorkirche, Bibliothek; Rundgang durch die trotz Säkularisierung erhaltene Klosteranlage möglich (u.a. historische Werkstätten).

Unterkunft Pension Knechtsteden (Tel.: 02133 / 262261, Fax: 02133/ 262751, E-Mail: kontakt@pension-knechtsteden.de); für Gruppen: „Heuhotel" (Tel. 02133 / 869120, E-Mail: jansen@spiritaner.de). Bewirtung: Gaststätte Klosterhof (Tel. 02133 / 80745, www.klosterhof-knechtsteden.de).

Gottesdienste So 8.00, 10.30, 18.00, Wo 7.30 außer Do, Konventmesse 18.00.

Mitglieder 26.

Duisburg – PRÄMONSTRATENSERKLOSTER ST. JOHANN, ABTEI HAMBORN

Adresse D-47166 Duisburg, An der Abtei 4–6.
Tel. 0203 / 578900, Fax 0203 / 57890111.
Internet: www.abtei-hamborn.com

Anfahrt Bahnstation Duisburg Hbf (Strecke Köln – Amsterdam), von dort Bus. ⇒ Mit dem Pkw: Über Autobahnkreuz (A 42/A 59) Duisburg-Nord, Ausfahrt Duisburg-Hamborn.

Geschichte An der Pfarrkirche St. Johann (gegründet im 9. Jh.) entstand 1136 ein Prämonstratenserkloster, das in der Säkularisation 1806 aufgehoben und 1959 wieder besiedelt wurde. Die Abteikirche St. Johann ist die Mutterkirche von mehr als zwanzig Pfarrkirchen in Duisburg nördlich der Ruhr. 1960 erhielt sie die Würde einer Propsteikirche. Der Turm und ein romanischer Kreuzgangflügel stammen aus dem 14., das rechte Seitenschiff datiert aus dem 15. Jh. 1953 war der Wiederaufbau der kriegszerstörten Kirche vollendet.

Sehenswürdigkeiten Der romanische Taufstein, die Paramentenkammer mit mehreren Messgewändern aus dem 16. Jh. und liturgische Geräte sind sehenswert. Eine Anna-Selbdritt-Gruppe (15. Jh.) wird als Gnadenbild verehrt.

Unterkunft Das Kloster verfügt über kein Gästehaus.

Mitglieder 20.

Tätigkeiten Seelsorge in mehreren Pfarreien, in Schule und Krankenhaus.

Angebote Mitleben in der Hausgemeinschaft nach individueller Absprache.

Literatur Der heilige Norbert von Xanten und die Prämonstratenser, im Selbstverlag der Abtei, Duisburg-Hamborn, 8. Aufl. 1992.

Ebenhausen – BENEDIKTINERABTEI SCHÄFTLARN

Adresse D-82067 Ebenhausen, Kloster Schäftlarn.
Tel. 08178 / 790, Fax 08178 / 7988.
Internet: www.abtei-schaeftlarn.de

Anfahrt Mit der S-Bahn S 7 München – Wolfratshausen: von Station Hohenschäftlarn 20 Minuten, von Station Ebenhausen-Schäftlarn 15 Minuten Fußweg. ⇒ Mit dem Pkw: Autobahn München – Garmisch, Ausfahrt Schäftlarn, B 11 bis Hohenschäftlarn.

Geschichte Im Jahre 762 gegründet, gehört Schäftlarn zu den bayerischen Urklöstern. Bischof Otto von Freising übergab es 1140 den Prämonstratensern, die im frühen 18. Jh. den gesamten Klosterneubau und auch die bekannte Rokokokirche errichten ließen. 1866 vertraute König Ludwig I. das Kloster den Benediktinern an mit dem Auftrag, „dass die Ordensmitglieder sich der Seelsorge wie der Erziehung und Bildung der Jugend widmen sollen".

Sehenswürdigkeiten Bedeutende Rokokokirche (Cuvilliés, Gunetsrhainer, Fischer, J. B. Zimmermann, Straub); Prälatengarten.

Unterkunft Im Klosterbräustüberl.

Gottesdienste Wo 7.00; So 7.30, 10.00 Konventamt; 18.00 Vesper.

Mitglieder 10.

Tätigkeiten Seelsorge, Gymnasium, Tagesheim, Internat, Erwachsenenbildung, Gärtnerei, Brennerei, Klosterladen.

Angebote „Tage im Kloster"; Mitfeier der Kar- und Ostertage; Kontemplationstage; Einzelbegleitung.

Literatur Wolfgang Winhard/Hugo Solf, Kloster Schäftlarn, Schnell & Steiner, München – Zürich, 8. Aufl. 1984; Wolfgang Winhard, Kloster Schäftlarn. Geschichte und Kunst, Kunstverlag Peda, Passau 1993; Norbert Piller, Schäftlarn 1945–1995. Wiedereröffnung von Gymnasium und Internat nach dem Zweiten Weltkrieg, Schäftlarn 1995.

Edlibach – LASALLE-HAUS BAD SCHÖNBRUNN DER JESUITEN

Adresse CH-6313 Edlibach/Zug.
Tel. 041 / 7571414, Fax 041 / 7571413.
E-Mail: info@lassalle-haus.org
Internet: www.lassalle-haus.org

Anfahrt Bahnstation Zug, dann Bus Linie 2 (Richtung Menzingen) bis Bad Schönbrunn; Bahn- und Busverbindungen ab Luzern und Zürich im Halbstundentakt. ⇒ Mit dem Pkw: Strecke Luzern – Zürich bis Sihlbrugg, dort Richtung Neuheim – Edlibach.

Geschichte Das Kurhaus Bad Schönbrunn, ursprünglich ein Wasserheilbad, wurde 1929 von den Schweizer Jesuiten übernommen und mit dem Neubau 1970 zu einem modernen Bildungszentrum umgestaltet.

Sehenswürdigkeiten Architektur (harmonikale Bauweise) von Architekt André Studer.

Angebote/Unterkunft Als Zentrum für „Spiritualität, interreligiösen Dialog und soziale Verantwortung" und mit einem Kursangebot in (Zen-)Meditation, Ignatianischen Exerzitien, Kontemplation, Heilfasten für Gesunde sowie Seminaren und Tagungen zum interreligiösen Dialog ist das Lassalle-Haus ein Ort, an dem Mitarbeiter/innen und Gäste lernen können, sich selbst zu entdecken, anderen zu begegnen und Gottes Gegenwart in allen Bereichen der Wirklichkeit zu erfahren und entsprechend zu handeln. Das Haus heißt nicht nur Kursteilnehmer/innen willkommen, sondern auch einzelne Menschen, die in einem kürzeren oder längeren Aufenthalt mit der Gastfreundschaft auch das tägliche und wöchentliche Meditations-, Gebets- und Impulsangebot der Hausgruppe in Anspruch nehmen bzw. mitgestalten möchten.

Gottesdienste Eucharistiefeier Mo–Fr am Abend, So 8.30.

Eichstätt – BENEDIKTINERINNENABTEI ST. WALBURG

Adresse D-85072 Eichstätt, Walburgiberg 6.
Tel: 08421/9887-0, Fax: 08421/9887-40.
E-Mail: kloster.st.walburg@bistum-eichstaett.de
Internet: www.abtei-st-walburg.de

Anfahrt Bahnstation Eichstätt Bahnhof (Strecke München – Nürnberg), von dort Anschluss mit Schienenbus nach Eichstätt-Stadt (ca 5 km) ⇒ Mit dem Pkw: Autobahn A 9 München – Nürnberg, Ausfahrt Altmühltal/Eichstätt, von dort bis Eichstätt 20 km Landstraße.

Geschichte Die Abtei St. Walburg wurde 1035 am Grab der hl. Walburga gegründet. Im Dreißigjährigen Krieg wurde das Kloster geplündert und zerstört. Die Einäscherung der neu erbauten frühbarocken Kirche konnte verhindert werden. Im Zuge der Säkularisation wurde das Kloster im Jahre 1806 aufgehoben, das klösterliche Leben konnte jedoch dank der Treue der Nonnen bis zur Wiedererrichtung des Klosters 1835 unter König Ludwig I. v. Bayern weitergeführt werden. Die Abtei St. Walburg ist das Mutterkloster von ca. 50 Prioraten in den USA und ebenfalls des Priorats St. Mildred in Minster in Kent/England.

Sehenswürdigkeiten Barocke Pfarr- und Klosterkirche St. Walburg (17. Jh.) mit einem außergewöhnlich großen Hochaltargemälde (Joachim v. Sandrart). Der Nonnenchor liegt nach altem Muster auf halber Höhe im westlichen Joch der Klosterkirche unter der Orgelempore. Die Walburgagruft hinter dem Hochaltar geht bis auf das 11. Jh. zurück. Als im Jahr 893 das Grab im Boden der Kirche geöffnet wurde, fand man die Gebeine der Heiligen mit wasserklaren Tropfen betaut. Dieser sog. Ölfluss zeigt sich bis heute ab dem 12. Oktober (Tag der Übertragung der Reliquien in den Hochaltar) bis zum 25. Februar (Tag des Heimgangs der Heiligen). Die nördlich der Alpen einzigartige Gruftanlage, eine Confessio-Anlage, ermöglicht das Auffangen der kostbaren Tautropfen. Dieses sog. Walburgisöl wird in kleine Fläschchen abgefüllt und an die Pilger und Bittsuchenden weitergegeben. Die zweigeschossige Gruftanlage, in der zahlreiche Votivtafeln angebracht sind, ist eine traditionsreiche und bekannte Wallfahrtsstätte.

Unterkunft Gästehaus „Marienhaus" (6 EZ und 13 DZ/Dusche/WC).

| ⚫ | **Gottesdienste** 5.25 Laudes; 6.00 Konventamt; 12.00 Mittagshore; 17.00 Vesper; 19.15 Vigil und Komplet.

| ♀ | **Mitglieder** 32.

| ⚒ | **Tätigkeiten** Grundschule, Kindergarten, Gästehaus, Herstellung von Kräuterlikör/Kräutergeist, Paramentik, Graphische Gestaltung, Kerzenverzierung, Obst- und Gemüsegarten, Herstellung von Konfitüren, Klosterladen, Bibliothek, wissenschaftliche Arbeiten.

| ✻ | **Angebote** Au-pair-Aufenthalte nach Vereinbarung; Kursangebote zur Teilnahme am monastischen Leben (aktuelle Termine s. Homepage). Mitfeier der Kar- und Ostertage.

| 📖 | **Literatur** Maria Magdalena Zunker OSB, Kloster- und Pfarrkirche St. Walburg, Verlag Schnell & Steiner, Regensburg 2001. Maria Magdalena Zunker OSB, Abtei St. Walburg, Eichstätt. Geschichtlicher Überblick, Kunstverlag Josef Fink, Lindenberg 2009.

Einsiedeln – BENEDIKTINERABTEI

| ✉ | **Adresse** CH-8840 Einsiedeln/Schwyz.
Tel. 055 / 418 6111, Fax 055 / 418 6112.
E-Mail: kloster@kloster-einsiedeln.ch
Internet: www.kloster-einsiedeln.ch; www.wallfahrt-einsiedeln.ch; www.stiftsschule-einsiedeln.ch

| 🚆 | **Anfahrt** Bahnstation Einsiedeln, von Luzern oder Zürich aus in einer Stunde zu erreichen.

| 🏛 | **Geschichte** Im 9. Jh. zieht Meinrad, ein Mönch der Reichenau, als Einsiedler auf den Etzel und in den „Finstern Wald". 934 legt Eberhard, vormals Dompropst zu Straßburg, als erster Abt den Grundstein zum Benediktinerkloster. 947 wird Einsiedeln Königskloster, der Abt Reichsfürst. Der Ort entwickelte sich auch zu einem bedeutenden Marienheiligtum: Schon bald pilgerten aus ganz Europa Menschen zur Mutter Gottes nach Einsiedeln, um bei ihr Kraft und Trost zu finden. Seit der Mitte des 19. Jh.s unterhält das Kloster eine eigene Schule in Form eines Gymnasiums, zunächst für

Jungen, später auch für Mädchen. Von Einsiedeln gingen im Mittelalter zahlreiche Gründungen aus, im 19. und 20. Jh. solche in den USA und Argentinien.

Sehenswürdigkeiten Der heutige Klosterbau ist die geniale Leistung des Einsiedler-Laienbruders Kaspar Moosbrugger (1656–1723) von Au im Bregenzerwald. 1735 wurde die besichtigungswerte Stiftskirche eingeweiht. Sie ist geschmückt mit Deckenfresken von C. D. Asam und Stuckaturen von E. Q. Asam und J. B. Babel. In der Stiftskirche befindet sich auch die Gnadenkapelle mit der Schwarzen Madonna. Die barocke Stiftsbibliothek kann im Rahmen von Führungen besichtigt werden. Sie umfasst ca. 230.000 Bände und ca. 1.300 Manuskripte, 600 Inkunabeln und 400 Frühdrucke. Der Große Saal – ebenfalls zu besichtigen – wird heute für Konzerte, Vorträge und für die Maturaprüfung der Stiftsschüler genutzt. Nicht zuletzt dürften sich im Marstall die Pferde über einen Besuch freuen.

Unterkunft Das Kloster Einsiedeln bietet Unterkunft für Jakobspilger (max. 8 Personen). Ansonsten wende man sich an das Tourismusbüro in Einsiedeln (Tel. 055 / 418 44 88; www.einsiedeln-tourismus.ch).

Gottesdienste So 9.30 Konventamt; 11.00 Pilgermesse; 16.30 Vesper; 20.00 Komplet; Wo 11.15 Konventamt; 16.30 Vesper; 20.00 Komplet. Gottesdienste in der Gnadenkapelle: 6.15; 8.30; 9.30; 17.30.

Mitglieder Ca. 50.

Tätigkeiten Gymnasium, Wallfahrt, Seelsorge.

Angebote Mehrtägige Gastaufenthalte für Männer (www.kloster-einsiedeln.ch/gast); Exerzitien für Priester (www.kloster-einsiedeln.ch/priesterexerzitien); Sommer-Volontariat für junge Männer im Alter von 18–25 Jahren (www.kloster-einsiedeln.ch/volontaire); geistliche Tagesimpulse auf Facebook (www.gottsuchen.ch); Beten mit Gottes Wort (www.gotteswort.ch); Orgelkonzertreihe im Sommer (www.orgelkonzert.ch).

Literatur Georg Holzherr, Einsiedeln. Kloster und Kirche Unserer Lieben Frau, Schnell & Steiner, München 2006.

Eisleben – ZISTERZIENSERINNENKLOSTER ST. MARIEN ZU HELFTA

Adresse D-06295 Eisleben, Lindenstr. 36.
Tel. 03475 / 711500, Fax 03475 / 711555.
Gästehaus: Tel. 03475/711400 (-461), Fax 03475/711444.
E-Mail: pforte@kloster-helfta.de; gaestehaus@kloster-helfta.de
Internet: www.kloster-helfta.de

Anfahrt Vom Bahnhof Eisleben fahren regelmäßig Busse der Stadtlinie in Richtung Kloster. Auskunft am Bahnhof. Mit dem Taxi ca. 7–10 Minuten. ⇒ Mit dem Pkw: A38 (Göttingen/Leipzig, Ausfahrt „Lutherstadt Eisleben"). Von Eisleben auf der B 80 in Richtung Halle hinter dem Ortsteilschild „Helfta" auf der rechten Seite. Nicht in den Ort fahren. Die Einfahrt geht direkt von der B 80 ab.

Geschichte Im Mittelalter war Helfta berühmt und bekannt als „Die Krone deutscher Frauenklöster". Die von einer tiefen Christusmystik geprägten Texte der hl. Gertrud der Großen und jene der hl. Mechthild von Hackeborn entstanden hier, zum großem Teil auch die Texte der hl. Mechthild von Magdeburg. Neugründung des Klosters (Bistum Magdeburg) mit 8 Schwestern aus der Zisterzienserinnenabtei Seligenthal/Bayern unter Äbtissin M. Assumpta Schenkl am 14.8.1999. Inzwischen gibt es wieder eine Klosterkirche. Das Konventsgebäude und ein Gästehaus sind fertiggestellt. Die besondere Aufgabe liegt darin, neben dem mehrmaligen Gotteslob am Tag suchende und fragende Menschen zu begleiten, bei Lebenskrisen und Lebensbrüchen unterstützend beizustehen, den von Stress geplagten Zeitgenossen eine Oase des Aufatmens zu sein. Kindern in ihrer Entwicklung unterstützend beizustehen und jungen Menschen einen Einblick in den Reichtum des Christentums zu geben.

Unterkunft Gästehaus mit Übernachtungsmöglichkeiten und Verpflegung für ca. 85 Gäste.

Gottesdienste Wo: Vigil 5.30, Laudes 6.00, Eucharistiefeier mit Terz 7.30, Mittagshore 11.45, Vesper 17.30, Komplet 19.45. So: Vigil 6.20, Eucharistiefeier 8.30, Terz und Sext 11.45, Vesper 17.30, Komplet 19.45. Deutsch und Lateinisch gesungen.

Mitglieder 11 Ordensfrauen, davon 2 Novizinnen.

| ✱ | **Angebote** Exerzitien für Einzelgäste oder Gruppen, Tage der Stille, Kloster auf Zeit. Möglichkeit der Mitarbeit in Haus und Garten. Weitere Veranstaltungen (Seminare, geistliche Angebote) entsprechend dem Programm (bitte anfordern).

Engelberg – **BENEDIKTINERABTEI**

| ✉ | **Adresse** CH-6390 Engelberg/Obwalden.
Tel. 041 / 6396161, Fax 041 / 6396113.
E-Mail: info@kloster-engelberg.ch

| 🚗 | **Anfahrt** Mit der Bahn von Luzern, Stans nach Engelberg (1 Std.). ⇒ Mit dem Pkw: Autobahn Basel – Luzern, Richtung Gotthard bis Ausfahrt Stans-Süd.

| 🏛 | **Geschichte** Gründer des Klosters Engelberg war Konrad von Sellenbüren. Die Mönche mit dem ersten Abt Adelhelm (†1131) erbat er sich von der Abtei Muri im heutigen aargauischen Freiamt. Im Frühjahr 1120 war die Stiftung vollendet; der Stifter sorgte großzügig für ihre materielle Existenz; Papst Kalixt II. und Kaiser Heinrich V. gaben 1124 die Bestätigung. Durch den zweiten Abt, den Mönch Frowin aus der cluniazensisch eingestellten Abtei St. Blasien im Schwarzwald, wurde das vorübergehend gefährdete Stift in rechtlicher, monastischer und wirtschaftlicher Hinsicht endgültig gefestigt. Abt Frowin (1145–1178) begründete die Engelberger Schreiberschule, legte eine gute Bibliothek an und veranlasste (endgültig 1149) die Errichtung der Pfarrei Engelberg. Seine Tätigkeit bildet auch die erste Grundlage für den Ursprung eines kleinen reichsunmittelbaren Klosterstaates, der in der Folge unter die Schutzherrschaft der innerschweizerischen Stände der Eidgenossenschaft kam und erst 1798 unterging. Das 19. Jh. sah die Gründung der Frauenkonvente Maria Rickenbach und Melchtal in der Schweiz und der Abteien Conception und Mount Angel in den Vereinigten Staaten. Im Jahre 1932 wurde das Missionswerk in Kamerun begonnen und zu Beginn der 1960er Jahre das Priorat Mont Fébé in Yaundé errichtet. 1977 wurde die 1848 aufgehobene Abtei Fischingen mit Engelberger Mönchen wiederhergestellt.

| 📷 | **Sehenswürdigkeiten** Klosterkirche (1730–1745), restauriert 2005–2007. Hochaltargemälde und Gemälde des ersten Seitenaltar-Paares im Schiff

von Franz Joseph Spiegler (1732 und 1734), spätgotisches Gnadenbild auf dem Marienaltar und größte Orgel der Schweiz. Klosterausstellung. Klosterführungen Mi bis Sa um 10.00 und 16.00, außer Do um 10.00 Film; Sa 16.00 Führung mit Ausstellung. Zwischensaison reduziertes Programm.

Unterkunft Ordensleute und Familienangehörige im Kloster; ebenso Menschen, die einen Ort für Stille und Gebet suchen und sich für das monastische Leben interessieren.

Gottesdienste Eucharistiefeier: So 9.30 (Konventmesse), 11.00. Wo 7.30, (Konventmesse); Sa 9.30; Vorabendmesse 19.00. Chorgebet: Wo Mo–Fr 5.30, Sa 6.00 Mette, So 6.00 Vigil, 7.30 Laudes, 12.00 Mittagshore (auch Sa); 18.00 Vesper; 20.00 Komplet (auch Sa).

Mitglieder 32.

Tätigkeiten Pfarrseelsorge; Mission in Kamerun; Stiftsschule mit Sekundarschule und Gymnasium mit Internat.

Angebote Tage des Stillwerdens.

Literatur Die Bilderwelt des Klosters Engelberg. Das Skriptorium im 12. Jahrhundert, Diopter Verlag, Luzern; „Tausend Brunnen" – Engelberger Benediktiner in Kamerun, Verlag Victor Hotz.

Eschenbach – ZISTERZIENSERINNENABTEI ST. KATHARINA

Adresse CH-6274 Eschenbach/Luzern, Freiherrenweg 11.
Tel. 041 / 4494000, Fax 041 / 4494001.
E-Mail: zist.esch@bluewin.ch
Internet: www.kloster-eschenbach.ch

Anfahrt Bahnstation (Strecke Luzern – Hochdorf – Wildegg).

Geschichte Das Kloster St. Katharina wurde 1285 von Walter III., Freiherr von Eschenbach, für klausurierte Augustinerinnen gestiftet und 1292 urkundlich bestätigt. 1588 schlossen sich die Chorfrauen dem Zisterzienserorden an. In der Reformationszeit entging die Abtei dem Untergang durch den Anschluss der aufgehobenen Klöster Neuenkirch und Ebersecken. Die Blütezeit fällt in das 18. Jh.: religiöse Erneuerung, Bau des Abteiflügels, des Gäste- und Kapitelhauses und des Kreuzganges. Harte Zeiten erlebte der Konvent 1798–1848. Politische und Religionskriege bedingten den Entzug der Novizenaufnahme und der eigenen Verwaltung des Klostergutes, ferner eine kurze Flucht und die Ausraubung des Klosters. Eine rege geistige und materielle Entwicklung brachte das 20. Jh. 1909 bis 1910 entstand ein zweiter Kreuzgang mit eigener Klosterkirche im Neubarock und 1958 ein Neubau an den Abteiflügel. In die Jahre 1970–1980 fällt die Außenrenovation der Südost-Fassade des Abteigebäudes, der Klosterkirche, der beiden Kreuzgänge und des Gästehauses.

Sehenswürdigkeiten Die Sonnenuhr am Gästehaus (1683) gehört zum nationalen Kunstgut und ist die größte der Schweiz (2,45 auf 2,70 m).

Unterkunft Besuchern, die sich ernsthaft für ein kontemplatives Klosterleben interessieren, wird gerne Teilnahme an der Liturgie gewährt und persönliche Kontaktnahme. Logismöglichkeit im nahen Gasthaus Löwen.

Gottesdienste Klosterkirche So und Wo 7.30; Pfarrkirche So 9.30, Sa 17.00 (Winter), 19.00 (Sommer).

Tätigkeiten Handweberei, Strangenfärberei, Kettmalerei auf Seide und andere Textilarbeiten; Verzieren von Kerzen; Bilder in Aquarell, Acryl, Eitempera.

Ettal – BENEDIKTINERABTEI

Adresse D-82488 Ettal, Kaiser-Ludwig-Platz 1.
Tel. 08822 / 740 (Pforte); Fax 08822 / 74-6228.
E-Mail: verwaltung@kloster-ettal.de; gastpater@kloster-ettal.de
Internet: www.kloster-ettal.de

Anfahrt Bahnstation Oberau (Strecke München – Mittenwald), von dort Busverkehr nach Ettal ⇒ Mit dem Pkw: A 95 München – bis Autobahnende Oberau; B 23 Oberau – Ettal.

Geschichte Das Kloster Ettal wurde 1330 von Kaiser Ludwig dem Bayern gegründet und von Benediktinern aus Reichenbach besiedelt. Die Kirche entstand als gotischer Zwölfeckbau mit Mittelsäule und einem um das Gotteshaus herumgeführten Kreuzgang. „Unser frawen ê-tal" (das unserer Frau angelobte Tal) erhielt in einem Marienbild aus carrarischem Marmor, das der kaiserliche Gründer mitgebracht hatte, seinen religiösen Mittelpunkt. Die Wallfahrt nahm besonders in der Barockzeit stark zu. 1711–1744 betreute das Kloster eine von Abt Plazidus II. Seitz ins Leben gerufene adelige Ritterakademie. Sie wurde mit der gesamten Anlage 1744 durch einen Brand zerstört. Im Zuge des Neubaus hat man den Innenraum der Kirche im Rokoko ausgestattet, über dem sich die große Kuppel wölbt. Die Architekten Enrico Zucali und Joseph Schmutzer, Wessobrunner Stuckatoren, Freskomaler, wie J. J. Zeiller und Martin Knoller, machten das Gotteshaus zu einem Kunstwerk voll Leuchtkraft und Heiterkeit. 1803 wurde Ettal säkularisiert; 1900 konnte das Kloster dank der finanziellen Hilfe von Baron Th. v. Cramer-Klett und der personellen Unterstützung von der Abtei Scheyern aus neu besiedelt und ausgebaut werden. In Anknüpfung an die Tradition der Ritterakademie wurden Gymnasium und Internat errichtet. 1993 besiedelten Mönche aus Ettal das ehemalige Augustiner-Chorherrenstift Wechselburg (Sachsen), ein Wallfahrtszentrum für die weitere Umgebung.

Sehenswürdigkeiten Kirche, Presbyterium, Gnadenbild, Orgel und die Gesamtanlage. Die Besichtigung der barocken Sakristei, der Destillerie und des Brauereimuseums sind nur für Gruppen und nach Voranmeldung möglich: fuehrung@kloster-ettal.de.

Unterkunft Hotel „Ludwig der Bayer" mit Ferienappartements; Kaiser- Ludwig-Platz 10–12, D-82488 Ettal, Tel. 08822 / 9150, Fax 08822 / 915420; www.ludwig-der-bayer.de; rezeption@ludwig-der-bayer.de.
Männer können auch gerne innerhalb der Klausur als Gäste aufgenommen werden. Wenden Sie sich hierzu an den Gastpater: gastpater@kloster-ettal.de.

Gottesdienste So 7.00; 9.30 Pfarrmesse; 11.00 Konventamt; 18.00 Vesper; 19.35 Komplet. Wo 6.00 Konventamt (Mo, Mi, Fr, Sa); 8.00 Pfarrmesse (Mo, Mi, Fr); tägl. 18.00 Vesper und 19.30 Komplet (Mo, Mi, Fr, Sa) bzw. Konventamt (Di, Do). In den Sommermonaten ändern sich die Zeiten der Pfarrmessen, wie auch an Feiertagen bzw. an besonderen Anlässen des Klosters sich die Gottesdienstzeiten ändern können.

| 👤 | **Mitglieder** 35.

| ⚙ | **Tätigkeiten** Humanistisches und neusprachliches Gymnasium; Internat für Jungen ab der 5. Klasse; Pfarrseelsorge; Klosterladen mit Buchabteilung; Klostermarkt; eigenes Hotel (Klosterhotel „Ludwig der Bayer"); Brauerei; Destillerie; Gärtnerei; Schlosserei; Schreinerei; Land- und Forstwirtschaft.

| ◉ | **Angebote** Führungen und Besichtigungen für Gruppen. Weitere Informationen über aktuelle Angebote, Gottesdienstzeiten und Termine im Internet.

Fischingen – **BENEDIKTINERKLOSTER**

| ✉ | **Adresse** CH-8376 Fischingen/Thurgau.
Tel. 071 / 9787220 oder 9787211, Fax 071 / 978 72 80.
E-Mail: benediktiner@klosterfischingen.ch
Internet: www.klosterfischingen.ch; www.benediktiner-stille.ch

| 🚌 | **Anfahrt** Bahnstation Wil/SG, von dort aus Bus Richtung Dussnang-Fischingen. ⇒ Mit dem Pkw: A1, Ausfahrt Münchwilen/Sirnach, dann durch Sirnach Richtung Dussnang.

| 🏛 | **Geschichte** Das Kloster Fischingen bestand von 1135 bis 1848, als es durch die Regierung des Kantons Thurgau säkularisiert wurde. 1879–1977 diente das Klostergebäude als Kinderheim, seit 1943 unter der Leitung von Patres aus dem Kloster Engelberg. 1977 wurde das Kinderheim in Neubauten verlegt, und die Konventualen des Klosters Engelberg konstituierten sich zu einer selbstständigen Klostergemeinschaft, wodurch die alte Abtei Fischingen wieder auflebte. Das barocke Klostergebäude beherbergt neben der Benediktinergemeinschaft ein modernes Seminarhotel.

| 📷 |

Sehenswürdigkeiten Die Klosterkirche wurde erbaut im Jahre 1686, erweitert in den 1750er Jahren und um 1800 teilweise verändert; Restaurierung 2003 bis November 2006. Mit ihrem reichhaltigen Gitterwerk und dem Mönchschor mit dem herrlichen Orgelprospekt im Rokokostil ist sie ein einmaliges Baudenkmal. Angebaut an die Klosterkirche erhebt sich die Wallfahrtskapelle zur hl. Idda von Toggenburg aus dem Jahre 1706. Sie ist ein Zentralbau und gilt als einzigartiger Wallfahrtsraum. St. Katharinakapelle aus dem Jahr 1635, restauriert und neugestaltet von 1998–2000.

Gottesdienste Chorgebet: Wo 5.30 (Do 6.30), 11.45, 17.45, 19.30; So 6.00, 7.45, 11.45, 17.45, 19.30. Konventmesse: Wo 7.00 (Do 19.30); So 9.30.

Mitglieder 8.

Tätigkeiten Pfarrseelsorge in Fischingen und Au, geistliche Begleitung, Meditationsangebot, Mitarbeit im Seminarhotel Kloster Fischingen, Töpferei.

Angebote „Kloster auf Zeit" und „Stille Tage" für Männer möglich, Meditationskurse.

Literatur Jutta Betz, Benediktinerkloster Fischingen, Peda-Verlag, Passau 2007. Benno Schildknecht, Kloster Fischingen – Kirche, Idda-Kapelle und Konventbauten, 1993; Florin Cavelti, Kloster Fischingen – kurzer geschichtlicher Abriss, 1992.

Frauenchiemsee – **BENEDIKTINERINNENABTEI FRAUENWÖRTH IM CHIEMSEE**

Adresse D-83256 Frauenchiemsee, Frauenchiemsee 50.
Tel. 08054 / 9070, Fax 08054 / 7967.
E-Mail: frauenwoerth@t-online.de
Internet: www.frauenwoerth.de

Anfahrt Flug: München-F.-J.-Strauß; 130 km; S-Bahn bis München Hbf.; Zug bis Prien am Chiemsee; Bus, Taxi oder Chiemseebahn zum Hafen (Stock); Schiff zur Fraueninsel (Überfahrt 25–35 Min.). ⇒ Flug: Salzburg-W.A. Mozart; 70 km; Bus/Taxi bis Salzburg Hbf.; Zug bis Prien am Chiemsee; Bus, Taxi oder Chiemseebahn zum Hafen (Stock); Schiff zur Fraueninsel (Überfahrt 25–35 Min.). ⇒ Bahn: Strecke München–Salzburg (IC/IR/RE) – Züge stündlich; Bahnstation Prien am Chiemsee; vom Bahnhof bis zum Schiff entweder 20 Min. Fußweg oder Bus/Taxi zum Hafen (Stock); Überfahrt 25–35 Min. ⇒ Auto: Autobahn München–Salzburg, Ausfahrt Bernau, weiter über Prien Richtung Rimsting/Breitbrunn nach Gstadt; Parkmöglichkeit; Überfahrt 10 Min.

| 🏛 | **Geschichte** 782 von Bayernherzog Tassilo III. gegründet. Am 16. Juli 866 starb die erste namentlich bekannte Äbtissin, die selige Irmengard. Als Tochter König Ludwigs des Deutschen und Urenkelin Karls des Großen brachte sie das Kloster zur ersten und weitaus größten Blüte in seiner nun schon mehr als 1200 Jahre währenden Geschichte. Die Tradition des Klosters berichtet von ihrem heiligmäßigen Leben und Wirken. Bis ins 11. Jh. hinein war die Abtei reichsunmittelbares Stift und wurde dann dem Erzbischof von Salzburg unterstellt. Die Einkünfte bezog es von den umliegenden Besitzungen, die bis ins Inntal, Ötztal und über den Brenner reichten. Bedeutende Äbtissinnen waren Sabina Preindorfer († 1609) und Magdalena Haidenbucher († 1650). Von 1838 bis 1995 führte das Kloster verschiedene Schulformen mit Internat. Heute haben sich die Schwestern u.a. in den Dienst der Erwachsenenbildung gestellt.

| 📷 | **Sehenswürdigkeiten** Karolingische Torhalle (um 782) mit Fresken und Agilolfingerausstellung (Mai bis Oktober); romanisches Münster mit gotischem Gewölbe und Barockausstattung; Campanile; Äbtissinnengang.

| 🛏 | **Unterkunft** Nach vorheriger Anmeldung im Gästehaus (Einzelgäste), im Seminarbereich (Gruppen) und in Privatquartieren auf der Fraueninsel.

| ☉ | **Gottesdienste** Wo 6.00 Laudes (dt.); 6.30 Eucharistiefeier (lat./dt. Choralamt); 11.45 Mittagshore (dt.); 17.15 Vesper (lat;) 19.30 Nachthore (Vigil, dt.). So 6.45 Laudes (lat.); 9.30 dt. Eucharistiefeier im Münster; 11.30 Mittagshore (dt.); 17.15 Vesper (lt.); 19.30 Nachthore (Vigil, dt.).

| 👤 | **Mitglieder** 22.

| ⚒ | **Tätigkeiten** Seminarbetrieb/offene Kursangebote; Klosterladen mit Buchhandlung; Likörkellerei; Herstellung von Lebkuchen und Marzipan; Garten, Verwaltung.

| ✦ | **Angebote** Einzel- und Gruppenexerzitien, geistliches Gespräch; Oblatenkreis; Stundengebet der Schwestern.

| 📖 | **Literatur** Hanna Fahle OSB, Geschichte der Abtei Frauenwörth ab 782, Kunstverlag Josef Fink, Lindenberg 2009; Katharina Heisterkamp OSB, Die Barockkrippe der Abtei Frauenwörth, Kunstverlag Josef Fink, Lindenberg 2006; Katharina Heisterkamp OSB, Die Krippen der Benediktine-

rinnen der Abtei Frauenwörth im Chiemsee, Kunstverlag Josef Fink, Lindenberg 2004; Walter Brugger (Hg.), Kloster Frauenchiemsee 782–2003, Konrad Verlag, Weißenhorn, 2003.

Friedberg bei Augsburg – PROVINZIALAT DER PALLOTTINER

Adresse D-86316 Friedberg/Bayern, Vinzenz-Pallotti-Str. 14.
Tel. 0821 / 600520, Fax 0821 / 60052252.
E-Mail: info@pallottiner.org
Internet: www.pallottiner.org

Anfahrt Bahnstrecke Augsburg – Ingolstadt, Bahnhof Friedberg. ⇒ Mit dem Pkw: in direkter Nachbarschaft zu Augsburg, über die B 2 bzw. B 300.

Geschichte Die Vereinigung des Katholischen Apostolates (Unio) wurde als Gemeinschaft von Priestern, Ordensleuten und Laien 1835 vom hl. Vinzenz Pallotti in Rom gegründet. Ziel dieser Gründung ist es, allen Menschen als Geschöpfe Gottes ihre Berufung bewusst zu machen und allen Katholiken ihren apostolischen Auftrag zur Mitverantwortung für den Glauben. Teil der Unio ist die Gemeinschaft der Pallottiner. Die Norddeutsche Provinz der Pallottiner entstand 1890, als die ersten deutschen Missionare in die damalige afrikanische Kolonie Kamerun ausreisten. Die süddeutsche Provinz wurde 1909 von Missionaren aus Brasilien als Basis in ihrem Heimatland gegründet. 1929 wurde das Provinzialat von Bruchsal nach Friedberg verlegt. 2007 wurden die beiden deutschen Provinzen mit der Regio Österreich zu einer Provinz vereinigt; zur Provinz gehören mehr als 400 Brüder und Patres, die in Deutschland, Österreich, Spanien, Kroatien, Kanada, Indien, Brasilien, Uruguay, Argentinien, Kamerun und Südafrika wirken. Neben dem Provinzialat befindet sich in Friedberg das Pastoraltheologische Institut (PthI) zur pastoralen Ausbildung junger Ordensleute, die Redaktion „das zeichen" und der Pallotti-Verlag.

Sehenswürdigkeiten Das Gemälde „Vinzenz Pallotti" von Oskar Kokoschka sowie eine kleine Missionsausstellung.

Unterkunft Im Haus.

| ☉ | **Gottesdienste** So 7.30, 9.30, 11.30; Wo 7.00 (Di und Fr 18.00) Eucharistiefeier. Beichtgelegenheit und Aussprache nach Vereinbarung und vor den Gottesdiensten.

| ♦ | **Mitglieder** 18.

| ⬱ | **Tätigkeiten** Provinzialat (u.a. Verwaltung und Missionssekretariat), Seelsorge, Pastoraltheologisches Institut, Verlag (Buchhandlung).

| ✱ | **Angebote** Gottesdienste, geistliche Begleitung, pastoraltheologische Ausbildung für Ordensleute.

| 📕 | **Literatur** Alexander Holzbach, Vinzenz Pallotti. Ein Lebensbild, Friedberg 1999; Bruno Bayer/Josef Zweifel (Hrsg.), Vinzenz Pallotti. Ausgewählte Schriften, Friedberg 1999; Josef Danko, Mitverantwortung aller. Jüngerschule mit Vinzenz Pallotti, Friedberg 1999.

Fulda – **MUTTERHAUS DER BARMHERZIGEN SCHWESTERN VOM HEILIGEN VINZENZ VON PAUL**

| ✉ | **Adresse** D-36037 Fulda, Kanalstraße 22.
Tel. 0661 / 2850, Fax 0661 / 285200.
E-Mail: info@mutterhaus-fd.de
Internet: www.barmherzige-schwestern-fulda.de

| 🚗 | **Anfahrt** Bahnstation Fulda (Strecke Bebra – Frankfurt). ⇒ Mit dem Pkw: Autobahn Kassel – Würzburg, nördliche Ausfahrt (Fulda-Stadtmitte) oder südliche Ausfahrt (Fulda-Süd), Frankfurter Straße, Dom, Kanalstraße.

| 🏛 | **Geschichte** Die Kongregation hat ihren Ursprung in Straßburg. 1734 als Gemeinschaft der Sœurs de la Charité von Kardinal de Rohan gegründet, erfuhr die junge Gemeinschaft 1757 ihre Ausprägung im Geist des Vinzenz von Paul. 1834 kamen die ersten Schwestern von Straßburg nach Fulda, um hier im Landkrankenhaus die Pflege zu übernehmen. Ihre Einsatzgebiete orientierten sich dann an den Nöten der Zeit.

| 📷 | **Sehenswürdigkeiten** Im Haus: Kapelle und Museum; in der Stadt: Dom mit Grab des hl. Bonifatius und Domschatz, St. Michaelskirche, Stadtschloss mit Museum, Liobakirche, Franziskanerkirche.

| ☉ | **Gottesdienste** So 7.00 Uhr Gottesdienst mit integrierter Laudes; Wo 6.30 Laudes; 6.50 Eucharistiefeier, außer Do 19.00.

| ✝ | **Mitglieder** 185.

| ⚙ | **Tätigkeiten** Die Schwestern erfüllen ihren vinzentinischen Dienst als Träger von Krankenhäusern, Alten- und Pflegeheimen, Kindertagesstätten, Kur- und Erholungshäusern. Dort sind sie u.a. in der Seelsorge, in der geistlichen Begleitung von Menschen und in religiöser und wertorientierter Fortbildungsarbeit tätig. Mit der Speisung von bedürftigen und wohnungslosen Menschen direkt am Mutterhaus geben sie bis heute Antwort auf die Not der Zeit.

| 📖 | **Literatur** Bernard Pujo, Pionier der Moderne. Das abenteuerliche Leben des Vinzenz von Paul. Herder Verlag, Freiburg 2008; Die andere Seite der Medaille. Der spirituelle Weg des heiligen Vinzenz von Paul. Eine Gesamtdarstellung seiner geistlichen Umsetzungen, Verlag der Lazaristen 2011; Loderndes Feuer – Vinzenz von Paul, Editions du Signe, Straßburg (Vorstellung aller vinzentinischer Gemeinschaften); Georg Witzel CM, ... er sah die Not und half. Vinzenz von Paul – Vater der Armen und Außenseiter, Lippstadt 2007; Alfonsa Magdalena Richartz, Eine ungewöhnliche Mutter. Louise von Marillac. Hrsg. von der deutschen Provinz der Vinzentinerinnen, Köln; Alfonsa Magdalena Richartz, Vinzenz von Paul. Stationen und Wege; Leudesdorf 2002; Sjef Sarneel, Den Menschen zuliebe. Louise von Marillac. Geistliche Biographie in Selbstzeugnissen. Herder Verlag, Freiburg 1990; René Laurentin, Das Leben der heiligen Katharina Labouré, Gratia 2007.

Fulda – **BENEDIKTINERINNENABTEI ZUR HL. MARIA**

| ✉ | **Adresse** D-36037 Fulda, Nonnengasse 16.
Tel. 0661 / 902450, Fax 0661 / 9024545.
E-Mail: info@abtei-fulda.de
Internet: www.abtei-fulda.de

| 🚌 | **Anfahrt** Bahnstation Fulda – Fußgängerzone Richtung Stadtmitte – am Universitätsplatz rechts neben C&A. ⇒ Mit dem Pkw: A 7 Abfahrt Fulda Nord, B 27 Richtung Stadtmitte/Leipziger Str., Paulustor links, am Dom vorbei, vor Stadtpfarrkirche links ab.

| 🏛 | **Geschichte** Das Kloster führt die seit dem 7. Jh. bestehende benediktinische Tradition der Stadt Fulda fort. 1626 von Fürstabt Johann-Bernhard Schenck zu Schweinsberg als Stadtkloster gegründet, musste die kleine Gemeinschaft zunächst lange Jahre der Unsicherheit während des 30-jährigen Krieges überstehen. Auch der zweiten großen Bedrohung für den Bestand des Klosters, der Säkularisation, konnte der Konvent durch die Übernahme einer Mädchenschule entgehen; während des Kulturkampfs war ein 12-jähriges Exil in Frankreich notwendig, dann 1887 Rückkehr nach Fulda. Die Gefahren der beiden Weltkriege des letzten Jahrhunderts überstand die Klostergemeinschaft relativ unbeschadet, wenn auch in große wirtschaftliche Nöte gestürzt. Wiederum konnte die Aufhebung des Klosters abgewendet werden. Nach dem 2. Weltkrieg wurden viele Neuanfänge nötig und möglich: der Lebensunterhalt konnte durch eine eigene Landwirtschaft, die Pionierarbeit im biologischen Gartenbau leistete, sowie durch die Produktion nach altem Rezept hergestellter Liköre gesichert werden. Die Künstlerin Sr. Lioba Munz OSB erlangte mit ihren Arbeiten Bekanntheit weit über den Fuldaer Raum hinaus. Die nach dem 1. Weltkrieg begonnene Annäherung an die Beuroner Benediktinerkongregation fand 1982 ihren Abschluss in der Aufnahme in die Kongregation. Mit der Eröffnung des Klosterladens 1999 und im Jahr 2007 mit dem Bau eines Kranken- und Pflegehauses für die alten Schwestern wurden weitere Schritte in die Zukunft getan.

| 📷 | **Sehenswürdigkeiten** Einzige, seit den Anfängen nicht zerstörte und noch belebte benediktinische Klosteranlage in Hessen. Gotische Hallenkirche mit Renaissance- und Barockelementen, einer imposanten Innentreppe und (Email-)Werken der Künstlerin Sr. Lioba Munz OSB. Klostergarten (nur Mai bis September samstags 14.00–16.00).

| 🛏 | **Unterkunft** Das Gästehaus verfügt über 6 EZ und 1 DZ (WC, Bad, Dusche auf den Fluren). Zur Terminabsprache bitte Kontakt mit den Schwestern im Gästehaus aufnehmen.

| ✝ | **Gottesdienste** Wo 5.40, Sa 6.40, So 6.00 Laudes; Wo 6.30, Sa 7.30, So 8.00 Konventamt; 11.45 Mittagshore; 17.30 Vesper; 19.30 Komplet und Vigilien. Das Stundengebet wird überwiegend in deutscher, die Eucharistiefeier

in lateinischer Gregorianik gesungen. Die Teilnahme an den Gebetszeiten ist willkommen. Die Kirche steht bewusst allen Menschen offen, die im Trubel der Stadt einen Ort der Stille suchen.

| ♦ | **Mitglieder** 20.

| ⚒ | **Tätigkeiten** Fachverlag für Literatur zum biologischen Gartenbau, Vertrieb von Klosterprodukten aus eigener Herstellung im Onlineshop und im Klosterladen, geistliche Begleitung, Seelsorge.

| ✿ | **Angebote** Begleitende Einzelseelsorge (nicht therapeutisch), kleines Kursangebot, Einkehrzeiten für Gruppen und Einzelpersonen, Vorträge zum biologischen Gartenbau, nach Absprache Mitarbeit im Klostergarten möglich.

| 📖 | **Literatur** Klosterführer: Benediktinerinnenabtei zur Hl. Maria, Michael Imhof Verlag, Petersberg (ISBN 978-3-935590-19-8); Mely Kiyak, „Ein Garten liegt verschwiegen ..." – von Nonnen, Beeten, Natur und Klausur, Hoffmann und Campe Verlag, Hamburg (ISBN 978-3-455-40349-7); Michael Imhof: Lioba Munz (1913–1997) – Leben und Werk der Benediktinerin und Künstlerin, Michael Imhof Verlag, Petersberg (ISBN 978-3-7319-0028-3). Ute Leimgruber, Ute, Frauenklöster – Klosterfrauen – Leben in Ordensgemeinschaften heute, Matthias-Grünewald-Verlag, Ostfildern (ISBN 978-3-7867-2704-0).

Gars am Inn – **REDEMPTORISTENKLOSTER**

| ✉ | **Adresse** D-83536 Gars am Inn, Kirchplatz 10.
Tel. 08073 / 3880, Fax 08073 / 388300.
E-Mail: klostergars@gmx.de
Internet: www.klostergars.de

| 🚌 | **Anfahrt** Gars liegt 60 km östlich von München an der Bahnstrecke Mühldorf – Rosenheim. Bus: ab München Ostbahnhof nach Gars. ⇒ Mit dem Pkw: A 94/B 12 (München – Passau), ca. 6 km nach Haag rechts abbiegen, dann noch 4 km.

| 🏛 | **Geschichte** Im Güterverzeichnis des Bischofs Arno von Salzburg ist die „Zelle Gars" erstmals erwähnt (790); die Schenkung selbst geht auf das

Jahr 768 zurück. Nach 1120 wird Gars in ein Augustiner-Chorherrenstift umgewandelt und eine romanische Kirche erbaut. Bedeutungsvoll ist die Erhebung zum Salzburger Archidiakonat, dessen Gebiet sich weithin mit dem alten Isengau deckt und über 60 Pfarreien umfasst. Nach dem Schwedeneinfall von 1648 lässt Athanasius Peitlhauser, Propst 1648–1698, Kloster und Kirche durch Christoph und Kaspar Zuccalli neu erbauen. 1803 Säkularisation des Stifts; der letzte Propst, Augustin Hacklinger, wird 1822 Generalvikar der neuen Erzdiözese München-Freising. 1858 übernehmen die Redemptoristen das ehemalige Kloster.

Sehenswürdigkeiten Der frühbarocke Hochaltar mit dem großen Gemälde Mariä Himmelfahrt; die gotische Pietà (um 1430) auf einem Seitenaltar rechts; der Reliquienschrein des sel. Kaspar Stanggassinger (1988) in einem Seitenaltar links; die Kreuzigungsgruppe von Chr. Jorhan (1750) und ein Sandsteinrelief aus der ersten Kirche (vor 1120) in der Taufkapelle; Chorstühle (um 1600) mit Schnitzereien; Marmorgrabsteine von Pröpsten und Adeligen; hinter dem Hochaltar die Felixkapelle mit Reliquien des Märtyrers und Rokokoaltar von Chr. Jorhan (um 1750).

Unterkunft Übernachtung im Kloster ist nicht möglich.

Gottesdienste In der Kirche So 9.45; Sa Sommer: 19.30, Winter: 19.00; am 26. jeden Monats Gottesdienst zu Ehren des sel. Kaspar Stanggassinger, Sommer 19.30, Winter 19.00 Uhr.

Mitglieder 18 Patres, 14 Brüder.

Tätigkeiten Institut für Lehrerfortbildung, Seelsorge im Pfarrverband Gars und im Umland, Klostergärtnerei, Stanggassinger-Wallfahrt.

Geisenheim – **FRANZISKANERKLOSTER MARIENTHAL**

Adresse D-65366 Geisenheim, Kloster Marienthal 1.
Tel. 06722 / 99580, Fax 06722 / 995813.
E-Mail: marienthal@franziskaner.de
Internet: www.franziskaner.de/marienthal

| 🚌 | **Anfahrt** Bahnstation Geisenheim. Dann Bus nach Marienthal, Kloster. ⇒ Mit dem Pkw: Auf der B 42 von Wiesbaden aus, letzter Ort vor Rüdesheim ist Geisenheim.

| 🏛 | **Geschichte** Marienthal ist einer der ältesten Wallfahrtsorte Deutschlands. 1309 begann die Wallfahrt nach dem ersten beschriebenen Heilungswunder. Das Gnadenbild ist ein kleines Vesperbild; es stellt Maria dar, wie sie nach der Kreuzabnahme ihren toten Sohn auf dem Schoß trägt. Die Kirche wurde 1330 von Balduin von Trier, Administrator des Erzstiftes Mainz, geweiht. Zunächst taten Diözesanpriester hier Dienst. Im 15. Jh. lösten sie die „Brüder vom gemeinsamen Leben" ab, die hier 1468 die erste Klosterdruckerei der Welt einrichteten. Ihnen folgten im 16. Jh. die Augustiner-Chorherren und im 17. und 18. Jh. die Jesuiten. Nach der Aufhebung von deren Orden 1773 wurde die Kirche teilweise zerstört. Nach dem Wiederaufbau mit Hilfe von Staatskanzler Fürst Metternich wurde die Kirche 1858 von Bischof Josef Peter Blum von Limburg erneut geweiht. 1873 übernahmen Franziskaner den Dienst am Wallfahrtsort. Wallfahrtszeit ist vom 1. Mai bis Oktober.

| 🛏 | **Unterkunft** Im Waldhotel Gietz in der Nachbarschaft.

| ● | **Gottesdienste** Tägl. 6.25 Eucharistiefeier in der Hauskapelle; 7.00 Morgenhore; So 8.30, So und Wo 10.30 Eucharistiefeier (Di und Do Wallfahrtsamt in der Wallfahrtszeit vom 1. Mai bis Okt.); 12.00 Mittagshore; So 14.30 (Marien-)Andacht; (Di, Do 14.30 Marienandacht in der Wallfahrtszeit vom 1. Mai bis Okt.); Tägl. 17.30 Rosenkranzgebet; außer Do 18.00 Vesper. Tägl. Beichtgelegenheit 8.00–11.45 und 14.00–16.30.

| ✝ | **Mitglieder** 8.

| ⚒ | **Tätigkeiten** Seelsorge am Wallfahrtsort und Aushilfe in den Pfarreien der Gegend.

| ✦ | **Angebote** „Kloster auf Zeit"; Mitleben in der Hausgemeinschaft; Einzelgespräche.

Geras – PRÄMONSTRATENSER-CHORHERRENSTIFT

Adresse A-2093 Geras/Waldviertel, Hauptstraße 1.
Tel. 02912 / 3450, Fax 02912 / 345299.
E-Mail: info@stiftgeras.at

Anfahrt Bahnstation Hötzelsdorf-Geras an der Franz-Josefs-Bahn Wien – Prag. ⇒ Mit dem Pkw von Wien: Stockerauer Autobahn, Ausfahrt Horn, B 4 bis Horn und weiter nach Geras; von Westösterreich: A 1 bis St. Pölten, S 33 nach Krems, Langenlois, B 34 nach Horn, Geras.

Geschichte Im Jahre 1153 wurden Geras als Chorherrenstift und das 10 km entfernt liegende Pernegg als Chorfrauenstift des Prämonstratenserordens von Selau aus gegründet. Graf Ulrich von Pernegg wollte mit seinen Stiftungen Zentren im Waldviertel, der Grenzregion zu Böhmen und Mähren, schaffen. In weiterer Folge wurde Geras als Grundherrschaft ausgebaut und befestigt, um den „Grundholden" Schutz und Zuflucht gewähren zu können. Die Gebäude gehen, auch in Pernegg, bis in die Gründungszeit zurück. Sie wurden einige Male zerstört, immer wieder aufgebaut und in der Barockzeit festlich und großzügig erweitert und ausgestaltet. Geras ist wahrscheinlich das Prämonstratenserkloster, das die längste ununterbrochene Tradition von der Gründung an aufzuweisen hat. Das Chorfrauenstift Pernegg wurde nach dem Tod der letzten Nonne 1483 aufgehoben und als Prämonstratenser-Chorherrenstift bis 1784 weitergeführt. Jetzt ist Pernegg Seminar- und Fastenzentrum. Geras selbst ist als Stift renoviert, die Nebengebäude sind für den Fremdenverkehr ausgebaut, der Schüttkasten als „Stiftsrestaurant und Hotel Alter Schüttkasten" 1980 eröffnet. Seit 1970 gibt es Kunstkurse während der Monate März bis November. Es unterrichten 120 freischaffende Künstler u.a. aus Japan, Taiwan, Griechenland, Deutschland und Österreich.

Sehenswürdigkeiten In Geras die Stiftskirche, ein romanisch-gotischer Bau, einheitlich und schön barockisiert und renoviert. Marmorsaal des Stiftes mit Deckenfresko von Paul Troger. Neugebäude, errichtet von Josef Mungenast (1738). In Pernegg: Gotische Hallenkirche mit der drittältesten Orgel Österreichs; ebenfalls renoviert. Im Stift Geras: Jährlich Sonderausstellungen.

Unterkunft Gästetrakt des Stiftes; Meierhof; Hotel „Alter Schüttkasten"; Gästehaus Pernegg (10 km entfernt).

| ⦿ | **Gottesdienste** Stundenliturgie: 7.00 (Sa 8.00) Laudes; 12.15 Mittagshore; 18.00 Vesper.

| ✝ | **Mitglieder** 46; davon 10 im Stift, 10 als Seelsorger in den Stiftspfarren des Umfeldes, 7 in der deutschen Neugründung Fritzlar, 19 im Priorat S. Norberto in Itinga (S. Salvador da Bahia) Brasilien.

| ⬅ | **Tätigkeiten** Fremdenverkehr, Kunstkurse, Bildungsarbeit, Stiftsrestaurant und Hotel „Alter Schüttkasten", Teichwirtschaft, Forstwirtschaft, Naturpark.

| ☀ | **Angebote** Fastenkurse in Pernegg, Kunstkurse, Gespräche und Betreuung von Seminargruppen, Jahresprogramm anzufordern unter Hotel „Alter Schüttkasten", Vorstadt 11, 2093 Geras, Tel: 02912/332-0, Fax DW 33, E-Mail: hotel.schuettkasten@telecom.at, www.stiftgeras.at.

| 📖 | **Literatur** Ambrózy/Pfiffig/Trumler, Stift Geras und seine Kunstschätze, Verlag Niederösterreichisches Pressehaus, St. Pölten 1989. Geraser Hefte seit 1980.

Gessertshausen – **ZISTERZIENSERINNENABTEI OBERSCHÖNENFELD**

| ✉ | **Adresse** D-86459 Gessertshausen.
Tel. 08238 / 96250, Fax 08238 / 60065.
E-Mail: abtei@abtei-oberschoenenfeld.de
Internet: www.abtei-oberschoenenfeld.de

| 🚗 | **Anfahrt** Bahnstation Gessertshausen (Strecke Augsburg – Ulm), von dort 2,5 km ins Schwarzachtal (Taxi).

| 🏛 | **Geschichte** Als Frauenkloster 1211 gegründet und 1248 durch Bulle des Papstes Innozenz IV. dem Zisterzienserorden einverleibt und trotz der Stürme der Jahrhunderte und der Säkularisation immer besiedelt. Die Abtei Oberschönenfeld hat ihren ursprünglichen beschaulichen Charakter noch bewahrt. Es wird das feierliche Chorgebet in lateinischer oder deutscher Sprache verrichtet. Die Horen werden, wenn möglich, gesungen (außer Matutin).

| 📷 | **Sehenswürdigkeiten** Barockkirche und Klostergelände mit Volkskundemuseum, Klostergaststätte und Kinderspielplatz.

| 🛏 | **Unterkunft** Im Gästehaus der Abtei. Für Gruppen ist Möglichkeit geboten für Einkehrtage, Meditationskurse oder Exerzitien. Anmeldungen müssen sehr früh getätigt werden, da der Platz beschränkt ist. Die Lage ist sehr schön und ruhig in waldreicher Gegend.

| ☉ | **Gottesdienste** Laudes: 6.30 (dt.); Konventamt: So 8.30, Wo 7.00; Terz So 8.15, Wo 7.45 (dt.); Mittagshore: 12.00 (dt.); Vesper: 17.30 (lat.); Matutin: 18.30 (dt.); Komplet: 20.00 (dt.).

| ♦ | **Mitglieder** 19.

| ⚒ | **Tätigkeiten** Bäckerei mit Brotverkauf, Klosterladen; Gästebetrieb; diverse geistl. Angebote (Jahresprogramm auf Anfrage).

Goppeln – KONGREGATION DER NAZARETHSCHWESTERN VOM HL. FRANZISKUS

| ✉ | **Adresse** D-01728 Bannewitz, OT Goppeln, Dorfstr. 27.
Tel. 0351 / 280050, Fax 0351 / 2800518.
E-Mail: gaeste@nazarethschwestern.de
Internet: www.nazarethschwestern.de

| 🚍 | **Anfahrt** Bahnstation Dresden HBH, Ausgang Süd, Buslinie 72 oder 76 (Lockwitz oder Luga) bis Haltestelle Korinthstraße, von dort Buslinie 75 bis Goppeln (= Endstation). ⇒ Mit dem Pkw: Von der A 4 auf die A 17, Richtung Prag. Abfahrt Dresden Prohlis, links in Richtung Bannewitz bis zur Ampelkreuzung, dort wieder links Richtung Goppeln bis zur Hauptstraße. Dort rechts weg und die zweite linke Seitenstraße, gleich nach dem Fußgängerübergang links einbiegen, dann noch ca 100 m bis zum Kloster.

| 🏛 | **Geschichte** Goppeln mit allen Ländereien wurde 1288 von der Markgräfin Elisabeth dem Mönchskloster Altenzella geschenkt. In Leubnitz wurde ein Klosterhof erbaut, in Goppeln entstand durch die Mönche ein Vorwerk. Gründung der Schwesterngemeinschaft in Dresden 1923 durch

Mutter M. Augustina (Clara Schumacher), als erste und einzige Schwesternkongregation, die nach der Reformation in Sachsen entstand. 1928 wurde die kleine Schwesternschaft als Schwesternkongregation diözesanen Rechts nach der Regel des regulierten Dritten Ordens vom hl. Franz von Assisi bestätigt. Die Gründerin wurde am 8. Mai 1945 von einem betrunkenen russischen Soldaten erschossen. Ihr Werk lebt in der kleinen Gemeinschaft weiter.

Unterkunft Unterkünfte in eigenen Häusern, Anmeldung ist erforderlich.

Gottesdienste Eucharistiefeier 7.00, 9.00; täglich 6.30 Laudes; 18.30, Herz-Jesu-Freitag 18.00 Vesper.

Mitglieder 41.

Tätigkeiten Stationäre Altenpflege, Haushalts- und Wirtschaftsführung in Pfarrhäusern, Dienste der Seelsorge, Gästebetreuung.

Angebote Kloster auf Zeit, Tage des „ora et labora"; Dienste im Altenpflegeheim; Teilnahme an den Gebetszeiten der Schwestern; Urlaub in Stille und Natur mit der Möglichkeit der Besichtigung von Dresden.

Göttweig – BENEDIKTINERSTIFT

Adresse A-3511 Furth bei Göttweig/Niederösterreich.
Tel. 02732 / 85581-231, Fax 02732 / 85581-244.
E-Mail: tourismus@stiftgoettweig.at
Internet: www.stiftgoettweig.at

Anfahrt Bahnstation Furth-Göttweig (Strecke St. Pölten – Krems); mit dem Bus: Strecke Krems – Göttweig. ⇒ Mit dem Pkw: Autobahn Wien – Linz, Ausfahrt St. Pölten-Ost, S 33 in Richtung Krems.

Geschichte 1083 gründete der Passauer Bischof Altmann auf dem Göttweiger Berg ein Kloster, zunächst als Augustiner-Chorherrenstift, das 1094 durch Reformbenediktiner aus St. Blasien im Schwarzwald zu erster Blüte geführt wurde. Auf dem Stiftsberg gab es damals 8 Kirchen und Kapellen, ein Nonnenkloster war angegliedert. Nach Schicksalsschlägen –

Aussterben des Konvents im 16. Jh., Klosterbrände 1580 und 1718 – unter Abt Gottfried Bessel neue Glanzzeit (18. Jh.). 1720–1740 barocke Stiftsanlage nach Plänen Johann Lucas von Hildebrandts. 1939–1945 Enteignung durch das Nazi-Regime. Der Konvent überlebte diese Zeit in der Propstei Unternalb und kehrte am 15. August 1945 zurück.

Sehenswürdigkeiten „Museum im Kaisertrakt" mit Kaiserstiege, Fürsten- und Kaiserzimmern. Stiftskirche mit barocker Ausstattung, spätgotischem Hochchor, Krypta mit Reliquienschrein des hl. Altmann; Jahresausstellungen, Kulturveranstaltungen und Konzerttätigkeit (Göttweiger Stiftskonzerte). Graphisches Kabinett (ca. 21.000 Blätter) und Stiftsbibliothek (ca. 150.000 Bände) sind nur für wissenschaftlich Interessierte (nach Vereinbarung). Gehört zum Weltkulturerbe der UNESCO.

Unterkunft Im Exerzitienhaus St. Altmann für geistliche Kurse, „Zu Gast im Kloster", Seminare und Tagungen. Aufenthalt für Einzelgäste und Gruppen (Zimmer mit Nasszelle); für Jugendliche Unterkunftsmöglichkeit im Jugendhaus. Stiftsrestaurant (Tel. 02732 / 85581-225; Fax 02732 / 85581-388; E-Mail: restaurant@stiftgoettweig.at, www. stiftgoettweig.at); ist ohne Ruhetag ganzjährig geöffnet.

Gottesdienste So 7.30; 10.00 Konventmesse; 12.00 Mittagsgebet, 18.00 Vesper (lat.); Wo 6.45 Konventmesse; 12.00 Mittagsgebet; 18.00 gesungene Vesper.

Mitglieder 40.

Tätigkeiten Seelsorge in mehr als 30 Pfarreien, geistliche (Exerzitien-) Kurse; Forstwirtschaft, Tourismus & Kultur; Jugendseelsorge, wissenschaftliche Arbeit und Kunstsammlungen, Produktion von Wein, Sekt und Marillenprodukten (erhältlich im Klosterladen).

Angebote Einzel- und Gruppenexerzitien, „Zu Gast im Kloster", Seminare & Tagungen, Kongresse, Hochzeiten, Jubiläums- und Familienfeste, Taufen, Wallfahrten. Anmeldung: Tel. 02732 / 85581-332, Fax 02732 / 85581-244, E-Mail: tourismus@stiftgoettweig.at.

Graz – FRANZISKANERKLOSTER

Adresse A-8010 Graz/Steiermark, Franziskanerplatz 14.
Tel. 0316 / 827172; Fax 0316 / 8271728.
E-Mail: graz@franziskaner.at
Internet: www.franziskaner.at

Anfahrt Bahnstation Graz, weiter mit Straßenbahn (alle Linien) ins Zentrum zwischen Hauptplatz und Mur in der Altstadt. ⇒ Mit dem Pkw: A 2 und A 9, Richtung Zentrum.

Geschichte Schon im 13. Jh. kommen die Minderen Brüder des hl. Franziskus nach Graz; im 16. Jh. übernehmen die reformierten Franziskaner der Wiener Provinz zum hl. Bernardin von Siena das Kloster. Der Konvent übersteht die Stürme des Josefinismus durch die Übernahme der Pfarrseelsorge. Die Kirche liegt im Zentrum von Graz und wird – als Ort der Ruhe – gern von den Gläubigen besucht. Der renovierte Kreuzgang ist tagsüber zugänglich.

Sehenswürdigkeiten Gotische Hallenkirche mit Hochchor. 14 schöne neue Kirchenfenster. Kreuzgang mit Resten von spätgotischen Fresken und Kreuzhof. Gotische Jakobikapelle.
2003: Graz als Kulturhauptstadt Europas. Das Franziskanerkloster dient als „Oase der Stille" (Projekt 2003) zum Entschleunigen, Entspannen, Erholen und Ruhe finden.

Unterkunft In Hotels der Stadt (Information im Landhaus, Herrengasse 16).

Gottesdienste Wo 6.30, 9.00, 16.00; So 6.30, 9.30, 11.30, 20.00.

Mitglieder 16.

Tätigkeiten Pfarrseelsorge, Franziskanische Gemeinschaft (Dritter Orden), Franziskus-Kantorei, Jugendarbeit, Juniorat (Ausbildungsstätte).

Angebote Beichtdienst/Aussprache.

Graz – KLOSTER MARIA SCHNEE DER UNBESCHUHTEN KARMELITEN

Adresse A-8010 Graz/Steiermark, Grabenstraße 144.
Tel. 0316/ 682206, Fax 0316 / 68220612.
E-Mail: graz@karmel.at
Internet: www.karmel.at/graz

Anfahrt Bahnstation Graz, von dort mit der Straßenbahn bis Robert-Stolz-Gasse, dann 10 Minuten Fußweg.

Geschichte Die Waldkapelle „Maria Schnee" wird urkundlich zum ersten Mal im Jahre 1553 genannt. Das seit jeher darin befindliche Gnadenbild Mariens wurde gerne von Wallfahrern aus Graz und Umgebung besucht. Im Jahre 1759 erhielt die Familie Stuppacher, damals Besitzerin der Liegenschaft, die bischöfliche Erlaubnis, eine größere – die jetzige – Kirche zu bauen. Im Jahre 1628 hatte Kaiser Ferdinand II. die Karmeliten nach Graz gebeten und ihnen auf dem Karmeliterplatz, südöstlich vom Schlossberg, eine Kirche mit Kloster erbauen lassen. Am 2. Dezember 1789 wurde diese Niederlassung durch Kaiser Joseph II. aufgehoben. 54 Jahre später konnten die Karmeliten wieder Einzug in Graz halten, und zwar in Maria Schnee. Am 11. März 1844 fand die neue, feierliche Klostergründung statt. Das Kloster Maria Schnee war das bedeutendste beim Wiederaufbau der österreichischen Karmeliterprovinz, die damals nahezu das ganze Gebiet der österreichisch-ungarischen Monarchie umfasste. Von Graz ging die Reform des Ordens nach Joseph II. aus. Durch das Aufblühen des Ordens entstanden selbstständige Provinzen wie etwa 1910 die Provinz Polen. Durch den Zerfall der Monarchie entstanden weitere Provinzen; die österreichische Provinz blieb mit drei Klöstern, Linz, Graz und Wien, allein.

Gottesdienste So 10.00, 17.00; Wo 7.15, Fr auch 18.00; jeden 1. Fr im Monat 18.00 Vesper, Eucharistiefeier, Anbetung.

Mitglieder 4.

Angebote Mitleben in der Hausgemeinschaft für jüngere Menschen, die sich ernsthaft mit der Frage auseinandersetzen wollen, ob sie zum Ordensleben berufen sind; geistliche Begleitung, Beichte und Einzelgespräche; Einzelexerzitien.

Grefrath bei Kempen – BENEDIKTINERINNENABTEI MARIENDONK

Adresse D-47929 Grefrath bei Kempen, Niederfeld 11.
Tel. 02152 / 91540, Fax 02152 / 915453.
E-Mail: abtei@mariendonk.de
Internet: www.mariendonk.de

Anfahrt Bahnstation Kempen (Niederrhein), dort nehme man ein Taxi (Fußweg ca. 1 Stunde). ⇒ Mit dem Pkw: Aus Richtung Moers, Essen, Duisburg, Köln über die A 40, Ausfahrt Wankum/Grefrath (3); aus Richtung Köln, Aachen, Mönchengladbach über die A 61, Ausfahrt Viersen/Süchteln (6); aus Richtung Düsseldorf, Köln über die A 57, Ausfahrt Willich/Neersen.

Geschichte Das Kloster Mariendonk wurde 1899 von Driebergen bei Utrecht aus als Kloster der Benediktinerinnen von der Ewigen Anbetung gegründet. Auf Wunsch der Schwestern kehrte man 1948 zur ursprünglich benediktinischen Lebensform zurück. Im selben Jahr wurde Mariendonk zur Abtei erhoben; erste Äbtissin war Felicitas Berg. 1950–1960 wurden die Landwirtschaft, die die Schwestern bis 1997 betrieben, und die Paramentenwerkstätten aufgebaut und ein Gästetrakt errichtet. In der Zeit von 1964 bis 1985 gestaltete die Gemeinschaft, entsprechend den Möglichkeiten, die das 2. Vatikanische Konzil eröffnet hatte, das Chorgebet neu: in Mariendonk wird gregorianischer Choral in deutscher Sprache gesungen. 1982 wurde die zweite Äbtissin Luitgardis Hecker gewählt und geweiht. Seit 2005 steht Christiana Reemts der Gemeinschaft als dritte Äbtissin vor. Seit etwa 1985 arbeiten einige Schwestern im Bereich der Theologie der Kirchenväter und seit 2000 auf dem Gebiet der biblischen Textkritik. In den letzten Jahren kamen vermehrt pastorale Aufgaben in der Gästebetreuung, Einzelseelsorge und Gruppenarbeit hinzu.

Sehenswürdigkeiten Neugotische Klosterkirche; in der Weihnachtszeit biblisch-heilsgeschichtliche Krippe in der Krypta.

Unterkunft In 16 Zimmern des Gästetrakts im Kloster.

Gottesdienste Wo 6.30 Choralhochamt; So 7.00 Choralhochamt; täglich 11.30 Mittagsgebet, 18.00 (Mi 17.30) Vesper, 20.00 Komplet.

Mitglieder 30.

| ⚙ | **Tätigkeiten** Wissenschaftliche Arbeit speziell in der patristischen Theologie und biblischen Textkritik; eine besondere Spezialität der Abtei ist seit 1926 der Kräuteraperitif Pulmonal und seit 2010 gibt es die dazu passenden alkoholfreien Kräuterbonbons; Hostienversand.

| ⚘ | **Angebote** „Kloster auf Zeit", Besinnungstage für Gruppen und Einzelne, Bibelgespräche, Veranstaltungen zur Theologie der Kirchenväter, Glaubensseminare, Gesprächsangebote, Geistliche Begleitung, Exerzitien, Ora-et-labora-Tage, Vortragsveranstaltungen, Konzerte.

Großlittgen – ZISTERZIENSERABTEI HIMMEROD

| ✉ | **Adresse** D-54534 Großlittgen.
Tel. 06575 / 95130, Fax 06575 / 951339.
Internet: www.kloster-himmerod.de

| 🚗 | **Anfahrt** Mit dem Pkw: Autobahn Koblenz – Trier, Ausfahrt Manderscheid, Richtung Großlittgen; Autobahn Trier – Koblenz, A 60 Richtung Bitburg, Abfahrt Landscheid.

| 🏛 | **Geschichte** Das Kloster wurde 1134 durch den hl. Bernhard von Clairvaux gegründet. 1179 Weihe der durch den Mönch Achard von Clairvaux erbauten romanischen Basilika. Himmerod entwickelte sich vor allem im 12./13. Jh. zu einem bedeutenden geistigen und kulturellen Zentrum im Eifel-Mosel-Raum. 1453 zählt die Bibliothek um die 2.000 Bände. 1751 Weihe der von dem sächsischen Architekten Kretschmar erbauten Barockkirche, die nach der Säkularisation (1802) mit dem Kloster als Steinbruch verwendet wird. 1919 Wiederbesiedlung. 1925–1927 Wiederaufbau der Klostergebäude und 1952–1960 Wiederaufbau der Kirche nach den alten Maßen.

| 📷 | **Sehenswürdigkeiten** Abteikirche, Museum und Begegnungsstätte „Alte Mühle", Gnadenkapelle. Mit Führung Besichtigung des Kreuzgangs.

| 🛏 | **Unterkunft** Im Gästehaus bzw. in der Abtei.

| ⛪ | **Gottesdienste** So 8.00, 10.00 lateinisches Choralamt; 17.00 Vesper; 19.30 Komplet; Wo 7.15 Konventamt; 17.45 Vesper; 19.30 Komplet.

| ⭮ | **Tätigkeiten** Einkehr- und Exerzitienangebote, Landwirtschaft, Buch- und Kunsthandlung, Gaststätte, Gärtnerei, Fischerei. Das Kloster stellt einen eigenen Klosterlikör her und bietet eigene Weine und Bier an.

| ✱ | **Angebote** „Kloster auf Zeit", Mitleben in der Gemeinschaft, Ferien im Kloster auch für Familien. Begleitung von Kursen und Schulendklassen im Gästehaus. Gruppen und Einzelgäste mit Interesse am liturgischen Leben in der Abtei können im Gastflügel des Klosters untergebracht werden.

Heidelberg – ABTEI NEUBURG

| ✉ | **Adresse** D-69118 Heidelberg, Stiftweg 2.
Tel. 06221 / 8950, Fax 06221 / 895166.
E-Mail: kloster@abtei-neuburg.de
Internet: www.abtei-neuburg.de

| 🚗 | **Anfahrt** Bahnstation: Heidelberg Hbf, von dort Bus Nr. 34 Richtung Ziegelhausen bis Stift Neuburg. ⇒ Mit dem Pkw: Am nördlichen Neckarufer Richtung Osten. Außerhalb der Stadt liegt das Kloster auf dem Berg gut sichtbar.

| 🏛 | **Geschichte** Ursprünglich eine Burg. 1130 Klostergründung durch die Reichsabtei Lorsch an der Bergstraße. Bis 1190 mit Benediktinermönchen besiedelt, dann mit Nonnen. 1562 wird das Kloster aufgelöst und in kurfürstlichen Besitz überführt. Ab 1672 für zehn Jahre „Fürst- Gräff- und Adeliches Jungfern Stift". Zeitweise im Besitz der Jesuiten. Ab 1799 weltliche Besitzer. Berühmte Besucher: Carl Maria von Weber, Bischof Ketteler, Freiherr vom Stein, Marianne von Willemer, Clemens Brentano, Rudolf Steiner, Stefan George, Wilhelm Trübner, Klaus Mann. 1926 durch die Erzabtei Beuron wieder mit Benediktinern besiedelt.

| 📷 | **Sehenswürdigkeiten** Reizvolle Gesamtanlage mit altem Baumbestand über dem Neckar gelegen; alte Umfassungsmauer. In der Kirche: Plastiken der Muttergottes, des hl. Wolfgang und des hl. Sebastian aus dem 19. Jh., Grabstein der Äbtissin Katharina von der Pfalz († 1526), Kirchenfenster aus dem 15., 19. (Eduard v. Steinle) und 20. Jh. (Valentin Feuerstein). Vor dem Tor: Mariensäule (1747). Bei der Klosterpforte: Bronzeskulptur des hl. Benedikt von Klaus Ringwald (1980).

| ⊣ | **Unterkunft** Im Gastflügel (auch Damen sind willkommen). Eine Mitarbeit im Haus ist nicht möglich. Für die Unterkunft wird ein Tagessatz erhoben. Kontakt: gaestehaus@abtei-neuburg.de

| ✿ | **Gottesdienste** So 9.30 Terz und Hochamt mit lat. Choral, 16.00 Vesper (lat.), 20.00 Komplet (dt.); Wo 8.15 Terz und Hochamt mit lat. Choral; 18.00 Vesper (lat.), 20.00 Komplet (dt.).

| 📖 | **Literatur** Norbert Bosslet OSB, Heilige Mauern. Heidelbergs Klöster und Stifte durch die Jahrhunderte, Benediktinerabtei Stift Neuburg, Heidelberg, 2. Aufl. 2013; Ambrosius Leidinger OSB/Peter Stadler, Die nach Gott Ausschau halten. Benediktinerabtei Stift Neuburg, Heidelberg 2013.

Heiligenkreuz – ZISTERZIENSERABTEI STIFT HEILIGENKREUZ

| ✉ | **Adresse** A-2532 Heiligenkreuz im Wienerwald,
Markgraf-Leopold-Platz 1.
Tel. 02258 / 8703-0 (Gastmeister: 101 Dw), Fax 02258 / 8703-114.
E-Mail: information@stift-heiligenkreuz.at;
Besichtigung: visit@stift-heiligenkreuz.at
Internet: www.stift-heiligenkreuz.at

| 🚌 | **Anfahrt** Heiligenkreuz liegt 15 km südwestlich von Wien im südlichen Wienerwald. Von den Bahnstationen Mödling oder Baden Busverbindungen nach Heiligenkreuz; direkte Busverbindung von Wien aus.
⇒ Mit dem Pkw: Direkt an der Autobahn A 21 gelegen: Ausfahrt Heiligenkreuz oder, von Westen kommend, Ausfahrt Mayerling.

| 🏛 | **Geschichte** Stift Heiligenkreuz ist das zweitälteste Zisterzienserkloster der Welt, es besteht ohne Unterbrechung seit seiner Gründung am 11. September 1133 durch Markgraf Leopold III. aus dem Geschlecht der Babenberger. Es ist eines jener 300 Klöster, die noch zu Lebzeiten Bernhards von Clairvaux († 1133) entstanden sind. Heiligenkreuz hat u.a. die Klöster Zwettl (1138), Lilienfeld (1202) und das Priorat Bochum-Stiepel (1988) im Ruhrgebiet gegründet. Die romanisch-gotische Klosteranlage wurde in den ersten hundert Jahren erbaut und 1240 eingeweiht, der gotische Hallenchor 1295. 1188 schenkte Markgraf Leopold V. die Reliquie vom Kreuz Christi. Nach der teilweisen Zerstörung durch die Türken (1683) wurde das Kloster

mit barocken Zubauten wieder aufgebaut. Einen völligen Neubau im barocken Stil konnte man sich nicht leisten, sodass die mittelalterliche Bausubstanz erhalten blieb. Unter Joseph II. entging das Kloster 1783 nur knapp – durch ein Handbillet des Kaisers – der Aufhebung. 1802 wurde die Philosophisch-Theologische Hochschule gegründet, sie wurde 2007 zur Päpstlichen Hochschule Benedikt XVI. erhoben und ist heute die einzige Zisterzienserhochschule und mit 270 Studenten die größte Priesterausbildungsstätte im deutschen Sprachraum. Nach dem Anschluss an Hitler-Deutschland 1938 waren die Mönche mit dem Leben bedroht, einer starb in Dachau. Seit 1945 kam es unter Abt Karl Braunstorfer (1962–1965 Konzilsvater, † 1978) zu neuem geistlichem Wachstum. 1988 erfolgte die Gründung des Priorats Bochum-Stiepel im Ruhrgebiet. Die Mönche von Heiligenkreuz feiern das Chorgebet in lateinischer Sprache nach den Normen des 2. Vatikanischen Konzils und lieben den gregorianischen Choral. Stift Heiligenkreuz hat zahlreiche junge Mönche und ist das größte Kloster Europas. Das Durchschnittsalter liegt bei 48 Jahren. 2007 besuchte Papst Benedikt XVI. auf eigenen Wunsch Stift Heiligenkreuz. 2008 wurden die Mönche mit ihrer Gregorianik-CD „Chant" als „Singende Mönche" weltberühmt und eroberten sogar die Pop-Charts. Durch das Wachstum von 62 auf 270 Studenten gewinnt die Hochschule Heiligenkreuz seit 2008 immer größere Bedeutung für die Priesterausbildung.

Sehenswürdigkeiten Vor allem die Abteikirche mit romanischem Langhaus (12. Jh.) und hochgotischem Hallenchor (13. Jh.) mit z.T. originalen Glasfenstern; barockes Chorgestühl von Giuliani (18. Jh.). Eindrucksvolle Klosteranlage mit spätromanisch-frühgotischem Kreuzgang; Kapitelsaal mit Grablege des letzten Babenbergers, Friedrichs des Streitbaren († 1246); gotisches Brunnenhaus mit Glasfenstern (13. Jh.). Barocker Kreuzweg außerhalb des Stifts; Waldfriedhof mit Grab von Mary Vetsera, die zusammen mit Kronprinz Rudolf, ihrem Geliebten, 1889 in Mayerling den Tod fand. Besichtigung der Klosteranlage nur im Rahmen von Führungen, die täglich um 10, 11, 14, 15 und 16 Uhr stattfinden.

Unterkunft Gästetrakt im Kloster mit 38 Betten; drei Jugendherbergen mit insgesamt ca. 50 Betten (Schlafsack erforderlich). Anfragen rechtzeitig an den Gastpater (Adresse s.o.; E-Mail: gastmeister@stift-heiligenkreuz.at).

Gottesdienste täglich 5.15 Vigilien; 6.00 Laudes; Wo 6.20 Konventmesse (So 9.30 in gregorianischem Choral); 12.00 Terz und Sext; 12.55 Non; 18.00 feierliche Vesper; 19.45 Komplet und feierliches Salve Regina; 20.10 Rosenkranz vor dem Allerheiligsten. Alle Gebetszeiten sind öffentlich. Im

Winter Chorgebet in der Bernardikapelle, Einlass nach Anmeldung an der Klosterpforte.

| ♱ | **Mitglieder** 91.

| ⚒ | **Tätigkeiten** Klösterliches Leben im Rhythmus von Gebet und Arbeit; Jugendseelsorge; Gästeseelsorge; Pflege des gregorianischen Chorals; Seelsorge in 21 Pfarreien; Lehrtätigkeit an der Hochschule.

| ❂ | **Angebote** Exerzitien für Jugendliche und Erwachsene; ganzjährig „Kloster auf Zeit" (Anmeldung beim Prior; Adresse s.o.; E-Mail: p.prior@stift-heiligenkreuz.at). 1. Freitag im Monat 20.15–22.00 Jugendvigil. 1. Samstag im Monat ab 20.15 „Matutina Mariana" – Marianische Gebetsvigil. Geistliche Sportwochen für junge Männer.

| 📖 | **Literatur** Karl Josef Wallner, Im Zeichen des Kreuzes. Die Zisterzienser von Heiligenkreuz auf dem Weg in das 21. Jahrhundert, 2. stark erw. Aufl., Heiligenkreuz 2008; Pater Karl Wallner, Der bilderreiche Klosterführer durch das Stift Heiligenkreuz im Wienerwald, Be&Be-Verlag, Heiligenkreuz 2011, 168 Seiten, ISBN 978-3-902694-26-3.

Heimbach – **TRAPPISTENABTEI MARIAWALD**

| ✉ | **Adresse** D-52396 Heimbach/Eifel.
Tel. 02446 / 95060, Fax: 02446/950630.
E-Mail: info@kloster-mariawald.de
Internet: www.kloster-mariawald.de

| 🚗 | **Anfahrt** Bahnstation Heimbach (Strecke Köln – Düren – Heimbach). ⇒ Mit dem Pkw: Von Süden: Autobahn Richtung Köln, Ausfahrt Euskirchen, dann Zülpich – Heimbach; von Norden: Autobahn Köln – Aachen, Ausfahrt Düren-Birkesdorf, dann Nideggen – Heimbach.

| 🏛 | **Geschichte** Das Kloster wird 1486 gegründet als Priorat des Zisterzienserordens zur Betreuung einer Wallfahrtsstätte zur Schmerzhaften Muttergottes, „Maria im Wald". 1804 verlassen die letzten Mönche das Kloster, das durch Beschluss der französischen Revolutionsregierung aufgehoben worden ist. 1824 wird die Kirche zerstört. 1862 beginnen Reformierte Zis-

terzienser (Trappisten) aus Oelenberg (Elsass) wieder das Klosterleben und bauen Kirche und Kloster auf. 1875–1887 ist das Kloster im preußischen „Kulturkampf" aufgehoben. 1887 Rückkehr. 1909 Erhebung zur Abtei. 1941 Vertreibung der Mönche. 1945 Zerstörung des Klosters, Rückkehr der Mönche und Wiederaufbau.

| 📷 | **Sehenswürdigkeiten** Die Klosterkirche (in ihren mittelalterlichen Außenmauern gegen Ende des 19. Jh.s wiederhergestellt).

| 🛏 | **Unterkunft** Gästehaus mit 10 Einzelzimmern für Einzelexerzitien. Teilnahme an Messe und Chorgebet von den Gästebänken aus. Für Priester Konzelebrationsmöglichkeit im Konventamt.

| ✝ | **Gottesdienste** So 10.00 Messe; 17.00 Vesper; 19.40 Komplet; Wo 4.15 Laudes; 7.40 Messe; 12.00 Sext; 14.00 Non; 17.00 Vesper; 19.15 Komplet.

| 👤 | **Mitglieder** 20.

| ⚒ | **Tätigkeiten** Herstellung von Klosterlikör; Gastwirtschaft („Mariawalder Erbsensuppe"), Buch- und Kunsthandel; Klosterladen; Gebäckherstellung.

Hildesheim – **BENEDIKTINERINNENPRIORAT KLOSTER MARIENRODE**

| ✉ | **Adresse** D-31139 Hildesheim-Marienrode, Auf dem Gutshof / Zisterzienserstraße.
Tel. 05121 / 930410, Fax 05121 / 9304160.
E-Mail: priorat@kloster-marienrode.de
Internet: www.kloster-marienrode.de

| 🚌 | **Anfahrt** Bahnstation Hildesheim, dort Buslinie 3 bis Hildesheimer Wald, dann ca. 15 Min. Fußweg (1,1 km). ⇒ Mit dem Pkw: BAB 7 (Hannover-Kassel), Abfahrt Hildesheim, auf B 1 in Stadtrichtung über den Kreisel hinweg. Nach ca. 2 km Stadtdurchfahrt Abfahrt: Alfeld, Seesen, Hi-Ochtersum (B 243). An der 3. Ampel (hinter der Tankstelle) rechts ab in Richtung: Bosch-Blaupunkt, Neuhof, Marienrode. Nach ca. 2 km Hinweisschild: Neuhof links einbiegen und 2. Straße links Richtung Marienrode. An der alten Scheune nach Marienrode rechts ab. Der Eingang zum Kloster und

Exerzitienhaus ist auf dem Gutshof, d.h. die Zisterzienserstraße am See entlang fahren bis auf das Klostergelände (trotz Sackgasse).

Geschichte 1125 Gründung durch Augustiner-Chorherren; 1259 Übernahme durch die Zisterziensermönche von Isenhagen; 1806 Aufhebung im Zuge der Säkularisation; 180 Jahre Nutzung als landwirtschaftliches Gut im Besitz der Klosterkammer Niedersachsen; 1986/88 Renovierung von Kirche und Kloster durch das Bistum Hildesheim; 1988 Wiederbesiedelung durch 10 Benediktinerinnen der Abtei St. Hildegard, Rüdesheim-Eibingen. Seit 1998 selbstständiges Priorat.

Sehenswürdigkeiten Zisterziensische Klosteranlage aus dem 18. Jh., gotische Klosterkirche aus dem 15. Jh., eine seit dem 17. Jh. kaum veränderte Klosterlandschaft, die Ruhe und Schönheit ausstrahlt.

Unterkunft Im Exerzitien- und Gästehaus (Tel. 05121 / 9304140).

Gottesdienste Wo 5.30, Do 6.30, So 7.00 Laudes (dt.); Wo 7.45 Terz und Eucharistiefeier (lat. Choral), Do 8.30 Terz (lat.); So 9.00 Eucharistiefeier (Choral & Gotteslob); Wo 11.40, So 12.00 Mittagshore (dt.); Wo: 17.30, Sa u. So 17.00 Vesper (lat.); Wo u. So: 19.15; Mo 19.30; Sa 19.45 Komplet und Vigilien (dt.); Do 19.15 Abendmesse (lat. Choral).

Mitglieder 11.

Tätigkeiten Klösterliches Leben im Rhythmus von Gebet und Arbeit; Gästeseelsorge; Pflege des gregorianischen Chorals; Buch- und Kunsthandlung (Tel. 05121 / 93041-32, E-Mail: buchhandlung@kloster-marienrode.de).

Angebote Besinnungstage, Exerzitien, ora & labora-Tage, siehe Jahresprogramm.

Hünfeld – BONIFATIUSKLOSTER DER OBLATEN DER MAKELLOSEN JUNGFRAU MARIA

| ✉ | **Adresse** D-36088 Hünfeld, Klosterstr. 5.
Tel. 06652 / 94536, Fax 06652 / 9488.
E-Mail: bonifatiuskloster@oblaten.de; gaestebuero@bonifatiuskloster.de
Internet: www.bonifatiuskloster.de

| 🚗 | **Anfahrt:** Hünfeld liegt etwa 16 km nördlich von Fulda. Bahnstrecke Würzburg – Kassel bzw. Frankfurt – Hannover. Von der IC-Station Fulda verkehrt jede Stunde ein Regionalzug in Richtung Kassel, der in Hünfeld hält, von dort knapp 10 Min. Fußweg. ⇒ Mit dem Pkw: (Hünfeld liegt an der B 27 und B 84.) Aus Süden: A7 Würzburg – Fulda, Ausfahrt Fulda Nord/Hünfeld, B 27 bis Hünfeld-Süd, in Hünfeld an der zweiten Ampel rechts, der Ausschilderung „Stadtring" folgen bis zum zweiten Kreisverkehr, zweite Ausfahrt aus dem Kreisverkehr, dann direkt rechts abbiegen in die Klosterstraße. Aus Richtung Westen/Norden/Osten: A5 Frankfurt – Kassel bis Hattenbacher Dreieck, A7 Richtung Würzburg bis Abfahrt Hünfeld/Schlitz, Richtung Hünfeld, in Hünfeld: s.o.

| 🏛 | **Geschichte** 781 schenkte Karl d. Große dem neu gegründeten Kloster Fulda das „Haunfeld". Schon 815 wird urkundlich ein Nebenkloster der Abtei Fulda erwähnt, um das sich eine Siedlung bildete, das heutige Hünfeld. Im 10. Jh. ist aus dem Nebenkloster ein Kollegiatstift geworden, das bis 1803 (Säkularisation) bestand. 1895 luden die Bürger Hünfelds und Bauern der umliegenden Dörfer die Oblaten der makellosen Jungfrau Maria (OMI), aus Frankreich stammend, ein, in Hünfeld ihr deutsches Mutterhaus zu bauen. Bis 1970 beherbergte es die philosophisch-theologische Hochschule der deutschen Oblaten. Seit der Verlegung des Studiums an die Universität Mainz dient das Kloster als Tagungs- und Exerzitienhaus (Geistliches Zentrum).

| 📷 | **Sehenswürdigkeiten** Klosterkirche (neuromanisch); Glasfenster zum Leben des hl. Bonifatius sowie Illustrationen zu den vier Evangelien und der Apokalypse im Chorraum, alle von Agnes Mann.

| ☙ | **Gottesdienste:** Sa 18.30; So 7.00, 10.00; Vesper oder Andacht 18.30; Wo 6.45 und 8.30.

| 👤 | **Mitglieder** 40.

| ⚑ | **Tätigkeiten** Exerzitien, Gästehaus, Pfarrseelsorge, Krankenhausseelsorge, Jugendpastoral, Noviziat.

| ☼ | **Angebote** Geistliches Kurs- und Seminarangebot, Einzelpersonen und Gruppen sind gleichermaßen willkommen. Das Gästehaus hat 160 Betten und bietet Tagungs- und Gruppenräume für 20 bis 150 Personen. Auch Selbstversorgung ist für Gruppen möglich. Die Begleitung von Einzelpersonen und Gruppen zu Exerzitien, Einkehrtagen usw. ist nach Absprache möglich.

Huy OT Dingelstedt – **BENEDIKTINERKLOSTER HUYSBURG**

| ✉ | **Adresse** D-38838 Huy OT Dingelstedt.
Tel. 039425 / 9610, Fax 039425 / 96198.
E-Mail: mail@huysburg.de
Internet: www.huysburg.de

| 🚌 | **Anfahrt** Bahnstation Halberstadt, von dort Busverbindung. ⇒ Mit dem Pkw: Über Halberstadt, von dort Richtung Norden nach Dingelstedt.

| 🏛 | **Geschichte** Das Kloster wurde 1084 gegründet. Trotz Reformation wurde der Bestand im Westfälischen Frieden gesichert; 1804 durch Preußen aufgehoben. Seit 1972 wieder benediktinische Niederlassung. Heute ist das Kloster als Priorat mit der Abtei St. Matthias in Trier verbunden.

| 📷 | **Sehenswürdigkeiten** Romanische Kirche; Reste des Klosters aus Romanik und Barock.

| 🛏 | **Unterkunft** Im Gästehaus.

| ☉ | **Gottesdienste** So 10.00 Eucharistiefeier, 17.30 Vesper; Wo 17.30 Vesper und Eucharistiefeier, Sa 18.00 Vesper.

| ♦ | **Mitglieder** 9.

| ⚑ | **Tätigkeiten** Seelsorge und Wissenschaft.

| ☼ | **Angebote** Tage der Einkehr für Einzelne und kleine Gruppen (bis 10 Personen) nach Absprache.

Ilanz – ILANZER DOMINIKANERINNEN

Adresse CH-7130 Ilanz, Klosterweg 16.
Tel. 081 / 926 9500, Fax 081 / 926 9510.
E-Mail: info@klosterilanz.ch
Internet: www.kloster-ilanz.ch

Anfahrt Bahnstation: Ilanz (Strecke Chur – Disentis) zum Kloster mit Postauto Richtung Ladir, Haltestelle Albertushof; zu Fuß vom Bahnhof Ilanz: ca. 20 Min. ⇒ Mit dem Pkw: Chur – Flims – Ilanz, Abzweigung Ruschein – Ladir, bis Wegweiser: Kloster der Dominikanerinnen.

Geschichte 1865 gründete Dr. Johann Fidel Depouz, ein Priester aus Siat in Graubünden, mit einer kleinen Gruppe von Frauen das Werk. Es entstanden ein Spital und eine Schule. Erster Name war „Gesellschaft von der göttlichen Liebe". 1894 schloss sich die Gemeinschaft dem Dominikanerorden an, seither nennt sie sich Ilanzer Dominikanerinnen. 1970 Einzug in den modernen Klosterbau auf der Anhöhe. 1973 wurde ein neues Schulgebäude mit Internat an das Kloster angebaut. Seit 1988 Haus der Begegnung und teilweise vermietet an das Bildungszentrum Surselva. Die Gemeinschaft ist tätig in der Schweiz, Brasilien und Taiwan.

Sehenswürdigkeiten Klostergebäude (Architekt Walter Moser, Zürich); Kirchenfenster (Dr. Max Rüedi, Zürich); Marmorarbeiten (Alfred Huber, Zürich); Lourdesgrotte; Klosterfriedhof.
Zur Advents- und Weihnachtszeit die berühmte Weihnachtskrippe (Familienkrippe), von Sr. Anita Derungs OP; Galerie mit Werken von Sr. Anita Derungs OP; Ikonenwerkstatt von Sr. Christophora Uhler OP.

Unterkunft Gäste, die sich zurückziehen wollen, sowie Teilnehmer/innen an Bildungsangeboten wohnen im Haus der Begegnung. Frauen, die einen Aufenthalt „Kloster auf Zeit" verbringen, leben mit in der Gemeinschaft.

Gottesdienste So 7.30 Laudes, 10.00 Eucharistiefeier, 17.40 Vesper; Wo 6.30 Eucharistiefeier mit integrierter Laudes; 17.40 Vesper. Liturgie in deutscher Sprache.

Mitglieder Im Mutterhaus: ca. 120 (insgesamt 153).

| ⬌ | **Tätigkeiten** In Ilanz: Mutterhausbetrieb, Führung eines Bildungs- und Gästehauses (Haus der Begegnung). Alterspflegeheim, Pfarreiarbeit, Krankenseelsorge, spirituelle Begleitung.

| ✲ | **Angebote** „Kloster auf Zeit" für Frauen zum Mitleben in der Gemeinschaft. Ausgeschriebene Kurse im Haus der Begegnung (Jahresprogramm). Time out-Aufenthalte. Erholung für Menschen, die sich zurückziehen möchten. Eucharistie und Chorgebet.

Immensee – MISSIONSHAUS BETHLEHEM (SOCIETAS MISSIONARIA DE BETHLEHEM, SMB)

| ✉ | **Adresse** CH-6405 Immensee, Bethlehemweg, 10.
Tel. 041 / 8541100, Fax 041 / 8541113.
Internet: www.smb-immensee.ch

| 🚗 | **Anfahrt** Bahnstation Immensee (Strecke Luzern – Gotthard – Mailand oder: Strecke Zürich – Zug – Arth-Goldau, umsteigen in Arth-Goldau).
⇒ Mit dem Pkw: A4, Ausfahrt Küssnacht a. R. (von Norden), Ausfahrt Goldau (von Süden).

| 🏛 | **Geschichte** 1896 Eröffnung eines Kleinen Seminars für mittellose Studenten im ehemaligen „Gasthaus zum Wilhelm Tell an der hohlen Gasse". Plan einer Gemeinschaft für Innere Mission des französischen Priesters Pierre Marie Barral (1855–1929). 1907 Weiterführung des Werkes durch den bischöflichen Beauftragten Dr. Pietro Bondolfi (1872–1943). 1921 Gründung der Missionsgesellschaft Bethlehem als Missionsseminar für auswärtige Missionen. Missionsgebiete: Mandschurei, China (1925 bis zum kommunistischen Einmarsch); Südrhodesien/Simbabwe seit 1939; Japan seit 1948; seit 1953 Taiwan und Kolumbien. Nach dem Zweiten Vatikanischen Konzil Ausweitung der Einsatzgebiete. Einbezug von Laienmissionar/innen in die Arbeit in Lateinamerika, Afrika und Ostasien; seit den 1970er Jahren Bildung von Equipen zum ganzheitlichen Gemeindeaufbau. Seit 2000 Delegation der Personaleinsätze für Mitarbeitende an die von der SMB mit dem Partnerverein neu gegründete Bethlehem Mission Immensee (BMI).

| 📷 | **Sehenswürdigkeiten** Kapelle (Architekt A. Stalder, 1936) mit Hochaltarbild (Fresko P. Togni, 1943) und Seitenaltären (A. Frey, 1954).

|⌂| **Unterkunft** Hotels in Immensee und Küssnacht am Rigi.

|☉| **Gottesdienste** Wo 7.00; So 8.45; Fr 17.15 große Kapelle; ganze Woche 9.00 kleine Kapelle.

|✝| **Mitglieder** In Übersee leben etwa 25 SMB-Mitglieder; im Missionshaus selbst etwa 50 (meist Betagte), außerhalb des Missionshauses weitere ca. 15. Insgesamt sind es zur Zeit 96 Mitglieder.

|✎| **Tätigkeiten** Mitwirkung am missionarischen Dienst der Kirche in Übersee; Rückvermittlung der missionarischen Erfahrung in die Schweiz und nach Deutschland. – Weltweit sind etwa 80 Mitarbeitende der Bethlehem Mission Immensee und Aushilfen in den Pfarreien im Freiwilligenstatus tätig und in den Regionalstellen im Romero Haus Luzern in der Schweiz und Deutschland ebenfalls etwa 50 Mitarbeitende. Neugründung COMMUNDO, mit BMI, E-CHANGER und Inter-Agire im Romero Haus.

|✹| **Angebote** Informationsveranstaltungen und interkulturelle Begegnungen für Jugendliche und Erwachsene. Maßgeschneiderte Tagungen für Pfarrei- und Kirchenräte. Hospitationspraktika in Übersee für junge Erwachsene.

|📖|
Literatur Walter Heim, Geschichte des Instituts Bethlehem, 6 Bände, Immensee 1982–1990; J. Friemel, Dr. Pietro Bondolfi, Immensee 1996; Leitbild Bethlehem Mission Immensee, Immensee 1998; Fritz Frei, Art. Bethlehem Mission Immensee, in: Historisches Lexikon der Schweiz: Bd. 2, Basel 2003, S. 354 (auch: www.hls.ch); Fritz Frei, Bibliographie Neuere Forschungen und Publikationen zur Missionsgesellschaft Bethlehem (SMB) und Bethlehem Mission Immensee (BMI) 1994–2008, Immensee 2008; Zeitschrift „Wendekreis" (illustrierte Monatszeitschrift). Ernstpeter Heiniger, Veränderung ist möglich, Querdenker und Grenzgängerinnen im missionarischen Einsatz, Mission im Dialog Band 1, rex verlag Luzern; Forum Mission, Romero Haus, Kreuzbuchstr. 44, 6006 Luzern/Schweiz, Reconciliation – Justice – Peace, Versöhnung – Gerechtigkeit – Friede, Band 10/2014.

- -

Innsbruck – KOLLEG DER GESELLSCHAFT JESU (JESUITEN)

Adresse A-6020 Innsbruck, Sillgasse 6.
Tel. 0512 / 53460, Fax 0512 / 534699.
Internet: www.jesuitenkolleg-innsbruck.at;
www.jesuitenkirche-innsbruck.at

Anfahrt Bahnstation Innsbruck, von dort aus 8 Minuten zum zentral gelegenen Jesuitenkolleg. ⇒ Mit dem Pkw: Brennerautobahn nach Innsbruck.

Geschichte Das Innsbrucker Kolleg wurde 1562 von Petrus Canisius gegründet. Es war der Wunsch des Kaisers, nach Prag und Wien auch in Innsbruck ein Kolleg zu errichten. Das Kolleg wurde dreimal aufgehoben. Aber es gab immer wieder einen neuen Anfang. Die Hauptarbeitsgebiete waren von Anfang an Schule und Seelsorge. Schon bald dachte man an ein Studium generale, also an eine Universität. Diese konnte allerdings erst viel später verwirklicht werden. 2007 feierte die Theologische Fakultät ihr 150-jähriges Bestehen.

Sehenswürdigkeiten Jesuitenkirche mit Fürstengruft.

Gottesdienste So 11.00, 18.00, 21.30; Sa 19.00 Vorabendmesse; 18.00 Messe in englischer Sprache.

Mitglieder 36.

Tätigkeiten Lehre und Forschung an der Theologischen Fakultät; Seelsorge an der Jesuitenkirche; Jugendarbeit.

Literatur Die Jesuitenkirche zu Innsbruck, hrsg. vom Jesuitenkolleg, Innsbruck o. J.; Emerich Coreth, Das Jesuitenkolleg Innsbruck, Sonderdruck der Zeitschrift für Katholische Theologie.

Kall-Steinfeld – BENEDIKTINERINNENABTEI MARIA HEIMSUCHUNG

Adresse D-53925 Kall, Hermann-Josef-Straße 6. Tel. 02441 / 77180, Fax 02441 / 771820. E-Mail: gaestehaus@benediktinerinnen-steinfeld.de Internet: www.benediktinerinnen-steinfeld.de

Anfahrt Bahnstation Urft (2 km) oder Kall (7 km) der Strecke Köln – Trier. ⇒ Mit dem Pkw: A 1, Ausfahrt Nettersheim, Richtung Kall – Urft – Steinfeld.

Geschichte Das Kloster wurde 1951 in Hollerath vom Kloster Notre Dame, Ermeton (Belgien), gegründet. 1954 erfolgte der Umzug nach Steinfeld. 1958–1959 Neubau des Klosters und der Kirche. 1972 Erhebung zur Abtei. 1982–1986 Neubau der Gästehäuser.

Sehenswürdigkeiten Die Kirche, erbaut von Emil Steffann, Mehlem; Altarkreuz und Tabernakel von Hildegard Domizlaff, Köln. Im Dorf Steinfeld die ehemalige Prämonstratenserabtei mit dem Grab des heiligen Hermann-Josef, Basilika, Kreuzgang und Siechenkapelle.

Unterkunft Für Gäste, die einzeln oder in kleinen Gruppen Besinnung, Gebet und Teilnahme an der Eucharistiefeier und am Chorgebet suchen (20 Gästezimmer).

Gottesdienste Eucharistiefeier und Chorgebet im gregorianischen Choral, nur die Mittagshore und die Vigilien in Deutsch; Wo 6.40, So 7.15 Laudes; Wo 7.30, So 9.00 Eucharistiefeier; 12.15 Mittagshore; 17.00 Vesper; 19.40 Komplet; 20.00 Vigilien.

Mitglieder 15.

Angebote Seminare „Tage der Stille und Glaubensvertiefung", „Besinnungstage"; geistliche Einzelgespräche; Exerzitien.

Kall-Steinfeld – SALVATORIANERKLOSTER

Adresse D-53925 Kall, Hermann-Josef-Straße 4. Tel. 02441 / 8890, Fax 02441 / 889128. E-Mail: info@kloster-steinfeld.de Internet: www.kloster-steinfeld.de

Anfahrt Bahnstation Urft-Steinfeld (Strecke Köln – Trier). ⇒ Mit dem Pkw: A 1, Ausfahrt Nettersheim (Nr. 113), Richtung Kall – Urft – Steinfeld.

Geschichte Erstgründung 10. Jh., später Augustiner-Chorherren, ab ca. 1138 Prämonstratenserkloster (1184 Abtei) bis zur Aufhebung 1802 durch Napoleon (Säkularisation). Ab 1923 Salvatorianerkloster: Pfarr- und Wallfahrtsseelsorge, gymnasiale Schule für Ordensnachwuchs bis 1940. 1945 Wiedereröffnung der Schule, allmählicher Ausbau zum Vollgymnasium mit Internat, Abitur und freier Berufswahl für alle. 1958 Schulneubau, später zwei Erweiterungen; z. Zt. 760 Schüler/in-nen, 50 Jungen im Internat.

Sehenswürdigkeiten Frühromanische Pfeilerbasilika von 1142. Inneneinrichtung: Kunstwerke von der Romanik bis zum Barock. 6 Barockaltäre, Kanzel usw. von 1680, Grabmal des hl. Hermann-Josef von 1701. Kreuzgang, 16. Jh. erneuert, mit großartigem Glasgemäldezyklus (heute im Victoria & Albert Museum, London, und in englischen Kirchen, zwei Scheiben wieder im Kloster Steinfeld). Zwei spätgotische Kapellen von 1481, ehemals Spital und Bibliothek. Größte rheinische Barockorgel, um 1600 begonnen, mehrfach erweitert, 1720–1727 durch Balthasar König. 1978–1981 Restaurierung mit Wiederherstellung des Zustands von 1727. Die Orgel ist inzwischen weltberühmt. Zahlreiche Konzerte (So 16.00), So vor Pfingsten: Großes Hermann-Josef-Fest, So nach Pfingsten: Eifeler Musikfest.

Unterkunft Franziskus-Jordan-Haus, Gästehaus des Klosters: Haus der Erholung, Einkehr und Weiterbildung.

Gottesdienste In der Basilika: So 8.00, 10.00, 11.30, 18.00 Eucharistiefeier; Sa 18.00; in der Klosterkapelle: Mo–Fr 8.00 Laudes, 18.30 Vesper, 19.00 Eucharistiefeier. In der Benediktinerinnenabtei: So 9.15 Eucharistiefeier; Mo–Fr 7.30 Eucharistiefeier; 17.00 Vesper.

Mitglieder 20 Salvatorianer, 3 Salvatorianerinnen.

| ⬥ | **Tätigkeiten** Gymnasium, Internat; Erwachsenenbildung; Exerzitien; Pfarrseelsorge; Verlag, Klosterladen mit Buchhandlung. Wallfahrt zum Grab des hl. Hermann-Josef OPraem (2. Hälfte 12. Jh. bis 1. Hälfte 13. Jh.); Hauptwallfahrtsfest: Sonntag vor Pfingsten.

| ✱ | **Angebote** Kurse und Tagungen der Akademie Kloster Steinfeld; Erholung im Kloster, Exerzitien und Besinnung sowie Tagungen im Franziskus-Jordan-Haus; Führungen durch Basilika und Kreuzgang: Sonntags 14.00 Uhr (außer an Hochfesten). Orgelkonzerte und Vesperkonzerte: 14-tägig von März bis Dezember; Orgelmeditationen: jeden ersten Donnerstag im Monat.

| 📖 | **Literatur** Bernward Meisterjahn, Kloster Steinfeld, Verlag Schnell & Steiner, München, 6. Aufl. 2006; H.P. Göttgens (Hrsg.), Die Orgel der Basilika Steinfeld, Salvator-Verlag, Steinfeld 1981; Festschriften: 75 Jahre Salvatorianer im Kloster Steinfeld (1998); Hermann-Josef-Kolleg im Wandel (1999).

Kellenried – **BENEDIKTINERINNENABTEI ST. ERENTRAUD KELLENRIED**

| ✉ | **Adresse** D-88276 Berg, Kellenried 3.
Tel. 07505 / 95660; Gästehaus: 07505 / 9566-314, Fax 07505 / 1620.
E-Mail: info@abtei-kellenried.de; gaestehaus@abtei-kellenried.de
Internet: www.abtei-kellenried.de

| 🚌 | **Anfahrt** Bahnstation Ravensburg, ab Omnibusbahnhof Weiterfahrt mit Buslinie 10 (Halteplatz 13) in Richtung Fleischwangen bis Bedarfshaltestelle Dietenhofen-Kellenried (verkehrt Mo–Sa).

| 🏛 | **Geschichte** 1890 Gründung des Priorates St. Hemma in Gurk/Kärnten durch die Abtei Nonnberg als Neubesiedlung einer dort bereits im 11. Jh. vorübergehend bestehenden Nonnberger Stiftung. Nach dem Ersten Weltkrieg zunehmende Verschlechterung der Lebensbedingungen. 1924 Übersiedlung der Kommunität von Gurk in das von Erzabt Raphael Walzer von Beuron für sie erbaute Kloster in Kellenried. Aufnahme in den Verband der Beuroner Klöster. 1926 Erhebung zur Abtei unter der ersten Äbtissin Scholastica von Riccabona. 1940–1945 Beschlagnahmung des Klosters durch die Gestapo und Ausweisung der Schwestern, von denen der größere Teil in Schloss Zeil Auf-

nahme findet. 1955–1964 Ausbau von Kirche und Kloster in verschiedenen Bauabschnitten. 1962 Eröffnung des Gästehauses St. Scholastika. Der Bau wurde 2011 abgelöst durch die Eröffnung des neuen Gastflügels mit 14 modernen Gästezimmer und entsprechenden Räumen für die Kursarbeit. Dazu war der Westflügel des Klosters umgebaut und erweitert worden.

Sehenswürdigkeiten Historische Krippe, deren älteste Figuren aus der Mitte des 17. Jh.s stammen. Renovierte Abteikirche (1983 bis 1985) mit Werken von Elmar Hillebrand, Köln.

Unterkunft Der Gastflügel bietet die Möglichkeit zu besinnlichen Ferientagen mit Teilnahme am Gottesdienst und geistlichen Angeboten, sowie Erholung in schöner Landschaft in Bodensee Nähe.

Gottesdienste 6.00 Laudes; 7.30 Eucharistiefeier (Choralamt); 12.00 Mittagshore; 17.45 (Sa u. So 17.30, Di 17.00) Vesper; 19.45 Komplet; 20.10 Vigil. Das Chorgebet wird deutsch, an Festen größtenteils lateinisch gehalten.

Mitglieder 21.

Tätigkeiten Krippenwerkstatt, Kerzenwerkstatt, Klosterladen, Kursarbeit im Gastflügel, schriftstellerische Tätigkeit.

Angebote Meditations- und Bibelkurse, für die ein Programm angefordert werden kann; Einkehrtage, geistliche Begleitung und Einzelexerzitien.

Literatur Kirchenführer (Peda-Verlag 1999); „Frauen, die das Leben lieben", OVR, Ravensburg 2001.

Klagenfurt – URSULINENKLOSTER

Adresse A-9010 Klagenfurt/Kärnten, Ursulinengasse 1.
Tel. 0463 / 5135160, Fax 0463 / 51351618.
Internet: www.ursulanet.at

Anfahrt Bahnstation Klagenfurt (Südbahn von Wien aus). ⇒ Mit dem Pkw: Über die A 2.

| 🏛 | **Geschichte** Ordensgründung: 1535 durch die hl. Angela Merici in Brescia. 1670 wurde das Klagenfurter Kloster von Wien aus gegründet. 1672 wurde bereits mit dem Klosterbau bei der Heilig-Geist-Kirche begonnen, die den Ursulinen zur Benutzung überlassen wurde. Die Kirche gehörte den Landständen (gräfliche Landesregierung); sie wurde 1335 erstmals erwähnt; 1884 wurde sie dem Kloster übereignet.

| 📷 | **Sehenswürdigkeiten** 1884 wurde die Kirche gründlich renoviert. Die neue Komposition am „Bogen" ist ganz im Geist Führichs gehalten. Ausgeführt von August Veiter. An der Decke sind Fresken: die Geburt Jesu und die Himmelfahrt. Sehenswert ist das Bild am Hochaltar: Sendung des Hl. Geistes. Das Bild stammt von Jakob Glaber aus dem Jahre 1640. Es ist auf Kupferplatten gemalt. Das Kostbarste ist der Rokokoaltar in der Kreuzkapelle unter der Empore. Zur Erinnerung an die ehemalige „Ständekirche" befinden sich an den Seitenwänden noch 6 Ständewappen. Die Kirchenfenster wurden um die Jahrhundertwende vom Glaskünstler Komposch neu gestaltet. Sie werden bei Dunkelheit von innen beleuchtet. Im Besitz des Klosters befinden sich noch alte Paramente, alte Gemälde, eines von Fromüller, und eine alte Bibliothek.

| ⚒ | **Tätigkeiten** Die Ursulinen widmen sich in erster Linie dem Apostolat der Erziehung. Kindergarten, Volksschule, Neue Mittelschule mit angeschlossenem Hort für eine Nachmittagsbetreuung werden vom „Schulverein St. Ursula in Österreich" geführt. Im Nebengebäude befindet sich auch ein Realgymnasium und ein Oberstufenrealgymnasium der Diözese Gurk-Klagenfurt. Die Schwestern bieten auch die Möglichkeit zu geistlichen Einzelgesprächen an.

Koblenz – **KLOSTER ARENBERG –
ARENBERGER DOMINIKANERINNEN**

| ✉ | **Adresse** D-56077 Koblenz, Cherubine-Willimann-Weg 1.
Tel. 0261/64012090, Fax 0261/64013454.
E-Mail: info@kloster-arenberg.de
Internet: www.kloster-arenberg.de

| 🚌 | **Anfahrt** Hauptbahnhof Koblenz, von dort mit der Linie 9 „Arenberg/Immendorf" zur Haltestelle „Ringstraße" ⇒ Mit dem Pkw: Über die

A 48 Ausfahrt „Bendorf/Neuwied" – Richtung Vallendar/Urbar halten, danach Richtung Arenberg/Immendorf der Ausschilderung „Kloster Arenberg" folgen.

Geschichte Mutter M. Cherubine Willimann, die Ordensgründerin, trat 1864 in das Dominikanerinnen-Kloster St. Peter in Schwyz ein. Den Bitten von Pfarrer Johannes Baptist Kraus aus Arenberg folgend, zog sie 1868 mit zwei Schwestern nach Arenberg, um die dort von Pfarrer Kraus angelegten Wallfahrtsstätten zu pflegen und caritative Aufgaben in der Pfarrgemeinde zu übernehmen. Durch die prägende Kraft ihres Lebenszeugnisses fanden sich schon bald junge Frauen auf dem Arenberg ein, sich den Herausforderungen des Ordenslebens zu stellen und für bedürftige Menschen da zu sein. Weitere Orte des Wirkens: Berlin, Michendorf, Oberhausen, Kirn, Rickenbach/Schweiz und Bolivien.

Sehenswürdigkeiten Pfarrer-Kraus-Anlagen: Parklandschaft zwischen Arenberg und Immendorf, die 1845 nach den Ideen des damaligen Pfarrers Joh. Baptist Kraus erbaut wurde. Es wurde eine Landschaftsbilderbibel geschaffen, die ihresgleichen in Europa sucht.

Unterkunft Gästehaus mit 99 Betten, alle Zimmer mit Du/WC. Verpflegung: Vollpension mit 3 Büfettmahlzeiten.

Gottesdienste Eucharistiefeier: Mo, Mi, Fr, Sa 7.00; Di, Do 17.30; So 9.30; Laudes: Mo, Mi, Do, Fr, Sa 6.30; So 7.00; Mittagshore: Mo – So 11.30; Vesper: Mo, Mi, Fr, Sa 18.00; So 17.30. Rosenkranz: Mo, Mi, Fr, Sa 17.30.

Mitglieder 65.

Tätigkeiten Gästehaus.

Angebote Spirituelle Angebote: Gesprächsbegleitung/geistl. Begleitung, Meditationsangebote, christliche Morgen- und Nachtimpulse, meditative Musik, Ausstellungen, Vorträge usw.; Kursangebote: Zeitmanagement, Bibliodrama, Wanderexerzitien usw.; Vitalzentrum: Schwimmbad, Sauna, Physiotherapie, Fitnessraum, Wassertretbecken, Kneippbäder, Massagebäder, Infrarot, Solarium, Gruppenangebote. Weiträumiger Klosterpark mit Streuobstwiesen, Minigolf, Kräuterei. Labyrinth, Bibelgarten. Weitere Räume: Gästekapelle, Bibliothek, Lesezimmer, Fernseh- und Aufenthaltsräume, Raum der Stille, Meditationsraum, Klostercafé, Klosterladen, Klosterkeller.

Koblenz-Pfaffendorf – **KLOSTER BETHLEHEM DER KLARISSEN-KAPUZINERINNEN VON DER EWIGEN ANBETUNG**

- **Adresse** D-56076 Koblenz-Pfaffendorf, Hermannstraße 29.
  Tel. 0261 / 73357, Fax 0261 / 9730265.
  E-Mail: kontakt@klosterbethlehem.de
  Internet: www.klosterbethlehem.de

- **Anfahrt** Bahnstation Koblenz Hbf (Strecke Köln – Frankfurt), von dort Bus nach Koblenz-Pfaffendorf.

- **Geschichte** Das Kloster wurde 1904 durch Mutter M. Ignatia von Hertling aus dem Anbetungskloster in Mainz gegründet. 1944 wurden zwei Drittel des Klosters durch Bomben zerstört, die Schwestern wurden evakuiert. Nach ihrer Rückkehr 1945 folgte der schwierige Wiederaufbau, und 1953 wurde nach neunjähriger Unterbrechung die Klausur aufs Neue geschlossen. Die Gemeinschaft gehört zum Zweiten Orden des heiligen Franziskus, führt nach der Regel und im Geiste der heiligen Klara ein kontemplatives Leben in strenger Klausur und übt im Auftrag der Kirche Tag und Nacht das Apostolat der Eucharistischen Anbetung.

- **Unterkunft** nach Absprache.

- **Gottesdienste** 6.00 Lesehore; 7.00 Laudes; Wo und So 7.30 Messe; 8.45 Terz; 11.45 Sext; 14.30 Rosenkranz; 15.00 Non; 17.30 Vesper; 20.00 Komplet.

- **Mitglieder** 16.

- **Tätigkeiten** Eucharistische Anbetung; Hostienbäckerei.

Köln – HERZ-JESU-KLOSTER DER BENEDIKTINERINNEN VOM HEILIGSTEN SAKRAMENT

| ✉ | **Adresse** D-50968 Köln, Brühler Straße 74.
Tel. 0221 / 9370670, Fax 0221 / 9370679.
E-Mail: kloster@benediktinerinnen-koeln.de
Internet: www.benediktinerinnen-koeln.de

| 🚍 | **Anfahrt** Bahnstation Köln Hbf, von dort Buslinie 133 bis Rheinsteinstraße. ⇒ Mit dem Pkw: Autobahnkreuz Köln-Süd, Ausf. Bayenthal, Verteilerkreuz, dann Bonner Straße, links abbiegen zur Brühler Straße.

| 🏛 | **Geschichte** 1890 kamen die ersten Schwestern aus Tegelen (Holland) und mieteten in der Domstraße ein Haus als erstes provisorisches Kloster. 1895 erfolgte der Umzug in das neu erbaute Kloster in Köln-Raderberg. Am 17. September 1895 starb die Gründerin, Mutter Josephine von Fürstenberg-Stammheim. Im Zweiten Weltkrieg wurde das Kloster 1945 stark beschädigt, die Kommunität musste evakuiert werden. 1969–1970 Renovierung der Klosterkirche; der Altarraum erhielt dabei eine Neugestaltung. Das Kloster in Köln-Raderberg ghört zur Deutschen Föderation der Benediktinerinnen vom Heiligsten Sakrament.

| 📷 | **Sehenswürdigkeiten** Klosterkirche, ein neugotischer Saalbau, mit vierseitigem Chorpolygon; Altarbild aus dem frühen 16. Jh. (Krönung Mariens).

| 🛏 | **Unterkunft** Einzelne Gäste oder kleine Gruppen können nach Anmeldung in den Gastzimmern des Klosters aufgenommen werden.

| ☉ | **Gottesdienste** Wo 6.00, So 6.15 Laudes; Wo 7.00, So 7.45 Konventamt (Choral); 11.40 Mittagshore; 17.00 Vesper; 19.00 Komplet und Vigil.

| ♱ | **Mitglieder** 27.

| ⚒ | **Tätigkeiten** Hostienbäckerei, Paramenten- und Fahnenstickerei.

| 📖 | **Literatur** Erhart Schlieter/Rudolf Barten, Das gotische Köln, Köln 1996, S. 92f. Frauen mit Geschichte. Die deutschsprachigen Klöster der Benediktinerinnen vom Heiligsten Sakrament. Bearb. Marcel Albert, St. Ottilien 2003.

Kremsmünster – BENEDIKTINERSTIFT

| ✉ | **Adresse** A-4550 Kremsmünster/Oberösterreich.
Tel. 07583 / 5275-151, Fax 07583 / 5275-159.
Internet: www.stift-kremsmuenster.at

| 🚗 | **Anfahrt** Bahnstation Kremsmünster (Strecke Linz – Selzthal/ Graz). ⇒ Mit dem Pkw: Autobahn Wien – Salzburg, Ausfahrt Sattledt, von dort noch 6 km.

| 🏛 | **Geschichte** Das Stift Kremsmünster wurde 777 von Bayernherzog Tassilo III. gegründet, der Sage nach an dem Ort, an dem sein Sohn Gunther während einer Jagd durch einen wütenden Eber den Tod fand. Geschichtlich war diese Gründung als Vorposten der Christenheit im Grenzland gegen die Awaren und Slawen gedacht. Nach dem Sturz Tassilos 788 wurde Kremsmünster karolingische Königsabtei und erlebte eine Blütezeit bis zum Ungarnsturm 907. Das Stift wurde dann passauisches Eigenkloster. Blütezeit unter Abt Friedrich von Aich (1275–1325): Stiftskirche, Schreibschule, Glasmalerei. Die schweren Folgen der Reformationszeit wurden überwunden durch die Äbte, die in der ersten Hälfte des 17. Jh.s regierten. In der Barockzeit erfolgten die Barockisierung der Stiftskirche, der allmähliche Neubau des Klosters, der Bau des Fischbehälters und der Sternwarte, des ersten „Hochhauses" in Europa. In der Zeit von 1623 bis 1810 wirkten 29 Patres von Kremsmünster als Professoren an der alten Benediktineruniversität Salzburg. Der Josefinismus und die Franzosenkriege brachten schwere spirituelle und materielle Schäden, die erst allmählich im Laufe des 19. Jh.s beseitigt werden konnten. 1941–1945 war das Stift durch das NS-Regime enteignet, das Chorgebet wurde aber nicht unterbrochen. 1964 bis 1977 wurde der ganze Stiftsbereich gründlich restauriert.

| 📷 | **Sehenswürdigkeiten** Stiftskirche, dem Welterlöser geweiht: romanisch-frühgotischer Bau (1230–1350), unter C. A. Carlone 1680 bis 1682 barockisiert; Guntherhochgrab (1304); Tapisserien (1551), Marienkapelle (1677, C. A. Carlone). Fischbehälter (1680–1718, C. A. Carlone und J. Prandtauer). Sternwarte oder „Mathematischer Turm" (1748–1758): Als Universalmuseum konzipiert, enthält die Sternwarte heute reiche naturwissenschaftliche Sammlungen. Barocker Gartenpavillion, genannt „Moschee" (1640), hinter der Sternwarte gelegen. Kunstsammlungen: Kaisersaal (1694–1719), Gemäldegalerie, Kunstkammer, Rüstkammer und Bibliothek (1684), Zimelienraum: Tassilokelch (769), Tassiloleuchter, ein Codex mil-

lenarius (um 800) und gotische Objekte. Führungen durch die Kunstsammlungen ganzjährig ab 4 Personen mehrmals täglich, für Gruppen ab 15 Personen nach Voranmeldung jederzeit. Führungen durch die Sternwarte und naturwissenschaftlichen Sammlungen von 1. Mai bis 31. Oktober mehrmals täglich, für Gruppen nach Voranmeldung jederzeit.

|⇌| **Unterkunft** Im Ort.

|❷| **Gottesdienste**: Stiftskirche So 8.00, 9.00 (Ferienzeit nur 9.15), 10.15 Hochamt 11.30, 19.00. Michaelskapelle Wo 6.30 Konventmesse (außer Do 6.00 Laudes mit Eucharistiefeier in der Marienkapelle), Sa 19.00 Vorabendmesse. Marienkapelle Wo täglich 8.00 Eucharistiefeier und 18.00 Vesper.

|✝| **Tätigkeiten** Seelsorge in 26 Pfarreien; Lehrer im Stiftsgymnasium; geistliche Angebote für Jugendliche und Erwachsene; Tätigkeit in Wissenschaft und Kunst; in Land- und Forstwirtschaft und Weinkellerei.

|✺| **Angebote** Jährlich während der Kartage „Kloster auf Zeit"; Jugendwoche im Sommer.

|📖| **Literatur** Benediktinerstift Kremsmünster, dreisprachig, 43 S., Kunstverlag Hofstetter, Ried/Innkreis 1992.

Lambach – **BENEDIKTINERSTIFT**

|✉| **Adresse** A-4650 Lambach/Oberösterreich, Klosterplatz 1.
Tel. 07245 / 21710, Fax 07245 / 21710111.
E-Mail: info@stift-lambach.at
Internet: www.stift-lambach.at

|⇌| **Anfahrt** Bahnstation Lambach (von Salzburg über Attnang-Puchheim, von Wien über Wels). ⇒ Mit dem Pkw: A 1, Ausfahrt Sattledt, oder A 8 Passau – Wels oder B 1.

|🏛| **Geschichte** 1056 wandelte der letzte Nachkomme der Grafen von Wels-Lambach, Adalbero, den Stammsitz seiner Eltern in eine Benediktinerabtei um. Adalbero war 1045 Bischof von Würzburg geworden. Er führte zahlreiche Reformen in seinem Bistum durch, gründete und erneuerte Klöster.

1089 weihte er zusammen mit seinem Freund Bischof Altmann von Passau die erste Klosterkirche in Lambach. Da er sich im Investiturstreit auf die Seite des Papstes stellte, wurde er aus seiner Bischofsstadt vertrieben und fand in seiner Lieblingsgründung einen Ort der Zuflucht. So erlebte er auch 1089, wie Lambacher Mönche zur Besiedlung Melks auszogen. Am 6. Oktober 1090 starb Adalbero in Lambach. Sein Grab erfreute sich großer Verehrung beim Volk. Erst 1883 wurde sein Kult offiziell von Papst Leo XIII. anerkannt. Im 12. Jh. war das Kloster mit seiner Schreibschule ein herausragendes Zentrum mittelalterlichen Kunstschaffens. Seine höchste Blüte erlebte das Stift während der Barockzeit. Eine prächtige frühbarocke Kirche wurde errichtet und die gesamte Klosteranlage vergrößert.

Sehenswürdigkeiten Romanischer Westchor mit Fresken aus dem 11. Jh. (Teil der ersten Klosterkirche); frühbarocke Stiftskirche; Sommerrefektorium; Ambulatorium; Stiftsbibliothek; barockes Stiftstheater; Dreifaltigkeitskirche Stadl-Paura, umfangreiche Kupferstichsammlung.

Unterkunft Bei Teilnahme an Kursen des Klosters Unterkunft im Gästetrakt (4 EZ, 9 DZ); ansonsten zahlreiche Übernachtungsmöglichkeiten im Ort.

Gottesdienste So 9.00 u. 19.30; Wo 7.00 (Mi 19.30); So u. Wo 13.30 Vesper.

Mitglieder 20.

Tätigkeiten Seelsorge in sieben Pfarreien, ferner außerordentliche Seelsorge; eigene Privatschulen: Realgymnasium, Handelsakademie, Landwirtschaftliche Fachschule mit Internat; Land-, Forst- und Fischereiwirtschaft.

Angebote Jährlich wird im Sommer eine Woche „Kloster auf Zeit" für Jugendliche angeboten; das Mitleben in der Gemeinschaft ist für Männer während des ganzen Jahres möglich; Einzel- und Gruppenexerzitien sowie Meditationskurse werden unregelmäßig und nach Bedarf angeboten; Anfragen richte man an den Gastmeister.

Leipzig – KONVENT SANKT ALBERT DER DOMINIKANERINNEN UND DOMINIKANER

Adresse D-04159 Leipzig-Wahren, Georg-Schumann-Straße 336. Tel. 0341 / 467660, Fax 0341 / 46766113.
E-Mail: info@dominikaner-leipzig.de
Internet: www.kloster-st-albert-leipzig.de

Anfahrt Bahnstation Leipzig Hbf, Straßenbahnlinien 11, 11 E und 10. ⇒ Mit dem Pkw: A 9, Ausfahrt Großkugel/Schkeuditz, B 6 in Richtung Leipzig. Das Kloster liegt am nördlichen Stadtrand von Leipzig; oder A 14, Ausfahrt Radefeld/Leipzig-Nord, über den Ortsteil Lindenthal nach Wahren.

Geschichte Bereits im Mittelalter bestand im Zentrum Leipzigs ein großes Dominikanerkloster, errichtet 1229. In der Zeit der Reformation wurden 1539 Kloster und Kirche aufgehoben und der Universität Leipzig übereignet. Die Kirche erhielt den Namen „Universitätskirche" oder auch Paulinerkirche (sie war dem hl. Paulus geweiht). Am 30. Mai 1968 wurde sie auf Betreiben des SED-Regimes gesprengt. Ein Freundeskreis setzt sich jetzt für ihren Wiederaufbau ein. Das heutige Dominikanerkloster im Ortsteil Wahren wurde 1929 gegründet. Mit dem Kloster ist seit 1953 die Pfarrei St. Albert verbunden. Nach der „Wende" wurde im Februar 1994 der Konvent Sankt Albert gegründet. Zu ihm gehören derzeit sechs Brüder, die in pastoralen und karitativen Bereichen tätig sind. Im „offenen Kloster" sollen Menschen einen Ort für Besinnungstage, geistliche Tage und Gespräche, für Tagungen, Seminare und Kurse finden.

Sehenswürdigkeiten Erster Klosterneubau im Bereich der neuen Bundesländer; in der Kloster- und Pfarrkirche ist eine Wettiner Madonna aus dem 15. Jh. zu besichtigen.

Gottesdienste So: 8.15, 10.00 Eucharistiefeier, 18.15 Vesper. Wo 8.00 Eucharistiefeier; 7.40 Laudes, 18.15 Vesper (außer Mi).

Angebote Mit dem Konvent ist das Aurelius-Arkenau-Haus verbunden, in dem Einzelgäste und kleine Gruppen zu Einkehrtagen, Exerzitien, Seminaren oder anderen Veranstaltungen Aufnahme finden. Möglichkeit zur Teilnahme an den Gottesdiensten und am Stundengebet. Veranstaltungen: Tage im Kloster, Oasentage, meditativer Tanz, kreative Angebote, Vorträge.

| 📖 | **Literatur** Thomas Eggensperger/Ulrich Engel, Dominikanerinnen und Dominikaner. Geschichte und Spiritualität (Topos-Taschenbücher 709), Matthias-Grünewald Verlag, Mainz, 2. bearb. Aufl. 2010.

Lilienfeld – ZISTERZIENSERSTIFT

| ✉ | **Adresse** A-3180 Lilienfeld/Niederösterreich, Klosterrotte 1.
Tel. 02762 / 52420, Fax 02762 / 5242013.
E-Mail: pforte@stift.lilienfeld.at
Internet: www.stift-lilienfeld.at

| 🚗 | **Anfahrt** Bahnstation Lilienfeld (Strecke St. Pölten – Kernhof). ⇒ Mit dem Pkw: Autobahn Salzburg – Wien, Ausfahrt St. Pölten-Süd.

| 🏛 | **Geschichte** Das Kloster Lilienfeld wurde 1202 von Herzog Leopold VI. dem Glorreichen aus dem Hause Babenberg gegründet und von Mönchen aus Heiligenkreuz bei Wien besiedelt. 1230 erfolgte die Weihe von Kloster und Klosterkirche. Bald verwirklichten einige Dutzend Mönche das „Ora et labora". Aber es gab auch Rückschläge: Infolge der Reformation zählte der Konvent 1587 nur noch sechs Mönche. Im 17. und 18. Jh. erlebte Lilienfeld eine neue Blüte. 1683 konnte sich das Kloster erfolgreich gegen die Türken verteidigen. 1789–1790 war es aufgehoben. 1810 verheerte es ein Brand. Den Wiederaufbau leitete Ladislaus Pyrker (ab 1820 Patriarch von Venedig, 1827 Patriarch-Erzbischof von Erlau in Ungarn, Förderer Grillparzers und selbst bedeutender Dichter). 1945 erlitt das Stift große Kriegsschäden, die durch jahrelange Renovierungsarbeiten behoben wurden.

| 📷 | **Sehenswürdigkeiten** Die Klosteranlage ist das größte aus der Babenberger Zeit erhaltene Bauwerk in Österreich. Die im romanisch-gotischen Übergangsstil erbaute Stiftsbasilika, mit 83 m Länge die größte Kirche Niederösterreichs, gehört zu den bedeutendsten Baudenkmälern Österreichs. Der wertvollste Schatz des Klosters ist die Kreuzreliquie, die der Gründer 1219 vom Heiligen Land mitbrachte. Altarbilder von Daniel Gran, Martino Altomonte und Johann Georg Schmidt. Größter Zisterzienserkreuzgang Österreichs. Alte Pforte, „Cellarium maius", Schlafsaal der Laienbrüder, ein-

zige mittelalterliche Bauten dieser Art in Österreich. Herrliche barocke Bibliothek. Bedeutendste Handschrift: „Concordantiae caritatis" des Abtes Ulrich (Mitte 14. Jh.).

| ⌂ | **Unterkunft** Aufnahme finden Einzelne oder Gruppen, die Stille und Besinnung suchen und am Gotteslob teilnehmen wollen. Schriftliche Anmeldung beim Pater Gastmeister. Darüber hinaus stehen Gasthöfe und Pensionen im Ort zur Verfügung.

| ☉ | **Gottesdienste** Messen: So 19.00 (Winter 18.00) des Vorabends, 9.00, 10.00; Feiertage 19.00 (Winter 18.00) des Vorabends, 9.30; Wo 6.45; Stundenliturgie: Sonn- und Feiertage: 6.45 Laudes, 18.00 Vesper; Wo 6.15 Laudes, 18.00 Vesper.

| ⚒ | **Tätigkeiten** Zu den wesentlichen Aufgaben des Klosters gehört nach wie vor die tägliche Feier der Eucharistie und des Chorgebets. Dem Dienst an den Menschen suchen die Mönche durch Seelsorge in 19 Pfarreien gerecht zu werden. Sie wirken auch als Religionslehrer oder arbeiten in der Klosterverwaltung.

Linz – IGNATIUSKIRCHE / ALTER DOM (JESUITENKIRCHE)

| ✉ | **Adresse** A-4020 Linz/Oberösterreich, Domgasse 3.
Tel. 0732 / 770866.
E-Mail: ignatiushaus.at@jesuiten.org
Internet: www.ignatiuskirche-linz.at

| 🚆 | **Anfahrt** Bahnstation Linz (Hbf), mit Tram 1, 2 oder 3 ins Linzer Zentrum (5 Stationen).

| 🏛 | **Geschichte** 1600 kamen die ersten Jesuiten nach Linz. Sie begannen zu predigen und gründeten eine Lateinschule, die rasch an Größe und Bedeutung gewann. 1652 wurde der Grundstein zu einem Collegium gelegt (jetzt Postamt). 1679 wurde die neu erbaute Ignatiuskirche geweiht. Die Pläne stammen von Pietro Francesco Carlone. Die Ignatiuskirche wurde 1785, nach Gründung der Diözese Linz, Bischofskirche. Als dann der Bau einer eigenen Domkirche vorangeschritten war, wurde 1909 der „alte" Dom wieder den Jesuiten übergeben. Die Patres und Brüder wohnen in

einem kleinen Haus neben der Kirche. Ihre Seelsorgeaufgaben: Gottesdienste, Beichte und Aussprache sowie intensive geistliche Begleitung.

| 📷 | **Sehenswürdigkeiten** In der schönen Barockkirche vor allem Hochaltar, Kanzel, Chorgestühl, Bruckner-Orgel und Sakristei.

| ⊙ | **Gottesdienste** So 7.30, 10.30; Wo 7.30, 9.00 (in den Ferienzeiten nur 9.00). Beichtzeiten: Wo 8.20–8.50, 17.00–18.30 (in den Ferienzeiten nur 8.20–8.50).

| 📖 | **Literatur** St. Ignatius – Alter Dom Linz, Kunstverlag Hofstetter, 4910 Ried im Innkreis. Gefährten Jesu– Gefährten der Menschen. 100 Jahre Jesuiten am Alten Dom 1909–2009, Wagner Verlag, Linz 2009.

Ludwigshafen – **KLOSTER OGGERSHEIM DER FRANZISKANER-MINORITEN**

| ✉ | **Adresse** D-67071 Ludwigshafen, Kapellengasse 10.
Tel. 0621 / 682407, Fax 0621 / 6850025.
E-Mail: info@minoriten.eu; minoritenogg@gmail.com
Internet: www.minoriten.eu

| 🚉 | **Anfahrt** Bahnstation Ludwigshafen oder Mannheim, von dort aus mit der Straßenbahn nach Oggersheim.

| 🏛 | **Geschichte** Das Klostergebäude wurde bereits 1770 von den Jesuiten aus Mannheim erbaut. Durch Stiftungen der Kurfürsten sowie durch tatkräftigen Einsatz von P. Matthäus Vogel SJ, dem ersten Betreuer der Oggersheimer Wallfahrt, konnte für die „Wallfahrtspatres" eine Wohnstätte errichtet werden. Der Anlass zum Bau eines Klosters war nämlich die Errichtung einer Loreto-Kapelle 1729 durch den Pfalzgrafen Josef Karl Emmanuel (1694–1729) und einer Wallfahrtskirche (1774–1777) im spätbarock-klassizistischen Stil auf Wunsch der Kurfürstin Elisabetha Augusta. Nach der Aufhebung des Jesuitenordens 1773 betreuten Kapuziner die Pilger. Die Französische Revolution und die Besetzung der Pfalz durch französische Truppen brachten die Wallfahrt zum Erliegen. Erst 1845 konnte auf Bitten der Oggersheimer Bürger das aufgelöste Kloster mit Mitteln aus dem Privatvermögen König Ludwigs I. neu eröffnet werden.

Zur Betreuung der Wallfahrten wurden Franziskaner-Minoriten aus Würzburg berufen.

| 📷 | **Sehenswürdigkeiten** Die Kirche im Stil des Übergangs vom Spätbarock zum Klassizismus. Klosterkrippe.

| ⦿ | **Gottesdienste** Messen: Mo–Fr (Klosterkapelle), Sa (Wallfahrtskirche) 8.00; So 19.00. Stundengebet: Wo 7.40 Laudes; täglich 13.00 Sext; Wo 17.45 Vesper mit Lesehore; Rosenkranz täglich 14.30.
Wallfahrtstage: 2. Febr., 19. März, 25. März, 2. Juli, 15. Aug., 8. Sept., 4. Okt., 19. Nov., 8. Dez. Ordnung der Wallfahrtstage: 8.00 Frühmesse; 9.00–10.00 Beichtgelegenheit; 10.00 Wallfahrtsamt; 14.00 Rosenkranz.

| 👤 | **Mitglieder** 7.

| ✺ | **Angebote** Wallfahrtstage und regelmäßige Beichtgelegenheiten. 1. Wochenende im Advent und in der Fastenzeit: Franziskanisches Jugendwochenende; Lebendige Krippe am 2. Weihnachtsfeiertag, 16.00; Weihnachtsfeier für Bedürftige und Obdachlose, 25.12., 18.00.

| 📖 | **Literatur** Ursula Gutzer, Die Oggersheimer Klosterkrippe, Heimatkundlicher Arbeitskreis Ludwigshafen-Oggersheim 1986; Clemens Jöckle, Die Kreuztragungstafel in Oggersheim, in: Das Münster (1997) Heft 2.

Mals – BENEDIKTINERABTEI MARIENBERG

| ✉ | **Adresse** I-39024 Mals/Vinschgau/Südtirol, Schlinig 1.
Tel. 0473 / 831306, Fax 0473 / 835654.
E-Mail: info@marienberg.it
Internet: www.marienberg.it

| 🚌 | **Anfahrt** Mit dem Bus von Landeck/A; Postbus von Zernez/CH; mit der Vinschger Bahn Meran → Mals → Citybus Burgeis und 20 Min. zu Fuß. ⇒ Mit dem PKW oder Reisebus über die Landstraße. Parkplätze 100 m vor dem Kloster.

| 🏛 | **Geschichte** 1096 von den Edlen von Tarasp im Engadin/CH gegründet, übersiedelte das Kloster 1146 in den Vinschgau. An diese Bauperiode erin-

nern die 1160 geweihte Krypta und die darüber liegende Kirche. Nach sinkender Mitgliederzahl im 16. Jh. erlebte das Kloster am Anfang des 17. Jh.s mit Abt Matthias Lang aus Weingarten (D) eine neue Blüte. Beginn einer regen Bautätigkeit, darunter die Barockisierung der einst dreischiffigen Kirche. 1724 erfolgte die Gründung eines humanistisches Gymnasiums in Meran. 1807 wurde das Kloster durch die Bayerische Regierung aufgehoben und Kloster, Kirche, Archiv und Bibliothek wertvoller Bestände beraubt; 1816 Wiederherstellung der Abtei auf Wunsch des Kaisers Franz I.. Das ehemalige Wirtschaftsgebäude beherbergt seit 2007 das Museum, Gästezimmer und Seminarräume.

Sehenswürdigkeiten Kirche (ganzjährig frei zugänglich) und Krypta, im Mai um 15 Uhr zur Führung und von Juni bis Oktober zum Abendgebet (Vesper) um 17.30 Uhr, jeweils von Montag bis Samstag, außer an kirchlichen Feiertagen, keine Anmeldung. Museum mit wechselnden Sonderausstellungen: 15. März bis 31. Oktober und 27. Dezember bis 5. Januar jeweils 10–17 Uhr; geschlossen an allen Sonntagen und kirchlichen Feiertagen, ausgenommen Oster- und Pfingstmontag.

Unterkunft 1 Zwei- und 8 Einbettzimmer mit Frühstück.

Gottesdienste So 6.30, 10.30 Eucharistiefeier; 15.00 Vesper. Wo 7.15 Eucharistiefeier; im Sommer 17.30 Vesper.

Mitglieder 11.

Angebote „Kloster auf Zeit" für Männer, Mitleben in der Hausgemeinschaft, geistliche Einzelgespräche, verschiedene Seminare und Exerzitien.

Literatur Kloster Marienberg, Verlag Tappeiner, Lana 1995; Helmut Stampfer/Hubert Walder, Romanische Wandmalerei im Vinschgau, Die Krypta von Marienberg und ihr Umfeld, Verlagsanstalt Athesia, Bozen 2002; Die Krypta von Marienberg im Vinschgau, Verlagsanstalt Athesia, Bozen 2000, Helmut Stampfer/Hubert Walder, Wegbegleiter, Unterwegs mit den Engeln von Marienberg, EOS Verlag, St. Ottilien 2010, Mechthild Clauss, Menschenweg und Engelwelt, Die Kryptafresken von Kloster Marienberg, EOS Verlag, St. Ottilien 2007.

Maria Laach – BENEDIKTINERABTEI

| ✉ | **Adresse** D-56653 Maria Laach.
Tel. 02652 / 590, Fax 02652 / 59359.
E-Mail: abtei@maria-laach.de
Internet: www.maria-laach.de

| 🚗 | **Anfahrt** Bahnstation Andernach (Strecke Frankfurt – Köln), von dort aus mit dem Bus. ⇒ Mit dem Pkw: A 61 Ludwigshafen – Krefeld, Ausfahrt Mendig.

| 🏛 | **Geschichte** Das Kloster wurde 1093 vom Pfalzgrafen Heinrich II. von Laach gegründet. Die Besiedlung der Abtei geschah durch Mönche von Affligem in Brabant, besonders unter dem ersten Abt Gilbert (1127–1152). Die Mönche lebten unter den Gewohnheiten von Cluny, bis sie 1474 der Bursfelder Union beitraten. Weihe der Abteikirche unter dem zweiten Abt, Fulbert, 1156. Aufhebung der Abtei 1802, seit 1815 Eigentum des preußischen Staates, seit 1822 in Privatbesitz bis 1862. Dann von den Jesuiten erworben, die dort ihr Collegium maximum errichteten (bis 1873). 1892 Wiederbesiedlung durch Mönche der Beuroner Kongregation. Rückerstattung der Kirche seitens des preußischen Staates 1924. Durch Ildefons Herwegen (Abt 1913 bis 1946) Zentrum der liturgischen Erneuerung, der Liturgiewissenschaft, der Akademikerseelsorge.

| 📷 | **Sehenswürdigkeiten** Vor allem die Abteikirche mit Hochgrab des Stifters (erste Hälfte 13. Jh.), Altarbaldachin aus der gleichen Zeit, Krypta, spätgotische Fresken.

| 🛏 | **Unterkunft** Gastflügel St. Gilbert in der Abtei und Seehotel.

| ⊙ | **Gottesdienste** Wo 5.30 Morgenhore; 7.30 Konventamt; 11.45 Tageshore; So 7.15 Volksmesse; 9.00 Konventamt; 11.00 Volksmesse; 14.30 Tageshore; So, Wo 17.30 Vesper; 19.45 Komplet.

| ✝ | **Mitglieder** 40.

| ⚒ | **Tätigkeiten** Kunstwerkstätten, Kunstverlag, Buch- und Kunsthandlung, Gärtnerei (verpachtet: Gutsbetrieb).

Maria Luggau – SERVITENKLOSTER

- **Adresse** A-9655 Maria Luggau 26/Kärnten.
  Tel. 04716 / 601, Fax 04716 / 601-17.
  E-Mail: kloster.luggau@aon.at
  Internet: www.klosterurlaub-luggau.at; www.maria-luggau.at

- **Anfahrt** Bahnstation Kötschach-Mauthen, von dort Bus. ⇒ Mit dem Pkw: ebenfalls über Kötschach-Mauthen.

- **Geschichte** Die Geschichte des Klosters ist aufs engste mit der des Wallfahrtsortes verbunden. 1635 wurden die Serviten als Hüter des 1513 entstandenen Gnadenortes der Schmerzensmutter berufen; sie betreuen ihn seither ununterbrochen.

- **Sehenswürdigkeiten** Die 1536 geweihte Kirche ist nach den Plänen des Innicher Baumeisters Bartholomäus Vierthaler in gotischem Stil erbaut. Nach dem Brand von 1736 wurde sie barockisiert und 1980 im Inneren völlig renoviert.

- **Unterkunft** Bildungshaus Maria Luggau, CH-9655 Maria Luggau 26 (85 Betten). Gäste nach Anfrage, ebenso Gruppen bis zu 40–50 Personen zu Einkehrtagen und Exerzitien oder Kursen.

- **Gottesdienste** So 9.30, 11.00; 13.30 Andacht; Wo 7.00. Mai bis Ende Oktober: Sa 7.30 und 11.00 Wallfahrermesse; So 12.30 Kofelmesse. Von Oktober bis Juli am 3. Sonntag 13.30 Bruderschaftsandacht und Prozession; vom 17. auf den 18. jeden Monats nächtliche Anbetung (19.00 – 24.00).

- **Mitglieder** 3 Patres, 1 Tertiarbruder.

- **Tätigkeiten** Wallfahrtsbetreuung (jährlich ca. 40.000 Pilger). Seelsorgliche Betreuung von zwei Pfarreien.

- **Angebote** „Kloster auf Zeit", geistliche Einzelgespräche, Beichtgelegenheit, Einzel- und Gruppenexerzitien.

Mariastein – BENEDIKTINERKLOSTER

Adresse CH-4115 Mariastein/Solothurn.
Tel. 061 / 7351111, Fax 061 / 7351103.
E-Mail: info@kloster-mariastein.ch, wallfahrt@kloster-mariastein.ch; gaestepater@kloster-mariastein.ch
Internet: www.kloster-mariastein.ch

Anfahrt Von Basel SBB mit der Tram 10 bis Flüh, von dort aus Bus oder Fußweg (30 Minuten). ⇒ Mit dem Pkw: Autobahn Ausfahrt Delémont bis Aesch, dann ausgeschildert; oder Basel – Zoo – Binningen – Oberwil.

Geschichte 1648 übersiedelten die Mönche von Beinwil (Kt. Solothurn, am Passwang, gegründet um 1100 von Hirsau aus unter Mitwirkung des Lokaladels) nach dem ins Ende des 14. Jh.s zurückgehenden Marienwallfahrtsort „im Stein", wo sie die Wallfahrt betreuten und eine kleine Schule führten. Allmählicher Bau des Klosters unter Einbezug der Gnadenstätte. 1655 Weihe der Klosterkirche (in gotischem Stil angefangen, ab 1900 neubarock ausgestattet). Während der Revolutionsjahre 1798–1802 aufgehoben und teilweise verwüstet. Im Kulturkampf 1874 säkularisiert. Der Konvent ging 1875 nach Delle, Frankreich, ins Exil, einige Mönche durften aber zur Betreuung der Wallfahrt zurückbleiben. Von Delle 1901 vertrieben, 1902–1906 in Dürrnberg bei Hallein, Österreich, dann 1906–1941 in Bregenz (St.-Gallus-Stift). 1941 asylrechtlich wieder in Mariastein. 1970/71 staatsrechtliche Wiederherstellung des Klosters.

Sehenswürdigkeiten Klosterkirche (Basilika): klassizistische Turmfassade 1834, Kanzel 1733, Chorgitter 1695, Hochaltar (Geschenk des frz. Königs Ludwig XIV.) 1680, Chorgetäfel ca. 1740, große Orgel, Siebenschmerzenkapelle (Statue der schmerzhaften Gottesmutter, 2. Hälfte 17. Jh.), Mirakelbild 1543. Gnadenkapelle in einer natürlichen Felshöhle, erreichbar durch einen unterirdischen Gang. Gnadenbild mit Stoffbehang (Anfang 17. Jh.), Sakramentsaltar, barocke Arbeit in Marmor 1645.

Unterkunft Im Gästehaus des Klosters, im Hotel Kurhaus Kreuz.

Gottesdienste So: 8.00, 9.30 Konventamt, 11.15; 15.00 Vesper; 20.00 Komplet; Wo: Basilika 9.00 Konventamt, Gnadenkapelle 11.00, 18.00 Vesper, 20.00 Komplet.

| 👥 | **Mitglieder** 23.

| ✍ | **Tätigkeiten** Wallfahrt, Pilgerseelsorge, Klosterladen „Pilgerlaube", eigene Zeitschrift.

| ✴ | **Angebote** „Kloster auf Zeit", geistliche Einzelgespräche, Beichtgelegenheit, Einzel- und Gruppenexerzitien.

Mariazell – SUPERIORAT DER BENEDIKTINERABTEI ST. LAMBRECHT

| ✉ | **Adresse** A-8630 Mariazell/Steiermark, Benedictusplatz 1.
Tel. 03882 / 25950, Fax 03882 / 259520.
E-Mail: office@basilika-mariazell.at
Internet: www.basilika-mariazell.at

| 🚗 | **Anfahrt** Bahnstation St. Pölten, Mariazeller Bahn bis Mariazell. ⇒ Mit dem Pkw: Westautobahn, Ausfahrt St. Pölten; Südautobahn von Wien, Ausfahrt Mürzzuschlag; Schnellstraße von Graz; Murtalschnellstraße von Klagenfurt.

| 🏛 | **Geschichte** 1157 vom Benediktinerstift St. Lambrecht gegründet. Der größte Marienwallfahrtsort Österreichs. Geistiges und religiöses Zentrum der katholischen Völker im Donauraum, besonders der Deutschen, Slawen und Ungarn.

| 📷 | **Sehenswürdigkeiten** Ursprünglich schlichte Holzkapelle. Um 1200 romanische Kirche aus Stein. Gotische Kirche aus dem 14. Jh., davon erhalten: Turm, Portal mit wertvollen Steinreliefs, gotische Gnadenkapelle. Aus dem 17. Jh. barocke Kirche mit Kuppel, Orgel, Mariensäule, Marmorkanzel, formenreichem Stuck, Hochaltar. Mittelpunkt der Basilika: Gnadenkapelle. Spätromanische Gnadenstatue, Gnadenaltar aus Silber (1727), Silbergitter der Kaiserin Maria Theresia (1757). Gesamtrestaurierung der Basilika und Neugestaltung von 1992–2007. Zahlreiche Votivgaben in den Galerien und in zwei Schatzkammern vom 14. Jh. bis in die Gegenwart. Reliquienkammer in der Basilika (nur mit Führungen); Michaelskapelle (Karner, 15. Jh.); Heiligenbrunnkapelle (1711); Kalvarienberg; Kirche St. Sebastian (1644) mit 15 Rosenkranzstationen; Sigmundsbergkapelle

(1471); Bruder-Klaus-Kirche am Hubertussee (1966), Karmel Mariazell. Besichtigungen: Schatzkammer und Galerien (Mai bis Oktober): So und feiertags 11.00–16.00, Di–Sa 10.00–15.00, Montag geschlossen. Führungen: Basilika-Führung samstags nach der Lichterprozession, sonstige Gruppenführungen durch Basilika und Reliquienkammer.

Unterkunft Hotellerie in Mariazell bietet über 2.000 Betten. Außerdem Schwesternhäuser, Pilgerheim der Basilika und zahlreiche Privatunterkünfte.

Gottesdienste Hl. Messen: Mai–Oktober So 8.00, 9.30 Pfarrmesse, 10.00 Festgottesdienst, 11.15, 18.30; Wo 8.00, 10.00, 11.15, 18.30, Pilgermessen auch zu anderen Zeiten. November–April So 8.00, 9.30 Pfarrmesse, 11.15, 18.30; Wo 8.00, 11.15, 18.30. In der Adventzeit 6.00 Rorate (keine Messe um 8.00). Rosenkranz täglich 18.00. Lichterprozession Sa 20.30 (Mai–Oktober). Vesper: So 17.30. Beichtgelegenheit 8.00–12.00, 18.00–19.00 und nach Vereinbarung.

Mitglieder 5–10, je nach Wallfahrtszeit.

Tätigkeiten Wallfahrtsseelsorge, geistliche Begleitung, Pfarrseelsorge.

Angebote Mitleben in der Hausgemeinschaft, Einzelgespräche.

Marienstatt – ZISTERZIENSERABTEI

Adresse D-57629 Marienstatt.
Tel. 02662 / 95350, Fax 02662 / 9535222.
E-Mail: gast@abtei-marienstatt.de
Internet: www.abtei-marienstatt.de

Anfahrt Bahnstation Hachenburg (Strecke Limburg – Köln). ⇒ Mit dem Pkw: A 3, Ausfahrt Hachenburg, oder A 45, Ausfahrt Herborn-West, B 413/B 414.

Geschichte Gegründet wurde Marienstatt 1212 im Gebiet des heutigen „Altenklosters" bei Kirburg/Westerwald. Wegen wirtschaftlich-rechtlicher Schwierigkeiten wurde das Kloster ca. 10 Jahre später an den heutigen Platz im Tal der großen Nister verlegt. Das Kloster nahm wirtschaftlich und personell raschen Aufschwung, der durch Pestzeiten und den Dreißigjährigen Krieg unterbrochen wurde. Um die Mitte des 18. Jh.s fand Marienstatt zu erneuter Blüte. 1803 beendete auch in Marienstatt die Säkularisation das monastische Leben mit der Vertreibung der Mönche. 1888 konnte die Abtei Mehrerau am Bodensee die mittlerweile in den Besitz des Bistums Limburg übergegangenen Klostergebäude erwerben und den Gründungskonvent entsenden.

Sehenswürdigkeiten Abteikirche mit gotischem Schnitzaltar von 1350 und großer Orgel von 1969; im 18. Jh. entstandene Eingangshalle des Klosters mit kostbaren Schnitzereien.

Unterkunft Aufnahme finden Einzelne und Gruppen, die sich in der besonderen Atmosphäre der Arbeit und des Gebets für Gott und füreinander öffnen wollen.

Gottesdienste Eucharistiefeier: So 9.30 lateinisches Konventamt, 11.00; Wo 5.45 lateinisches Konventamt; Sa 18.00. Stundengebet: Wo 5.10, So 6.00 Laudes; 12.15 Mittagshore; Sa 16.30, So 15.30, Mo–Fr 17.30 Vesper; 19.00 Matutin und Komplet.

Mitglieder 13.

Tätigkeiten Seelsorge in Gemeinde und Wallfahrt, alt- und neusprachliches Gymnasium; Kunst- und Buchhandlung.

Melk – BENEDIKTINERSTIFT

Adresse A-3390 Melk/Niederösterreich,
Abt-Berthold-Dietmayr-Straße 1.
Tel. 02752 / 555232, Fax 02752 / 555249.
E-Mail: kultur.tourismus@stiftmelk.at; tours@stiftmelk.at
Internet: www.stiftmelk.at

Anfahrt Bahnstation Melk (Strecke Wien – Linz). ⇒ Mit dem Pkw: A 1, Ausfahrt Melk, oder B 1; mit dem Schiff: auf der Donau.

| 🏛 | **Geschichte** Das Kloster wurde um 1000 als Weltpriesterkollegium von den Babenbergern gegründet. Leopold II. von Babenberg rief am 21. März 1089 die Benediktiner aus Lambach nach Melk. In den Jahren 1702–1739 wurde die jetzige Klosteranlage im Stil des Barock erbaut. 1707 wurde die Klosterschule zu einem Gymnasium publicum erhoben und 1811 durch ein Internat erweitert. Im Jahr 2000 wurde das Stift Melk von der UNESCO zum Weltkulturerbe ernannt.

| 📷 | **Sehenswürdigkeiten** Weitläufiges Barockkloster, Ausstellung „Unterwegs von Gestern ins Heute – Stift Melk in Geschichte und Gegenwart" in den ehemaligen Kaiserzimmern; Marmorsaal, Bibliothek, Stiftskirche – ganzjährig zu besichtigen; Stiftspark Melk mit barockem Gartenpavillon (geöffnet Mai – Oktober).

| ⌐ | **Unterkunft** Jugendherberge und Privatzimmer oder Hotels in Melk (5 bis 10 Minuten Fußweg vom Kloster), Informationen unter: www.niederoesterreich.at/melk.

| ● | **Gottesdienste** So 9.30 (Stiftskirche), Wo 7.00 (Sommersakristei); 12.00–12.20 „In der Mitte des Tages": tägl. Mittagsgebet (Mai – Oktober, Stiftskirche); Weitere Gottesdienstzeiten sind an der Pforte zu erfragen: Tel. 02752 / 555-230 oder -231).

| ♀ | **Mitglieder** 30.

| ⚒ | **Tätigkeiten** Neusprachlich-humanistisches Gymnasium und Oberstufenrealgymnasium mit über 900 Schüler/innen in 36 Klassen; Seelsorge in 23 inkorporierten Pfarreien; kategoriale Seelsorge im Stift; zahlreiche kulturelle Veranstaltungen während des ganzen Jahres.

| 📖 | **Literatur** 900 Jahre Benediktiner in Melk. Ausstellungskatalog zum 900-Jahr-Jubiläum, Stift Melk 1989; Stift Melk – Geschichte und Gegenwart. Stift Melk, Bd. 1 1980, Bd. 2 1981, Bd. 3 1983, Bd. 4 1985; Stift Melk. Geschichte, Kunstschätze und ein Rundgang durch das Kloster, Stift Melk, 6., erw. Aufl. 1991; Stiftsmuseum Melk – ein Führer durch die Museumsräume, Stift Melk 2003; Altabt Burkhard Ellegast, Das Stift Melk (Bildband), Stift Melk 2007.

Mels – **KAPUZINERKLOSTER**

- **Adresse** CH-8887 Mels/St. Gallen.
  Tel. 081 / 725 50 80
  E-Mail: mels@kapuziner.org
  Internet: www.kapuzinermels.ch

- **Anfahrt** Bahnstation Mels (Strecke Zürich – Sargans – Chur), von dort aus 15 Minuten; oder Bahnstation Sargans, von dort aus Bus (Linie Sargans – Mels – Weisstannen, bis Station „Alterswohnungen").

- **Geschichte** 1654 Bau des Klosters, das auf eine Anregung des hl. Karl Borromäus, Bischof von Mailand, der 1570 das Sarganserland besuchte, zurückgeht. Deshalb ist Karl Borromäus auch Patron des Klosters. Mehrmals renoviert und vergrößert, letzte große Renovation 1964–1965. Zurzeit ist eine erneute Renovation im Gange.

- **Gottesdienste** So 7.00 Frühmesse, 18.00 hl. Messe der „Missione cattolica" (ausgenommen am 1. So im Monat); Mo–Sa (außer Mi) 7.00, Mi 19.00 Konventmesse; Do 14.00–16.00 Aussetzung des Allerheiligsten, Rosenkranz und Gebet um Priester- und Ordensberufe. Jeden 1. So im Monat: 17.30 feierliche Vesper in der Klosterkirche.

- **Tätigkeiten** Aushilfsseelsorge im St. Galler Oberland, Rheintal (Bezirk Werdenberg), in Liechtenstein und Graubünden.

Menzingen – **KAPUZINERINNENKLOSTER MARIA HILF, GUBEL**

- **Adresse** Gubel, CH-6313 Menzingen/Zug.
  Tel. 041 / 7571030.
  E-Mail: klostergubel@bluewin.ch

- **Anfahrt** Bahnstation Zug (Strecken Zürich – Zug oder Luzern bis Zug); mit dem Bus: Strecke Zug – Menzingen oder Schindellegi – Menzingen.
  ⇒ Mit dem Pkw: Strecke Menzingen – Gubel; von Menzingen zum Gubel 45 Minuten Fußweg.

| 🏛 | **Geschichte** Gegründet im Jahr 1851, widmet sich dieses beschauliche Kloster Tag und Nacht der Anbetung des Allerheiligsten. Die Abgeschiedenheit in der Klausur soll den Schwestern helfen, die Gottesbeziehung zu pflegen. Maria Hilf ist ein beliebter und gern besuchter Wallfahrtsort.

| 🛏 | **Unterkunft** Im Gasthaus Gubel. Es stehen 3 Doppelzimmer und ein Matratzenlager zur Verfügung. Anmeldung ist erwünscht (Tel. 041 / 7551142).

| ✝ | **Mitglieder** 24.

| ⚒ | **Tätigkeiten** Paramentenwerkstatt, Stickerei, Näherei, Handweberei, Haushalt und Garten.

Meran-Obermais – **KLOSTER MATER SALVATORIS DER SALVATORIANERINNEN**

| ✉ | **Adresse** I-39012 Meran-Obermais/Südtirol, Schönblickstr. 6.
Tel. 0473 / 498 700, Fax 0473 / 498 749.
E-Mail: provinz@sds-meran.org;
Sr. Edyta Grzesiuk SDS: edyta@sds-meran.org
Internet: www.sds-meran.org

| 🚗 | **Anfahrt** Bahnstation Meran, von dort aus Bus Linie 3 bis Virgilstraße.

| 🏛 | **Geschichte** Das Haus in Meran ist das Provinzhaus der Salvatorianerinnen in Südtirol. Es wurde im Jahr 1905 von den Salvatorianer-Patres erbaut und 1912 von den Schwestern übernommen. Gründer der salvatorianischen Ordensfamilie ist der deutsche Priester P. Franziskus vom Kreuz Jordan. 1881 gründete er in Rom die Gesellschaft der Patres und 1888 zusammen mit der deutschen Freifrau Therese von Wüllenweber die Kongregation der Schwestern. Beide strebten von Anfang an internationale Gemeinschaften an. Aus der Überzeugung heraus, dass nur im Salvator, im Erlöser, das wahre Heil zu finden ist, nach dem sich die Menschen aller Zeiten zutiefst sehnen, versuchen die salvatorianischen Kommunitäten in allen Ländern der Welt Zeugnis von der Liebe Christi zu geben.

| 🛏 | **Unterkunft** Die Niederlassung in Meran-Obermais hat außer den Klosterräumen für die Gemeinschaft ein Mädchenheim für über 70 studierende

Jugendliche und einen Gästetrakt für Urlauber, die in religiöser und entspannender Atmosphäre Erholung für Leib und Seele suchen.

| ☉ | **Gottesdienste** So 8.00; Wo 18.00.

| ♱ | **Mitglieder** 21.

| ⇇ | **Tätigkeiten** Internat für Mädchen, Provinzverwaltung, Gästebetreuung.

| ❀ | **Angebote** „Kloster auf Zeit"; Mitleben in der Hausgemeinschaft; Einzel- und Gruppenexerzitien; Ferienmöglichkeit.

Meschede – BENEDIKTINERABTEI KÖNIGSMÜNSTER

| ✉ | **Adresse** D-59872 Meschede, Klosterberg 11.
Tel. 0291 / 29950, Fax 0291 / 2995100.
E-Mail: abtei@koenigsmuenster.de
Internet: www.koenigsmuenster.de

| 🚗 | **Anfahrt** Bahnstation Meschede (Strecke Hagen – Kassel), von da 10 Minuten Fußweg. ⇒ Mit dem Pkw: A 46, Ausfahrt Meschede.

| 🏛 | **Geschichte** Königsmünster gehört zur Kongregation der Missionsbenediktiner von St. Ottilien. Das Kloster wurde 1928 gegründet, um die städtische Schule zu übernehmen, im Zweiten Weltkrieg aufgehoben, ab 1945 wieder besiedelt und 1956 zur selbstständigen Abtei erhoben. Etwa zur gleichen Zeit entstanden die Schulgebäude. 1964 wurde die Abteikirche geweiht. 1981 wurde das Jugendgästehaus „Oase" errichtet und 2001 das „Haus der Stille" eröffnet. Seit 1987 lebt eine kleine Gruppe von Brüdern in der Cella St. Benedikt in der Großstadt Hannover.

| 📷 | **Sehenswürdigkeiten** Im Mittelpunkt des Klostergeländes steht die Abteikirche, 1962–1964 von Hans Schilling aus am Niederrhein gebranntem Klinkerstein erbaut. Gemeinsam mit dem Architekten haben die Brüder in der Architektur die Anliegen der erneuerten Liturgie umgesetzt. Der Kirchbau lebt von den geometrischen Formen der Parabel und des Fünfecks und von der klaren Ausrichtung auf den Altar im Zentrum.

Die zwölf Salbsteine der Kirche erinnern an die unterschiedlichen Gebetsanliegen. Die einzige gegenständliche Darstellung in der Kirche ist das große Triumphkreuz über dem Altar, dessen Krone mit Edelsteinen und Münzen aus allen Zeiten der Geschichte sowie mit einem Splitter eines Meteoriten geschmückt ist. In die Rückwand des Abtsthrons am Scheitelpunkt der Apsis ist eine Christusikone eingelassen, die von einem orthodoxen Mönch gemalt worden ist. Erwähnung verdient auch der rechte Turm der Kirche, der Sakramentsturm mit dem Tabernakel. Durch seine Höhe von 33 m erhält dieser Raum eine besondere Akustik. Im linken (Verkündigungs-)Turm befindet sich die Marienkapelle mit einer spanischen Mariendarstellung aus dem 12. Jh. Darüber ist die Orgel und der Glockenstuhl.

Unterkunft Für männliche Gäste gibt es einige Zimmer im Gastbereich der Abtei. Anfragen dazu bitte rechtzeitig an die Gastbrüder. Männliche und weibliche Gäste jeden Alters können in der „Oase", dem Jugendgästehaus der Abtei, und im „Haus der Stille" unterkommen.

Gottesdienste Mo–Fr 6.30 Morgenhore; 12.15 Mittagshore; 17.45 Konventamt und Vesper; 19.40 Komplet. Das Stundengebet wird in deutscher Sprache gesungen, im Konventamt wird gregorianischer Choral gesungen.

Mitglieder 50.

Tätigkeiten Gymnasium mit etwa 700 Schülerinnen und Schülern; Jugend- und Gästearbeit; Handwerksbetriebe: Kunstschmiede, Schreinerei, Schneiderei, Weberei, Töpferei, Bäckerei/Konditorei und Metzgerei; kleine Gärtnerei; Landwirtschaft; Buch- und Kunsthandlung; Abteigaststätte; wissenschaftliche Arbeit, besonders in den Bereichen Gregorianik, Kirchengeschichte und Kirchenrecht; Seelsorge in Krankenhäusern, Studentengemeinde, Einzelbegleitung und Vorträgen. Drei Brüder sind zur Zeit in der Mission in Korea, Mosambik und Tansania tätig.

Angebote Kursangebot in „Oase" und „Haus der Stille" (wird auf Anfrage zugesandt oder ist im Internet einzusehen); für Einzelgäste: Teilnahme am Leben der Gemeinschaft; Gespräche, psychologische Beratung und geistliche Begleitung nach Absprache; Abteigespräche, Abteikonzerte und Autorenlesungen; Tagesveranstaltungen und Einkehrtage im AbteiForum; Adventsmarkt jährlich am ersten Adventswochenende.

Literatur Nikolaus Nonn, Tage im Kloster (Topos-Taschenbuch 773), Mainz 2011. Viermal im Jahr erscheint der „Gruß aus Königsmünster"; jeden Frühsommer der „Jahresbericht Königsmünster", der über einen Aufgabenbereich des Klosters und über das abgelaufene Jahr informiert. CDs mit Aufnahmen der Choralschola sind über die Buch- und Kunsthandlung erhältlich.

Metten – BENEDIKTINERABTEI ST. MICHAEL

Adresse D-94526 Metten, Abteistr. 3.
Tel. 0991 / 91080, Fax 0991 / 9108 100.
E-Mail: abt.wolfgang@t-online.de
Inernet: www.kloster-metten.de

Anfahrt Bahnstation: Hauptbahnhof Deggendorf, dann Linienbus oder Taxi nach Metten (5 km), ⇒ Mit dem Pkw: Autobahn A 3 Ausfahrt Metten (Routenplaner auf der Internetseite).

Geschichte Um 766 stellte der Pfarrer und Grundherr von Michaelsbuch, der selige Gamelbert, seinen Grundbesitz auf der Donaunordseite zur Gründung eines Klosters zur Verfügung und setzte seinen Neffen Utto, der auf der Klosterinsel Reichenau ausgebildet wurde, als ersten Abt ein. Kaiser Karl der Große stattete das Kloster mit Grundbesitz aus. 1803 wurde das Kloster säkularisiert, aber bereits 1830 von König Ludwig I. als erstes Kloster in Bayern wiedererrichtet. Von Metten aus wurden eine Reihe bayerischer Abteien wieder ins Leben gerufen. Im Jahre 1846 kam von Metten aus der Benediktinerorden erstmals in die USA.

Sehenswürdigkeiten Barocke Anlage mit Kirche, Bibliothek und Festsaal.

Unterkunft nur für Männer im Kloster.

Gottesdienste So 7.45, 9.00 (Konventmesse), 10.15; Wo Konventmesse 5.55 in der Benediktuskapelle; Stundengebet in der Klausur.

Mitglieder 14.

| ⚙ | **Tätigkeiten** Gymnasium, wissenschaftliches Arbeiten, Pfarrseelsorge, Land- und Forstwirtschaft, Gärtnerei, Buchbinderei, Schreinerei, Elektrizitätswerk, Bauabteilung, Schneiderei.

| ✺ | **Angebote** „Mitleben im Kloster" für männliche Einzelgäste, geistliche Einzelgespräche.

Mödling – MISSIONSHAUS ST. GABRIEL DER GESELLSCHAFT DES GÖTTLICHEN WORTES (STEYLER MISSIONARE)

| ✉ | **Adresse** Gabrielerstraße 171, Maria Enzersdorf.
Post: A-2340 Maria Enzersdorf.
Tel.: 02236 / 803, Fax: 02236 / 803-103.
E-Mail: rektor.stgabriel@steyler.at
Internet: www.stgabriel.at

| 🚗 | **Anfahrt** Bahnstation Mödling. ⇒ Mit dem Pkw: A 21, Ausfahrt Brunn am Gebirge, oder A 2, Ausfahrt Mödling.

| 🏛 | **Geschichte** Gründung 1889 durch den Ordensgründer der Steyler Missionare, Pater Arnold Janssen, als Ausbildungsstätte künftiger Ordensmissionare. Ca. 2.500 Priester- und Brüdermissionare wurden hier ausgebildet und in „Missionsländer" gesandt.

| 📷 | **Sehenswürdigkeiten** Neuromanische Hl.-Geist-Kirche mit Mosaiken und Glasfenstern.

| 🛏 | **Unterkunft** Im Missionshaus auf Anfrage.

| ● | **Gottesdienste** So 9.00, Wo 6.30, Do 18.00.

| 👤 | **Mitglieder** ca. 50.

| ⚙ | **Tätigkeiten** Zeitschriftenapostolat St. Gabriel („Stadt Gottes", „Weite Welt", „Michaelskalender", „Pico"), Missionsprokur zur Unterstützung von weltweiten Projekten des Ordens, Steyler Bank, Jugendpastoral „Weltdorf St. Gabriel", Provinzialat der Gesellschaft des Göttlichen Wortes in Österreich und Kroatien.

| ☼ | **Angebote** Jugendpastoral (Internationales Pfingstfest), Programm „Missionar auf Zeit"; Orgeltage, Vortragsreihe, Einzelbegleitung und stille Tage nach Absprache. Details auf Anfrage oder im Internet einsehbar. Außerdem befinden sich hier u.a. die Buchhandlung St. Gabriel, die Caritas-Flüchtlingshilfe und ein Montessori-Kindergarten/-Schule. Geplant ist ein Bildungs- und Veranstaltungszentrum (Eröffnung 2017).

Mönchengladbach – **KLOSTER NEUWERK DER SALVATORIANERINNEN**

| ✉ | **Adresse** D-41066 Mönchengladbach, Dammer Straße 165.
Tel. 02161 / 668-0, Fax 02161 / 668-2599.
E-Mail: klosterneuwerk@aol.com
Internet: www.klosterkirche-neuwerk.de

| 🚗 | **Anfahrt** Bahnstation Mönchengladbach. ⇒ Mit dem Pkw: A 52, Ausfahrt Mönchengladbach-Neuwerk.

| 🏛 | **Geschichte** Ehemaliges Benediktinerinnenstift, gegründet im 12. Jh. durch die Benediktinerabtei Mönchengladbach; während der Säkularisation 1802 aufgehoben; Privatgebäude; 1876 gekauft von Therese von Wüllenweber (später Maria von den Aposteln, 1968 selig gesprochen) zum Zweck der Gründung einer Ordensgemeinschaft für Frauen, die sich besonders auch der Missionsarbeit widmen sollten; wegen damaliger Kulturkampfgesetze hatten ihre Bemühungen keinen sichtbaren Erfolg; darum 1888 ihre Übersiedlung nach Rom und dort Gründung der Ordensgemeinschaft der Schwestern vom Göttlichen Heiland (Salvatorianerinnen). Im ehemaligen Kloster Neuwerk 1889 Einrichtung eines Krankenhauses durch Nonnenwerther Franziskanerinnen; 1961 Übernahme des Krankenhauses durch die Salvatorianerinnen; Neubau des Krankenhauses getrennt vom Klostergebäude; Restaurierung von Kloster und romanischer Klosterkirche.

| 📷 | **Sehenswürdigkeiten** Stehende gotische Madonna (1500); Triptychon (Flügelaltar) eines Rembrandt-Schülers (1630–1650); Malereien an der Brüstung der Empore (Szenen aus dem Leben Jesu); Rankenmalerei an der Gewölbedecke der Empore.

| ⊨ | **Unterkunft** Im Kloster keine Unterkunftsmöglichkeit für Gäste.

| ⦿ | **Gottesdienste** So 9.30 (Krankenhauskapelle), Fr 18.30 Eucharistiefeier (Klosterkirche); So 18.30 Vesper (Klosterkirche).

| ♦ | **Mitglieder** 32.

| ⚒ | **Tätigkeiten** Mitarbeit im Krankenhaus; pastorale Arbeit außerhalb des Klosters in den Pfarreien.

| ✹ | **Angebote** Kulturelle Veranstaltungen des Förderkreises Klosterkirche. Jahresangebote auf Anfrage oder im Internet unter „Aktuelle Termine" einsehbar.

München – **BENEDIKTINERABTEI ST. BONIFAZ MÜNCHEN**

| ✉ | **Adresse** D-80333 München, Karlstraße 34.
Tel. 089 / 551710, Fax 089 / 55171100.
E-Mail: abtei@sankt-bonifaz.de
Internet: www.sankt-bonifaz.de

| ⊨ | **Anfahrt** Bahnstation München Hbf, von dort 1 U-Bahn-Station (Königsplatz) bzw. kurzer Fußweg.

| 🏛 | **Geschichte** Von König Ludwig I. gestiftet und am 24.11.1850 eingeweiht. Kloster Andechs am 17.3.1455 von Herzog Albrecht III. von Bayern gegründet; am 1.4.1803 aufgehoben; 1846 von König Ludwig I. von Bayern erworben und 1850 wiedererrichtet und St. Bonifaz angegliedert als Wirtschaftspriorat. Das Kloster St. Bonifaz und die mit ihm verbundene fünfschiffige Basilika (von G. F. Ziebland nach dem Vorbild frühchristlicher Basiliken in Italien gebaut) wurden im Zweiten Weltkrieg schwer beschädigt. Die Hälfte der Basilika wurde bis 1949 von H. Döllgast wieder aufgebaut und 1994/95 von F. Koller und P. Burkart künstlerisch gestaltet. Auf dem Ruinengelände wurde bis 1971 ein Neubau für die Pfarrseelsorge und die Bildungsarbeit der Abtei errichtet (Architekt C. Th. Horn). Ergänzend wurde bis 2001 auf dem Klostergrund ein Neubau für die Obdachlosenhilfe und die Jugendarbeit errichtet (Architekt Alexander Frhr. von Branca).

| ⌐ | **Unterkunft** Beherbergung von Gästen im Allgemeinen nicht möglich. Gastmeister P. Wolfgang Pümer (gastmeister@sankt-bonifaz.de).

| ◉ | **Gottesdienste** So 9.00 Pfarr- und Konventmesse; 10.30 Kindergottesdienst; 11.30 Messe; 18.15 Vesper; 19.00 Messe. Mo–Fr 18.00 Messe (Di und Do 18.00 Konventmesse mit Vesper); 19.30 Komplet; Sa 18.00 Vorabendmesse; 19.30 Komplet.

| ✝ | **Mitglieder** Abtei St. Bonifaz München 12 (Kloster Andechs 6)

| ✹ | **Angebot** Ein reichhaltiges Bildungsprogramm („Colloquium St. Bonifaz") beinhaltet Vorträge, Gespräche, Kirchenmusik (bedeutende Mühleisen-Orgel 1977). Weitere Aufgabengebiete: Stadtseelsorge, Jugendarbeit, Wissenschaft und Obdachlosenhilfe.

| 📖 | **Literatur** Schnell & Steiner Kunstführer Nr. 426, 4. Aufl. 1997; Lebendige Steine: St. Bonifaz in München, 150 Jahre Benediktinerabtei und Pfarrei (Ausstellungskatalog München 2000).

Münster – CANISIUSHAUS / BRÜDERGEMEINSCHAFT DER CANISIANER

| ✉ | **Adresse** D-48151 Münster, Canisiusweg 23.
Tel. 0251 / 77768-0, Fax 0251 / 77768-115.
E-Mail: info@canisianer.de
Internet: www.canisianer.de

| 🚗 | **Anfahrt** Hbf Münster, Bussteig C1, Buslinie 10 bis Haltestelle Kleihorststraße. ⇒ Mit dem Pkw: Autobahn A 1 bis Abfahrt Münster-Süd, B 51 Richtung Münster, 1. Ampel links, 2. Ampel rechts ins Wohngebiet.

| 🏛 | **Geschichte** 1952 wurde der Brüdergemeinschaft der Canisianer in Münster von Bischof Dr. Michael Keller ein Haus zur Noviziatsausbildung (die Zeit der Ausbildung und Einführung junger Brüder in die Gemeinschaft) überlassen. 1965 wurde die Leitung der Brüdergemeinschaft vom Herz-Jesu-Kloster Vreden ins Canisiushaus verlegt. Von 1969 bis 2014 lebten auch Clemensschwestern mit im Canisiushaus. Im Erweiterungstrakt (1982) wurde eine Anlaufstelle für Menschen in Not eingerichtet. Inzwischen ist

das Canisiushaus über die Aufgabe der Ausbildung und Leitung hinaus auch Wohnort für die Brüder, die außerhalb des Hauses einer Tätigkeit nachgehen. Hier treffen sich die Brüder zu den Tagen der Begegnung, zu Feiern der Gemeinschaft. Somit hat sich das Canisiushaus zu einem Zentrum für die Brüdergemeinschaft entwickelt. Das Canisiushaus ist aber kein in sich abgeschlossenes Haus, das nur eine „interne" Bedeutung hat, sondern es steht auch Menschen zur Verfügung, die auf der Suche nach Lebensorientierung und Glaubensfindung sind.

Unterkunft Doppel- und Einzelzimmer mit Dusche/WC und Einzelzimmer ohne Dusche/WC für maximal 12 Personen.

Gottesdienste So 9.00, Di und Do 18.00 Messe; Mo–Fr 7.00, Sa und So 7.30 Laudes, 18.00 Vesper (außer Di und Do).

Mitglieder 35 (gesamte Brüdergemeinschaft). Im Haus 10 Brüder.

Tätigkeiten Die Brüder sind hauptsächlich in sozialen und pastoralen Aufgaben außerhalb des Hauses tätig.

Angebote Exerzitien und Tage der Stille nach Absprache, Kloster auf Zeit auf Anfrage. Auch für kleinere Tagungen ist das Canisiushaus sehr gut geeignet.

Münsterschwarzach – **BENEDIKTINERABTEI**

Adresse D-97359 Münsterschwarzach.
Tel. 09324 / 200, Fax 09324 / 20211.
E-Mail: abtei.muensterschwarzach@t-online.de
Internet: www.abtei-muensterschwarzach.de

Anfahrt Nächster Bahnhof: Kitzingen, von dort Bahnbus in Richtung Volkach; übernächster Bahnhof: Würzburg. ⇒ Mit dem Pkw: A 3 Würzburg – Nürnberg bzw. Biebelrieder Kreuz, Ausfahrt (74) Schwarzach.

Geschichte Um 788 wurde Münsterschwarzach nahe der Mündung der Schwarzach in den Main als Frauenkloster gegründet. Nach dessen Erlöschen übernahmen es im Jahre 877 Mönche des 816 errichteten Benediktinerklosters Megingaudshausen bei Scheinfeld/Mfr. Im 11. Jh. erlebte die Abtei eine Blütezeit. Abt Walter baute eine romanische Basilika (Weihe 1023), die Abt Egbert 1066 vollendete. Münsterschwarzach schloss sich den Reformbewegungen von Gorze (1001 und 1047), Hirsau (um 1135) und Bursfelde (1480) an. 1525 verbrannten Archiv und Bibliothek. Im Dreißigjährigen Krieg wurden die Mönche vertrieben (1635). Im 18. Jh. erfolgte durch J. Greising eine bauliche Erneuerung. Balthasar Neumann errichtete die Barockbasilika (1743). 1803 hob der bayerische Kurfürst das Kloster auf. 1913 wurde Münsterschwarzach durch die Kongregation der Missionsbenediktiner wieder errichtet. 1935 bis 1937 erfolgte der Bau der Kirche. 1941–1945 traf das Schicksal der Vertreibung das Kloster ein weiteres Mal. Heute jedoch stellt die Abtei wieder ein Zentrum benediktinischen Lebens dar.

Sehenswürdigkeiten Abteikirche, 1935–1938 nach Plänen von Prof. Albert Boßlet, Speyer, errichtet; vorgelagert das Torhaus von 1652. Zur Besichtigung lädt das neue Kloster-Informationszentrum ein mit einer erlebnisorientierten Ausstellung.

Unterkunft Gäste- und Exerzitienhaus der Abtei mit 150 Betten, Gaststätten im Ort.

Gottesdienste So 6.10 Morgenhore; 9.00 Konventamt; 11.45 Mittagshore; 17.45 Abendhore; 19.30 Nachthore. Wo 5.05 Morgenhore; 6.15 Konventamt; 12.00 Mittagshore; Do 17.30 Konventamt, Abendhore; Mo–Mi, Fr, Sa 18.00 Abendhore; 19.35 Nachthore.

Mitglieder 100.

Tätigkeiten Gymnasium mit Tagesheim; Seelsorge; Mission in Ost- und Südafrika, Südkorea und Philippinen; Landwirtschaft; Vier-Türme-Verlag, Druckerei; FAIR-Handel GmbH; Gold- u. Silberschmiede; Bäckerei; Metzgerei; Buch- und Kunsthandlung.

Angebote Seelsorge- und Bildungsaufgaben; Schwerpunkte: Erwachsenenbildung, Jugendarbeit, geistliche Begleitung von Priestern und Ordensleuten im Recollectio-Haus.

Literatur Anselm Grün, Gemeinsam Gott suchen. Benediktinisches Leben in der Abtei Münsterschwarzach, Vier-Türme-Verlag, Münsterschwarzach 2012.

Müstair – **BENEDIKTINERINNENPRIORAT KLOSTER ST. JOHANN**

Adresse CH-7537 Müstair.
Tel. Pforte 081 / 8516222, Gästehaus 081/8516223, Tourismus – Klosterführungen – Laden 081/8516228.
E-Mail: kloster@muestair.ch; museum@muestair.ch
Internet: www.muestair.ch

Anfahrt Mit der Bahn über Landquart – Klosters durch den Vereinatunnel nach Zernez. Von dort mit dem Postauto über den Ofenpass nach Müstair. ⇒ Mit dem Pkw: Über den Flüelapass oder durch den Vereinatunnel – Zernez – Ofenpass – Müstair. Für Anreisende aus Deutschland, je nach Wohnort: Route Landeck (Österreich) – Reschenpass – Mals/Malles (Italien) – Müstair. Oder mit der Vinschgerbahn von Bozen – Meran – Mals, dann mit dem Schweizer Postauto bis Müstair.

Geschichte Bereits im späten 8. Jh. als karolingischer Mönchskonvent gegründet, besteht es seit dem 12. Jh. ununterbrochen als Frauenkloster.

Sehenswürdigkeiten Die Kirche des Klosters birgt die größten zusammenhängenden karolingischen und romanischen Wandmalereien und ist ins Weltkulturerbe der UNESCO aufgenommen worden. Spezielles Klostermuseum – Führungen: Besuch des Plantaturms!

Unterkunft Im Gästehaus des Klosters (mind. 2 Übernachtungen!).

Gottesdienste So 5.55 Vigil, 7.30 Laudes, 10.00 bzw. 9.00 Pfarreigottesdienst, 10.30 Mittagshore, 17.30 Vesper, 19.30 Komplet; Wo 5.30 Vigil, 7.05 Laudes, 7.30 Konventmesse, 11.00 Mittagshore, 17.00 Rosenkranz, 17.30 Vesper, 19.30 Komplet (Chorgebet dt. u. lat.).

Mitglieder 10.

Tätigkeiten Biologische Gärten, Handarbeiten.

Angebote Museum, kleines Gästehaus, Fastenkurse, Exerzitien, Teilnahme am Chorgebet, Wandern, Spazieren im Nationalpark.

Literatur Louise Gnädinger, Müstair, Pendo Verlag, Zürich 1994 (nur im

Kloster erhältlich); Jürg Goll/Matthias Exner/Susanne Hirsch, Müstair. Die mittelalterlichen Wandbilder in der Klosterkirche. UNESCO-Welterbe. Hrsg. Freunde der Klosters St. Johann in Müstair. Mit Falttafeln von Michael Wolf, Zürich 2007; Aleksis Dind/Jürg Goll, Müstair. Kloster St. Johann, red. von Jürg Goll, Schnell & Steiner Kunstführer Nr. 10601, 30. dt. Aufl., Regensburg 2008. Jürg Goll, Müstair. Klostermuseum. Fotos und Zeichnungen: Aleksis Dind, Schnell & Steiner Kunstführer Nr. 2597, Regensburg 2004.

Muotathal – **FRANZISKANERINNENKLOSTER ST. JOSEF**

| ✉ | **Adresse** CH-6436 Muotathal/Schwyz.
Tel. 041 / 8301114.
E-Mail: kloster@minoritinnen.ch
Internet: www.minoritinnen.ch

| 🚌 | **Anfahrt** Bahnstation Schwyz, von dort Bus Nr. 1 ins Muotathal bis zur Station Sternen, von dort 6 Minuten zu Fuß.

| 🏛 | **Geschichte** Das Kloster St. Josef in Muotathal reicht zurück in die Zeit vor der Gründung der Eidgenossenschaft. Beginen hatten sich an der Muota, wo ein sehr altes Kapellchen stand, niedergelassen zu einer kleinen Gemeinschaft. 1288 unterstellten sie sich dem Schutz der Barfüßer zu Luzern. 1344 erhielten sie endgültig die dritte Regel des heiligen Franziskus von Assisi. Etwa 350 Jahre später zogen die Minoritinnen in das weiter oben neu erbaute Kloster ein. Wassernot und Erdbeben hatten sie gezwungen, das alte Kloster aufzugeben.

| 📷 | **Sehenswürdigkeiten** Gründungsbrief von 1288; erste Klosterchronik aus dem Jahr 1288; alte Klosterkirche.

| 🛏 | **Unterkunft** Im Gästehaus für Einzelpersonen und kleine Gruppen, die Stille und das Gebet suchen. Es ist möglich, an der hl. Messe und am Chorgebet teilzunehmen.

| 🕯 | **Gottesdienste** 6.00 Matutin und Laudes; Wo 7.30, So 10.00 Messe; 11.30 Mittagshore; 17.30 Vesper; 20.00 Komplet.

| ♀ | **Mitglieder** 6.

| ✦ | **Tätigkeiten** An erster Stelle das Gebet; Handarbeiten, Haus- und Gartenarbeit; Briefapostolat, Gespräche mit Hilfesuchenden. Haus der Stille für Menschen, die Stille und Zurückgezogenheit suchen.

| 📖 | **Literatur** Alois Gwerder, 700 Jahre Frauenkloster Muotathal 1288–1988, Kloster Muotathal 1988.

Näfels – FRANZISKANERKLOSTER MARIABURG

| ✉ | **Adresse** CH-8752 Näfels (Kanton Glarus), Klosterweg 10. Tel. 055 / 6122818, Fax 055 / 6122827.
E-Mail: naefels@franziskaner.ch
Internet: www.franziskaner.ch>standorte>naefels

| 🚗 | **Anfahrt** Bahnstation „Näfels-Mollis", zu erreichen über die Strecke Zürich – Chur mit Umsteigen in Ziegelbrücke auf die Strecke Ziegelbrücke – Linthal. ⇒ Mit dem Pkw: Autobahn Zürich – Sargans – Chur, Ausfahrt Niederurnen/Näfels/Glarus (A3, Ausfahrt 44).

| 🏛 | **Geschichte** Das Kloster wurde nach langen Auseinandersetzungen mit dem protestantischen Teil der Bevölkerung des Kantons Glarus auf dem alten Burghügel von Näfels 1675 als Kapuzinerkloster gebaut. Hauptaufgabe war die seelsorgliche Betreuung der in der Diaspora lebenden Katholiken. 1831 wurde dem Kloster eine Sekundarschule angegliedert, die 1984 geschlossen werden musste. 1986 haben die Kapuziner (OFMCap) das Kloster wegen Nachwuchsmangels den Franziskanern (OFM) geschenkt. Heute dient es der Schweizer Franziskanerkustodie Christ-König als Altersheim sowie als ordensinternes Weiterbildungs- und Versammlungshaus.

| 📷 | **Sehenswürdigkeiten** Klosterkirche: schlichtes Gotteshaus mit frühbarocken Altären von J. M. Hunger, Rapperswil; Jubiläumskreuzweg am alten Bergweg zum Obersee (Bildstöckli – Brand), errichtet anlässlich des siebenhundertjährigen Bestehens der Schweiz.

| 🛏 | **Unterkunft** Im Gästetrakt des Klosters.

| ◉ | **Gottesdienste** So 8.00, Mo–Sa (außer Mi) 6.30; Mi 19.30.

| ♱ | **Mitglieder** 8 bis 10.

| ⚘ | **Tätigkeiten** Aushilfsseelsorge im Glarnerland und Umgebung; Spital- und Heim-Seelsorge; Schriftstellerei; geistliche Assistenz der Franziskanischen Gemeinschaft (ehemals III. Orden); Kommissariat vom Heiligen Land; Heilungsdienst; Straßenarbeit; Missionsverein.

| ✺ | **Angebote** „Kloster auf Zeit", Mitleben in der Hausgemeinschaft, geistliche Einzelgespräche, Kurse in franziskanischer Spiritualität sowie Einkehrtage gemäß besonderem Programm.

| 📖 | **Literatur** P. Fidelis Schorer OFM, Franziskanerkloster Mariaburg auf dem Näfelser Burgstock, Näfels, 2. erweiterte und verbesserte Auflage 2004 Beuroner Kunstverlag Josef Fink (ISBN 3-89870-165-4).

Neresheim – **BENEDIKTINERABTEI**

| ✉ | **Adresse** D-73450 Neresheim.
Tel. (Abtei) 07326 / 8501, (Klosterhospiz) 07326 / 964420,
Fax (Abtei) 07326 / 85133, (Klosterhospiz) 07326 / 96442202.
E-Mail: (Abtei) verwaltung@abtei-neresheim.de, (Prior-Administrator) p.prior@abtei-neresheim.de, (Klosterhospiz) neresheim@tagungshaus.net, (Martin-Knoller-Haus) martin-knoller-haus@klosterhospiz-neresheim.de
Internet: www.abtei-neresheim.de

| 🚗 | **Anfahrt** Bahnstationen Heidenheim, Aalen oder Nördlingen. ⇒ Mit dem Pkw: A 7 Ulm – Würzburg, Ausfahrten Heidenheim oder Aalen/ Ebnat.

| 🏛 | **Geschichte** Die Abtei Neresheim wurde 1095 von Graf Hartmann I. und Gräfin Adelheid von Dillingen-Kyburg als Chorherrenstift gegründet. 1106 wurde sie Benediktinerkloster Hirsauer Prägung. Im Machtstreit zwischen Kaiser und Papst musste die Abtei im 13. Jh. mehrfach Raub und Brandschatzung über sich ergehen lassen. Während des Bauernkrieges wurde das Kloster mehrfach belagert. Im 15. Jh. übernahm die Abtei die Melker Reform. Blütezeit unter Abt Johannes Vinsternau (1510–1529). Die Reformation und ihre Lehre fanden keinen Widerhall. Vielmehr setzte sich die Abtei

im Zuge der Gegenreformation sehr für die Erhaltung des katholischen Glaubens ein. Im Verlauf des Dreißigjährigen Krieges musste das Kloster manche Drangsal erdulden, 1647 zählte es nur noch vier Mönche. Ende des 17., Anfang des 18. Jh.s Neubau der Wirtschafts- und Konventgebäude. 1747–1792 Errichtung der barocken Abteikirche nach Plänen von Balthasar Neumann. Die Kirche ist ein Stück Weltarchitektur, ein Höhepunkt der Baukunst überhaupt. Der Tiroler Martin Knoller malte jeweils in den Sommermonaten der Jahre 1770–1775 die sieben Kuppelfresken in einer Sternstunde abendländischer Freskomalerei. 1802 beendete die Säkularisation das 700-jährige Bestehen der Abtei; sie fiel an die Fürsten von Thurn und Taxis. Es dauerte mehr als 100 Jahre, ehe Benediktiner der Beuroner Kongregation im Jahre 1919 mönchisches Leben auf den Neresheimer Ulrichsberg zurückbringen konnten. 1920 Wiedererrichtung als Abtei. 1966–1975 wurde die Abteikirche in einer beispielhaften Gemeinschaftsleistung von Kloster, Staat und Bevölkerung umfassend saniert und restauriert.

Sehenswürdigkeiten Die barocke Abteikirche, die Kuppelfresken Martin Knollers. Führungen durch die Abteikirche täglich (Ostern bis Allerheiligen) 11.00, 15.00; sonntags 11.15, 15.15. Klostermuseum, Führungen nach schriftlicher Anmeldung: Br. Wolfgang Aumer OSB, Bendiktinerabtei, Kloster Neresheim 12, 73450 Neresheim, oder: verwaltung@abtei-neresheim.de

Unterkunft Im Klosterhospiz; 80 Betten mit Gastwirtschaft und Gästehaus.

Gottesdienste 5.00 Vigilien und Laudes (im Kapitelsaal); Wo 9.00 Terz und Konventamt, So 10.00 Konventamt mit gregorianischem Choral; 12.05 Mittagshore; So 14.30, Wo 18.00 Vesper; 19.35 Komplet.

Mitglieder 10

Tätigkeiten Die heutigen Aktivitäten der Kommunität umfassen vor allem die Pflege der Liturgie, die Betreuung der Klosterpfarrei Neresheim und Aushilfen im Umkreis, Exerzitien und Einkehrtage im Klosterhospiz und die Gästebetreuung. Die Abtei betreut auch die Jugendbegegnungsstätte „Martin-Knoller-Haus" und lädt junge Männer zu Tagen im Kloster ein. Landwirtschaftlicher Gutsbetrieb; Bäckerei. Religionsunterricht am Gymnasium; Buch- und Kunstbuchhandlung (Tel. 07326 / 85106); Knabenchor Abtei Neresheim (Leitung: P. Prior Albert Knebel OSB (Tel. 07326 / 85190, E-Mail: p.prior@abtei-neresheim.de).

Angebote Aufenthalt für (männliche) Einzelgäste in der Klausur (nur schriftliche Anmeldung beim Gastpater); „Kloster auf Zeit" für junge Männer ab 16 Jahren. Begleitung: P. Gregor Hammes OSB (Tel. 0763 / 85189, Fax 07326 / 85133, E-Mail: p.gregor@abtei-neresheim.de).

Literatur Bernhard Schütz, Großer Kunstführer, Kunstverlag Josef Fink, Lindenberg/Allgäu 1999; Wolfgang Aumer OSB, Kleiner Kunstführer, Verlag Schnell & Steiner, Regensburg, 9. Aufl. 2002.

Neumarkt – KAPUZINERKLOSTER

Adresse I-39044 Neumarkt/Südtirol, Boznerstraße 2.
Tel. 0471 / 812214 – Fax 0471 / 823917.
E-Mail: neumarkt@kapuziner.org
Internet: www.kapuziner-suedtirol.org oder
www.kapuziner.org/suedtirol

Anfahrt Auf der Strecke Bozen – Verona mit Personenzug Neumarkt, mit Schnellzug Auer (Bus bis Neumarkt oder Abholung). ⇒ Mit dem Pkw: Brennerautobahn, Ausfahrt Neumarkt/Auer, ins Zentrum von Neumarkt fahren.

Geschichte Der Hauptförderer dieser Niederlassung war der aus Neumarkt gebürtige P. Angelus Pichler. Dabei unterstützte ihn sein Vater und nach dessen Tod der Bruder Matthias. Dieser spendete den ganzen Baugrund für Kirche, Kloster und Garten. Auch Neumarkt und die Orte der Umgebung beteiligten sich durch verschiedene Beiträge. Der Grundstein wurde 1617 gelegt. Die Kirche weihte am 8. Mai 1621 der Trienter Weihbischof Petrus Belli. 1810 aufgehoben, bezog man es wieder 1814. In der Seitenkapelle ist das Gnadenbild der Mutter Gottes.
Seit 1966 wird das Kloster als „Kloster zum Mitleben", als Haus der Einkehr und Besinnung geführt. Dem Kloster angegliedert ist Gschnon, 1632 bzw. 1664 auf 950 m Meereshöhe als Sommeraufenthalt gebaut, weil das Etschtal im Sommer damals sehr malariagefährdet war. Das stimmungsvolle Klösterchen mit seinen 12 einfachen Zellen wird heute im Sommer von Neumarkt aus für Glaubenswochen benutzt.

Unterkunft Im Kloster.

| ☉ | **Gottesdienste** So 8.00, Wo 9.00. Jeden Tag einfaches Chorgebet.

| ♱ | **Mitglieder** 3.

| ✺ | **Angebote** Wir bieten nicht „Ferien im Kloster" und keine Gruppen- oder Kursangebote, sondern ein Kloster zum Mitleben, z.B. für eine Woche oder einen Monat. Erwünscht ist ein ausführliches Vorgespräch bzw. eine Kontaktaufnahme mit Schnupperwoche. Willkommen sind Männer und Frauen über 18, die Stille, Gebet oder Exerzitien suchen, die Glaubens- oder Lebensprobleme überprüfen wollen, die neue Zugänge zu Bibel und Liturgie suchen oder franziskanische Lebensinhalte lernen möchten. Familienhafte Atmosphäre mit Anschluss an die Klostergemeinschaft; begrenzte Aufnahmemöglichkeit.

Niederaltaich – BENEDIKTINERABTEI

| ✉ | **Adresse** D-94557 Niederaltaich, Mauritiushof 1.
Tel. 09901 / 2080 (Pforte), 09901 / 2086 (Gästehaus),
Fax 09901 / 208141 (Pforte), 09901 / 208250 (Gästehaus)
E-Mail: st.pirmin@abtei-niederaltaich.de (Gästehaus),
abtei@ abtei-niederaltaich.de
Internet: www.abtei-niederaltaich.de

| 🚗 | **Anfahrt** Bahnstation Plattling (Strecke Nürnberg – Wien und München – Passau); dort Bahnanschluss nach Deggendorf; von da mit Bahnbus oder Taxi. ⇒ Mit dem Pkw: A 3 (Nürnberg – Passau), Ausfahrt (111) Hengersberg/Niederaltaich.

| 🏛 | **Geschichte** Das Kloster, eine Gründung des Bayernherzogs Odilo, besiedelten 731 Benediktiner aus der Reichenau. Die Mönche leisteten fruchtbare Kultivierungsarbeit in den Bayer- und Böhmerwald hinein. Hochblüte unter Abt Gotthard (996–1022), der mit Kaiser Heinrich zusammen die Klosterreform in Bayern und darüber hinaus betrieb. Nach religiösen und wirtschaftlichen Krisen kam eine zweite Blütezeit im Barock, in der das Barockkloster und die jetzige Gestalt der Kirche entstanden. Nach der Säkularisation 1803 blieb das Kloster unbesiedelt bis 1918 und wurde z.T. abgebrochen. Der Neuanfang in unserem Jahrhundert erbrachte Früchte in der Erziehungsarbeit in Schule und Internat und in der ökumenischen

Arbeit. Es wurde eine byzantinische Kirche eingerichtet, in der ein Teil der Mönche täglich das Chorgebet im Ritus der Ostkirche feiert.

| 🖼 | **Sehenswürdigkeiten** Barockbasilika mit berühmter Sakristei; barocke Gesamtanlage; byzantinische Kirche mit Kapelle.

| 🛏 | **Unterkunft** Direkt im klostereigenen Gäste- und Tagungshaus St. Pirmin.

| ✪ | **Gottesdienste** 2. und 4. So 9.30 byzantin. Liturgie; 1., 3. und 5. So 10.30 latein. Choralamt; Möglichkeit zur Teilnahme am Chorgebet im römischen und byzantinischen Ritus.

| ✝ | **Mitglieder** 28.

| ⚒ | **Tätigkeiten** Erwachsenenbildung, Tagungshaus, Ökumenisches Institut, Gymnasium mit Tagesheim, Pfarrseelsorge; Landwirtschaft, Buchhandlung, Likörkellerei.

| ☀ | **Angebote** „Kloster auf Zeit"; Meditationskurse; Einzel- und Gruppenexerzitien, Mitleben in der Hausgemeinschaft; ökumenische Einkehrzeit, byzantinische Seminare; Feier der großen Feste des Kirchenjahrs im byzantinischen und lateinischen Ritus.

| 📖 | **Literatur** Kirchenführer Niederaltaich, Verlag Schnell & Steiner, München 2009; G. Stadtmüller/B. Pfister, Geschichte der Abtei Niederaltaich 731–1986, München 1986 (Neuauflage 2012, über die Abtei zu beziehen); Zeitschrift „Die beiden Türme", über die Abtei zu beziehen.

Ockenheim – MISSIONSBENEDIKTINER KLOSTER JAKOBSBERG

| ✉ | **Adresse** D-55437 Ockenheim.
Tel. 06725 / 3040, Fax 06725 / 304100.
E-Mail: mail@klosterjakobsberg.de
Homepage: www.klosterjakobsberg.de

| 🚗 | **Anfahrt** Bahnstation Gau-Algesheim (Strecke Mainz – Bingen); Bahnstation Ockenheim (Strecke Mainz – Bad Kreuznach). ⇒ Mit dem Pkw:

Autobahn A 60 (Mainz – Bingen), Ausfahrt Bingen-Ost, weiter über Ockenheim.

Geschichte 1720 wird zum ersten Mal von einer 14-Nothelfer-Wallfahrt auf den Jakobsberg berichtet. Die jetzige Wallfahrtskirche ist 1862 eingeweiht worden. 1921 wurde eine Klosterniederlassung durch Trappistenmönche gegründet. 1950–1960 war das Haus von Jesuiten bewohnt. Seit 1961 sind hier die Missionsbenediktiner. Sie betreuen die Wallfahrt und führen eine Bildungsstätte (für Erwachsene und Jugendliche). Neubau des Klosters 1983, des Bildungshauses 1992.

Sehenswürdigkeiten Wallfahrtskirche zu den 14 heiligen Nothelfern. Ein herrlicher Ausblick zum benachbarten Rochusberg bei Bingen, in das Rheintal und über den Rhein zur Abtei St. Hildegard, Rüdesheim-Eibingen.

Unterkunft Die Häuser St. Benedikt und St. Bonifatius stehen für Kursarbeit, Exerzitien und Tage der Besinnung zur Verfügung. Die Zimmer sind mit Nasszellen ausgestattet. Für Jugendliche gibt es das Haus St. Georg mit Mehrbettzimmern und einfacherer Ausstattung.

Gottesdienste So 9.30, Mo–Fr 18.00 (mit Vesper); Chorgebet: Mo–Sa 6.15 Laudes, So 7.00; 12.00 Mittagsgebet; Mo–Sa 18.00 Vesper, So 17.30; 20.30 Komplet.

Mitglieder 8.

Tätigkeiten Seelsorge: Pfarrseelsorge, Begleitung von Gruppen und Einzelpersonen; Klosterladen: Verkauf von Devotionalien, religiöser Literatur, Karten, eigenen Klosterprodukten wie Wein, Traubensaft, Sekt, Likör und Nudeln.

Angebote Für junge Menschen „Tage im Kloster", Besinnungswochenenden, Kar- und Ostertage, Jahreswechsel im Kloster. Allgemein: Besinnungs- und Meditationsangebote, Einzel- und Gemeinschaftsexerzitien, „Stille Tage" mit Gesprächsbegleitung, Mitfeier der Liturgie. Jahresprogramm und Hausprospekt erhältlich.

Literatur Benediktinermissionare Jakobsberg (Hrsg.), Der Jakobsberg. Berg – Wallfahrt – Kloster, EOS-Verlag, St. Ottilien 1985; Dies. (Hrsg.), Der Jakobsberg, Band 2, ebd. 1987. (Zu beziehen beim Kloster Jakobsberg.)

Osnabrück – BENEDIKTINERINNEN VOM HEILIGSTEN SAKRAMENT

Adresse D-49076 Osnabrück, Hasetorwall 22.
Tel. 0541/63819, Fax: 0541/61035.
E-Mail: kloster@benediktinerinnen-osnabrueck.de
Internet: www.benediktinerinnen-osnabrueck.de

Anfahrt Bahnstation Osnabrück Hbf. Von dort mit dem Bus in Richtung Hasetor. Oder: mit dem Zug bis zum Hasetorbahnhof, von dort aus sind es ca. 200 Meter bis zum Kloster.

Geschichte Am 8. Dezember 1854 wurde das Kloster durch die Benediktinerinnen vom Heiligsten Sakrament aus St. Omer (Nordfrankreich) gegründet. 1875 gingen die Schwestern in die Verbannung nach Oldenzaal (Holland), nachdem sie von der preußischen Regierung den Ausweisungsbefehl erhalten hatten. Die Jahre des Exils wurden zu einer fruchtbaren Zeit für Neugründungen: Fünf weitere Klöster wurden in Holland errichtet. Noch vor der Rückkehr der Schwestern am 20.8.1898 nach Osnabrück, wurde das ehemalige Redemptoristenkloster zu Hamicolt bei Dülmen von Oldenzaal aus wiederbesiedelt. Von dort aus auch bald Wiederbesiedelung des ehemaligen Benediktinerinnenklosters in Vinnenberg bei Warendorf und Neugründung von Varensell bei Rietberg. Den schwersten Schicksalsschlag erlitt das Kloster beim Bombenangriff am 13. September 1944. Etwa ein Drittel der Klostergebäude, darunter die Kapelle, wurden durch vier Brandbomben vollständig vernichtet. 1954 konnte die neuerrichtete Klosterkapelle eingeweiht und der Altar konsekriert werden.

Sehenswürdigkeiten Gemälde im Altarraum, Tabernakel und Stele der Künstlerin Else Hildegard Bircks OSB, 1955.

Unterkunft Einzelne Gäste können nach Absprache in den 5 Gästezimmern des Klosters aufgenommen werden.

Gottesdienste Wo 5.55, So 5.25 Laudes; Wo 7.00, So 7.30 Konventamt; 11.30 Mittagshore; 17.00 Vesper; 19.30 Vigilien und Komplet.

Mitglieder 14.

- **Tätigkeiten** Paramentenstickerei, Hostienbäckerei, Kerzenwerkstatt.
- **Angebote** Kloster auf Zeit und geistliche Begleitung.

Ostrach – BENEDIKTINERINNENPRIORAT HABSTHAL

- **Adresse** D-88356 Ostrach-Habsthal, Klosterstr. 11.
  Tel. 07585 / 656.
  E-Mail: info@kloster-habsthal.de
  Internet: www.kloster-habsthal.de

- **Anfahrt** Bahnstation Mengen – Taxi (7 km). Bahnstation Sigmaringen – Bus bis Habsthal.

- **Geschichte** Das heutige Benediktinerinnenkloster war 1259 bis 1806 ein Dominikanerinnenpriorat. Mitte des 13. Jh.s übernahmen Beginen aus dem nahe gelegenen Mengen die Augustinusregel und führten als Dominikanerinnen ein kontemplatives Leben in Habsthal. 1892 wurde das Kloster durch die Benediktinerinnen von Hermetschwil/Aargau wieder besiedelt. Seit 1986 ist Kloster Habsthal ein selbstständiges Konventualpriorat.

- **Sehenswürdigkeiten** Barockkirche (zur oberschwäbischen Barockstraße gehörig), kunstvoll ausgestattet von Matthäus Zehender und Bernhard-Gottfried Götz, einzigartige Stuckaturen von Joseph Anton Feuchtmayer.

- **Unterkunft** Im Klostergebäude.

- **Gottesdienste** 6.00 Matutin; 7.00 Eucharistiefeier mit Laudes; 12.00 Mittagshore; 17.30 Vesper; 19.30 Komplet. Fr 19.30 und So 10.30 Eucharistiefeier; das Offizium wird deutsch gesungen.

- **Tätigkeiten** Anfertigung kirchlicher Paramente einschließlich Altar- und Kirchenwäsche; ökologische Schafhaltung.

- **Angebote** Haus der Stille für Frauen; Teilnahme am klösterlichen Leben; geistliche Begleitung; logotherapeutische Lebensberatung nach Viktor E. Frankl; Führungen; Dauerausstellung.

Ostritz – ZISTERZIENSERINNENABTEI ST. MARIENTHAL

| ✉ | **Adresse** D-02899 Ostritz, St. Marienthal.
Tel. 035823 / 77300, Fax 035823 / 77301.
E-Mail: kloster-marienthal@t-online.de
Internet: www.kloster-marienthal.de

| 🚌 | **Anfahrt** Bahnstation Krzewina Zgorzelecka (Ostritz) – Reisepass oder Personalerweis erforderlich, Kinder: Kinderreisepass oder Kinderausweis! –, erreichbar über Görlitz und Zittau. ⇒ Mit dem Pkw: A 4 über Dresden bis Weißenberg, weiter über Reichenbach bis Görlitz (E 40/ B 6), in Görlitz auf die B 99 in Richtung Zittau bis St. Marienthal.

| 🏛 | **Geschichte** Die älteste Stiftungsurkunde für St. Marienthal wurde am 14. Oktober 1234 in Prag von Königin Kunigunde, Gemahlin König Wenzels von Böhmen, ausgestellt. Schon bald wurde das Kloster in den Zisterzienserorden eingegliedert, und zwar in seinen böhmischen Teil. Es ist das älteste durchgehend besiedelte Zisterzienserkloster Deutschlands. Lange Zeit hindurch war die Äbtissin auch Landesherrin. Der größte Teil des Grundbesitzes ging dann allerdings in der ersten Hälfte des 19. Jh.s in Staatsbesitz über. Damit endete die weltliche Herrschaft der Abtei. Doch auch danach setzte das Kloster seinen Beitrag zur Entwicklung des Umlandes durch die Errichtung von Schulen, Einrichtungen der Seelsorge, Waisen-, und Krankenversorgung fort. Hiervon zeugen auch jene Orte des Klosterumlandes, die heute zu Polen gehören. Gegenwärtig hat das Kloster noch einigen land- und forstwirtschaftlichen Besitz, der aus Stiftungen und Schenkungen entstanden und heute verpachtet ist.

Derzeit amtiert die 55. Äbtissin. Das klösterliche Leben weist eine Kontinuität auf, die auch in den schwierigen Zeiten der Klostergeschichte nicht zerbrochen ist. Mit der 1992 erfolgten Gründung des Internationalen Begegnungszentrums St. Marienthal, eines Bildungs- und Erholungszentrums mit ökologischer Ausrichtung, hat sich der Zukunftshorizont des Klosters drastisch verändert. Es ist bemüht, sich unter neuen Bedingungen neu zu orientieren, dabei aber in seiner Geschichte verwurzelt zu bleiben. Am 14. Oktober, dem Gründungstag, beginnt 2008 das Jubiläumsjahr „775 Jahre Kloster St. Marienthal". Im August 2010 wird die gesamte Klosteranlage durch ein katastrophales Hochwasser geflutet, Schäden in Millionenhöhe entstehen; die Beseitigung dieser Schäden dauert bis heute an. Im Oktober 2014 wird die Klosterkirche nach umfangreicher und intensiver Sanierung mit Fest-Hochamt und Altarweihe wieder eingeweiht. Die Arbeiten (Sanierung, Instandsetzung, Werterhaltung ...) in der Kreuz- und Michaeliskapelle dauern an – ebenso die Erweiterung des Hochwasserschutzes.

| 📷 | **Sehenswürdigkeiten** Klosterkirche (1684); Kreuz- und Michaeliskapelle (um 1700); östlichster Weinberg Deutschlands; romantisches Neißetal; Garten der Bibelpflanzen; Stationsberg (Kalvarienberg).

| 🛏 | **Unterkunft** 16 Gästezimmer und 1 Apartment (= 34 Gästebetten) als Einzel-/Doppelzimmer (größtenteils mit Dusche und WC im Zimmer). Reservierung: Tel.: 035823 / 77444; Fax: 035823 / 77468; E-Mail: gaestepforte@kloster-marienthal.de.

| ✝ | **Gottesdienste** Wo 4.45 Matutin und Laudes; im Anschluss Terz; 7.00 Eucharistiefeier; 11.30 Sext und Non; 17.00 Vesper; 19.00 Komplet. So 5.30 Matutin und Laudes; im Anschluss Terz; 8.30 Eucharistiefeier; 11.30 Sext und Non; 16.30 Vesper; 19.00 Komplet.

| 👤 | **Mitglieder** 15.

| 🔧 | **Tätigkeiten** Bildungsarbeit; Klosterbäckerei; Kloster-Nähstube; Paramentenstickerei; Hostienbäckerei; Wäscherei; Klostermarkt; Gastbetrieb.

| ✦ | **Angebote** Eigenes Bildungsprogramm; Besinnung im Kloster. Kurse und Seminare (z. B. Fastenwochen, Spiritualität und Lebensfreude, Kreativitäts-Seminar, Fachseminare), „Kloster auf Zeit" und „Einkehrtage im Kloster" (Mitleben / Mitarbeiten / Mitbeten); Übernachtung mit Vollverpflegung, Gastlichkeit in der Klosterschenke, Besuch vom Klostermarkt, Führungen, Dauerausstellungen, Garten der Bibelpflanzen, Radwandern mit Fahrradverleih.

Ottobeuren – **BENEDIKTINERABTEI OTTOBEUREN**

| ✉ | **Adresse** D-87724 Ottobeuren, Sebastian-Kneipp-Straße 1.
Tel. 08332 / 7980, Fax 08332 / 798125.
E-Mail: webmaster@abtei-ottobeuren.de
Internet: www.abtei-ottobeuren.de

Anfahrt Bahnstation Memmingen, Busverbindung nach Ottobeuren.
⇒ Mit dem Pkw: Autobahn A 7, Ausfahrt Memmingen-Süd, Autobahn A 96, Ausfahrt Erkheim.

Geschichte 764 von dem Adeligen Silach gegründet, von Kaiser Otto I. durch Vermittlung des hl. Ulrich mit großen Privilegien ausgestattet. Freies Reichsstift, das dem Kaiser unmittelbar unterstellt war. Mit der Hirsauer Klosterreform, die unter dem sel. Abt Rupert I. Eingang fand, erste Hochblüte des Klosters. Bewährung in der Zeit der Glaubensspaltung, wissenschaftliche Blütezeit unter dem gelehrten Humanisten Nikolaus Ellenbog, ausschlaggebende Beteiligung an der Gründung der Universität Salzburg, Mitwirkung an den Hochschulen zu Freising und Fulda. Erstaunliche Regenerationskraft führt nach den Drangsalen des Dreißigjährigen Krieges zu einem ungeahnten Aufschwung. Ab 1711 Neubau der gesamten Klosteranlage unter den Äbten Rupert II. Neß und Anselm Erb. 1766 Einweihung der von Joh. Michael Fischer erbauten Kirche, Abschluss der großen Erneuerung im Geist des Barock. 1802 Aufhebung durch die Säkularisation, vollständige Enteignung, Übernahme des Klostergebietes und der Hoheitsrechte durch Bayern. Das Durchhalten der mit ihrem Abt im Haus verbliebenen Mönche trägt bei zur ununterbrochenen Besiedelung des Klosters bis zum heutigen Tag. 1834 Wiedererrichtung als Priorat, seit 1918 selbstständige Abtei.

Sehenswürdigkeiten Bedeutende Barockkirche, Bibliothek, Kaisersaal, Kunstsammlung der Abtei.

Unterkunft Gästetrakt der Abtei.

Gottesdienste Vorabendmesse: Sa 19.30, So 7.30, 9.00, 11.00; Wo 6.30, 8.00.

Mitglieder 18.

Tätigkeiten Seelsorge, Unterricht an Gymnasium und Realschule, Buch- und Kunsthandlung, Tagungs- und Begegnungsstätte, Garten, Imkerei, Likörherstellung.

Angebote „Kloster auf Zeit" und Mitleben in der Hausgemeinschaft nach Vereinbarung, Exerzitien.

Panschwitz – ZISTERZIENSERINNENABTEI KLOSTERSTIFT ST. MARIENSTERN

Adresse D-01920 Panschwitz-Kuckau, Cisinskistraße 35.
Tel. 035796 / 9930.
Internet: www.marienstern.de

Anfahrt Bahnstation Bautzen oder Kamenz (ab Dresden), von da weiter mit Bus. ⇒ Mit dem Pkw: A 4 Dresden – Görlitz, Ausfahrt Uhuyst.

Geschichte Das Kloster besteht seit seiner Gründung im Jahr 1248 ohne Unterbrechung als Zisterzienserinnenkloster. Den ersten Konvent bildeten Nonnen aus dem Kloster Marienthron (Nimbschen). Hussitenkriege, Dreißigjähriger Krieg, Reformation und Diktaturen der jüngsten Vergangenheit hinterließen zum Teil tiefe Spuren. Der Aufhebung am Beginn des 19. Jh.s entging die Abtei aufgrund ihrer zeitweiligen Zugehörigkeit zu Böhmen. Mehr als hundert Jahre lang führte der Konvent eine Schule. Das 1973 eröffnete Heim für etwa 100 geistig behinderte Jugendliche setzt diese Tradition der Pädagogik in der Gegenwart fort.

Sehenswürdigkeiten Geschlossene Klosteranlage mit mittelalterlicher Bausubstanz. Dreischiffige gotische Abteikirche, barocke Ausstattung (Prager Meister), Flügelaltäre aus dem 15. bis 17. Jh., „Hussitenfenster" (1370/1380) u.a.m. Schatzkammer (ca. 150 meist sakrale und liturgische Kunstschätze des Klosters in einer Dauerausstellung), Umwelt- und Lehrgarten, kleiner Landschaftspark am Kloster.

Unterkunft Gästehaus im Kloster (bis 30 Betten).

Gottesdienste Wo 4.30 Vigil (dt.); 6.00 Laudes (dt.); 7.00 Konventmesse (lat./dt., Gregorianik); 11.30 Mittagshore (dt.); 17.00 Vesper (lat., Gregorianik); 19.00 Komplet (lat., Gregorianik). So 5.30 Vigil und Laudes; 7.30 sorbische Messe; 9.00 Konventamt (lat./dt., Gregorianik); 10.30 dt. Messe; 16.30 Vesper (lat., Gregorianik); 19.00 Komplet (lat., Gregorianik).

Mitglieder 22.

Tätigkeiten Handarbeiten (Kerzen verzieren, Buchbinderei, Paramente); Klosterladen; Klosterstübel.

| ☼ | **Angebote** Gruppenbetreuung (auch Jugendvesper); Führungen (Klosteranlage, Kirche, Schatzkammer); Gespräche (mit Gruppen und Einzelpersonen); Teilnahme am Stundengebet; Zeiten der Stille; Informationsraum mit Video.

| 📖 | **Literatur** Abtei St. Marienstern, B & V Verlag, Dresden 1997; Zum Lob und Ruhme Gottes. Kloster St. Marienstern, Benno-Verlag, Leipzig 1998; Im Glanz der Ewigkeit. Kunstwerke in St. Marienstern, Verlag J. Stekovicz, Halle 1999.

Plankstetten – **BENEDIKTINERABTEI**

| ✉ | **Adresse** D-92334 Berching, Klosterplatz 1.
Tel. 08462 / 2060, Fax 08462 / 206121.
E-Mail: info@kloster-plankstetten.de
Internet: www.kloster-plankstetten.de

| 🚗 | **Anfahrt** Bahnstation Neumarkt/Opf. (Strecke München – Passau – Nürnberg), von dort Bahnbus Richtung Beilngries. ⇒ Mit dem Pkw: Autobahn München – Nürnberg, Ausfahrt Greding, dann noch 8 km; B 299 bis 25 km südlich von Neumarkt.

| 🏛 | **Geschichte** Die Abtei wurde 1129 von den Grafen von Hirschberg gegründet. 1138 konnte sie eingeweiht werden. Schwedische Truppen verwüsteten 1632 Kirche und Kloster. Nach dem Dreißigjährigen Krieg begann 1651–1677 der Wiederaufbau. 1806 wurde die Abtei durch die Säkularisation aufgehoben. 1904 von der Abtei Scheyern aus als abhängiges Priorat wieder gegründet. 1917 wieder zur selbstständigen Abtei erhoben. In den 1990er Jahren Umstellung der Klosterbetriebe auf ökologische Wirtschaftsweise.

| 📷 | **Sehenswürdigkeiten** Die Kirche, die nach dem Vorbild von Cluny in Burgund in romanischem Stil gebaut ist. Die Türme, die aus dem 12. Jh. stammen. Der Eingang zur Kirche, eine interessante Vorhallenanlage, Paradies genannt. Das Innere der Kirche, im romanischen Stil, weist basilikalen Charakter auf. 1727 erfolgte eine zurückhaltende Barockisierung mit Stuck und Gemälden im Régence-Stil. Sehr schön sind die Deckengemälde, von M. Zink gemalt (1727), und die großflächigen Gemälde an den Hochwän-

den, die 12 heilige Päpste aus dem Benediktinerorden darstellen. Eine reich geschnitzte Kanzel, ein Geschenk aus Österreich nach dem Dreißigjährigen Krieg (1655). An der Orgelempore ein prächtiges barockes Orgelgehäuse mit Uhr. An den Seitenwänden steht das alte Chorgestühl der Mönche (Rokokoschnitzarbeit). An der Ostwänden der Seitenschiffe prachtvolle Rokokoaltäre (1748), der Gottesmutter und dem hl. Benedikt geweiht. Die Kapelle der Schmerzhaften Mutter, mit einem Altar, dessen Mittelpunkt die Pietà darstellt. Sehr interessant noch ein Rest eines gotischen Kreuzganges, 1472 bis 1485 erbaut, abgebrochen während der Säkularisation. Es sind noch drei Joche erhalten. Ausstellungen (Mo–Sa 9.00–18.00, So 11.00–18.00): Ikonen-Sammlung (Eintritt); Dauerausstellung „Glauben und Handeln" (Eintritt frei).

Unterkunft Gästehaus St. Gregor.

Gottesdienste 5.00 Vigil; 6.25 Laudes; Wo 7.00, So 10.15 Konventamt; 12.00 Sext; 17.30 Vesper.

Mitglieder 14.

Tätigkeiten Gästehaus St. Gregor, Jugendhaus Schneemühle, Pfarrseelsorge, Klosterbuchhandlung, Missionsbasar, Bibliothek, Schreinerei, Bio-Betriebe: Landwirtschaft, Garten, Bäckerei, Metzgerei, Bioladen, Klosterschenke.

Angebote Seminare und Kurse (Gesundheit & Ernährung, Fasten, Spiritualität, Besinnungstage, Malen – Singen – Tanzen, biologisch Kochen und Backen, Kräuterkunde); Urlaub und Erholung, Kloster auf Zeit; Tagungsräume, Tagungsmedien, Lehrküche; Biologische Speisen von der Klosterküche; 400 Kloster-Biolebensmittel.

Literatur Petrus Bauer, Die Benediktinerabtei Plankstetten in Geschichte und Gegenwart, Plankstetten 1979.

Rankweil – **KLEIN THERESIEN-KARMEL**

Adresse A-6830 Rankweil/Vorarlberg, Treietstraße 18. Tel. 05522 / 42349, Fax 05522 / 44230.

Anfahrt Bahnstation Rankweil (von Feldkirch oder von Bregenz aus).

Geschichte Als neuntes Kloster dieses Ordens in Österreich 1960 von Wien-Baumgarten aus gegründet; 1964 eingeweiht und der kleinen hl. Therese von Lisieux geweiht. Der Orden der Karmeliten selbst stammt in seinen ersten Ursprüngen aus dem Heiligen Land und ist im 13. Jh. als männlicher Zweig bezeugt. Später kamen die Schwestern dazu, und die große hl. Teresa von Avila hat den männlichen und weiblichen Zweig zur ursprünglichen Strenge zurückgeführt; 1562 gründete sie das erste reformierte Karmelitinnenkloster zum hl. Josef in Avila. Seit dieser Zeit gibt es die Beschuhten Karmeliten (alte Observanz) und die Unbeschuhten Karmeliten (reformierter Zweig).

Sehenswürdigkeiten Im Kloster selbst eine Kapelle, die als einziger Raum für die Besucher zugänglich ist. Im Ort Rankweil: die Liebfrauenkirche auf dem Berg, bedeutendster Wallfahrtsort Vorarlbergs.

Unterkunft In Gaststätten des Ortes.

Gottesdienste So 7.30; Wo 6.30.

Mitglieder 22, davon 3 Schwestern in der Ausbildung.

Tätigkeiten Herstellung von handverzierten Kerzen für Taufen, Hochzeiten, Weihnachten, Ostern, Erstkommunion usw. Wegen der großen Nachfrage sind Vorausbestellungen erforderlich.

Angebote Mitfeier der Messe.

Literatur A. Sagardoy OCD, Gott hat mich überwältigt. Autobiographie der heiligen Teresa von Avila, Verlag Herder, Freiburg 1981.

Reichersberg am Inn – **AUGUSTINER-CHORHERRENSTIFT**

Adresse A-4981 Reichersberg/Oberösterreich.
Tel. 07758 / 2313-0, Fax 07758 / 2313-32.
E-Mail: verwaltung@stift-reichersberg.at
Internet: www.stift-reichersberg.at

| 🚗 | **Anfahrt** Mit dem Pkw: Bundesstraße Schärding – Braunau; Innkreisautobahn, Ausfahrt Ort i.I., von dort 3 km.

| 🏛 | **Geschichte** 1084 wandelte der Edle Wernher nach dem frühen Tod seines einzigen Sohnes seine Burg in ein Kloster für regulierte Chorherren um. Die erste Blütezeit erlebte das Haus unter der Leitung des bedeutenden Theologen Gerhoch 1132–1169. Die Salzburger Erzbischöfe übertrugen damals dem Stift einen Seelsorgesprengel an der ungarischen Grenze, in dem die Chorherren bis heute tätig sind. Die relativ kleine romanisch-gotische Klosteranlage fiel 1624 einem Brand zum Opfer und wurde im Laufe des 17. Jh.s durch einen großzügigen barocken Neubau ersetzt. Durch die Abtretung des Innviertels an Österreich 1779 entging das bis dahin bayerische Stift der Säkularisation, hatte aber in den folgenden Franzosenkriegen schwer um seinen Bestand zu ringen. In der NS-Zeit musste das Stift eine Fliegerschule aufnehmen, wurde aber nicht aufgehoben. Wie nur wenige andere Klöster kann Stift Reichersberg somit auf mehr als 900 Jahre ununterbrochenen Bestehens zurückblicken.

| 📷 | **Sehenswürdigkeiten** Die rein barocke Anlage mit Kirche, Sälen, Bibliothek und Sammlungen.

| 🛏 | **Unterkunft** Für Gäste stehen modern ausgebaute Zimmer im Bildungshaus des Stifts zur Verfügung. Ein Mitleben in der Hausgemeinschaft ist nicht möglich.

| ⊙ | **Gottesdienste** So 10.00 Messe; Wo 7.00 Messe (siehe auch unter www.dioezese-linz.at/reichersberg). Chorgebet nur im Sommer in der Kirche.

| 👤 | **Mitglieder** 18.

| ⚒ | **Tätigkeiten** Pfarrseelsorge in 16 Pfarreien; außerordentliche Seelsorge.

| ✺ | **Angebote** Reichhaltiges Angebot von Kursen aller Art, von Konzerten und Ausstellungen. Im Klosterladen finden Weinliebhaber ein einzigartiges Angebot, nämlich Weine aus österreichischen Klöstern, Bücher und Mitbringsel aller Art.

| 📖 | **Literatur** 900 Jahre Augustiner-Chorherrenstift Reichersberg. Festschrift zum 900-Jahr-Jubiläum, Oberösterreichischer Landes-Verlag, Linz 1983; 900 Jahre Stift Reichersberg. Augustiner-Chorherren zwischen Passau

und Salzburg. Ausstellungskatalog der Landesausstellung 1984, Oberösterreichischer Landesverlag, Linz 1984.

Rein – ZISTERZIENSERSTIFT

| ✉ | **Adresse** A-8103 Rein/Steiermark.
Tel. 03124 / 51621, Fax 03124 / 51621-34.
E-Mail: info@stift-rein.at
Internet: www.stift-rein.at

| 🚌 | **Anfahrt** Bahnstationen Gratwein (3 km) oder Graz Hbf (13 km). ⇒ Mit dem Pkw: Pyhrnautobahn A 9, Ausfahrt Gratkorn-Nord.

| 🏛 | **Geschichte** Das welt-älteste Zisterzienserkloster, Stift Rein, wurde 1129 vom Markgrafen Leopold d. Starken aus dem Geschlecht der Traungauer gegründet und ist bis heute von den Zisterziensermönchen bewohnt. Die ersten Mönche kamen aus Ebrach. Im Mittelalter war Rein ein monastisches Zentrum, was seinen Ausdruck in vier Tochterklöstern fand: Sittich, Wilhering, Neukloster in Wiener Neustadt und Schlierbach. Das Kloster hatte mit seiner ausgedehnten Grundherrschaft, dem Scriptorium und den Kunstwerkstätten wesentlichen Anteil an der religiösen, geistigen und wirtschaftlichen Entwicklung der nahen Landeshauptstadt Graz und der Steiermark. Nach der Pest, dem Türkeneinfall 1480 und den Wirren der Reformationszeit erholte sich das Stift Rein, wurde bald zu einem Mittelpunkt der Gegenreformation und später des für den süddeutschen Raum typischen barocken klösterlichen Geistes. Zeugen dieser zweiten Blütezeit sind die heutigen Klostergebäude: die 1747 völlig neu gebaute Stiftskirche und die einheitliche barocke Klosteranlage. Im Zuge der Reformmaßnahmen Josephs II. wurde die Seelsorge in den umliegenden Pfarren zur Hauptaufgabe der Mönche. Nach einem regen geistlichen und wissenschaftlichen Leben im 19. Jh. musste Rein harte Schicksalsschläge durch die beiden Weltkriege und die Nachkriegszeiten in personeller und wirtschaftlicher Hinsicht hinnehmen. Nach dem Zweiten Weltkrieg fanden die vertriebenen Mönche der südböhmischen Abtei Hohenfurth in Rein eine neue Heimat; seit 1959 sind beide Konvente rechtlich vereinigt. 1991 wurde Hohenfurth (Vyssi Brod) wieder errichtet. 1975 fügte eine Hochwasserkatastrophe dem Stift große Schäden zu. Die Renovierung des neuen Konvents aus den Jahren 1629–1632 und der Marienkapelle bildeten den Auftakt zu einer

umfassenden Innenrenovierung der Basilika, die 2014 abgeschlossen werden konnte. Archäologische Grabungen in der Marienkapelle in den Jahren 2006 legten auch das Grab des Stifters Leipold I., des Starken, des ersten Landesherrn der Steiermark, frei.

| 📷 | **Sehenswürdigkeiten** Barocke Stiftsbasilika, eine der größten Kirchen des Landes (Architekt J. G. Stengg), Fresken von J. Adam Mölk, Hochaltarbild der Anbetung der Hirten von J. M. Schmidt (Kremser Schmidt), Seitenaltäre von J. Amonte; Chorgestühle im westlichen Presbyterium und auf der östlichen Empore mit reichen Schnitz- und Intarsienarbeiten von Laienbrüdern. In einer Seitenkapelle Grabstätte mit Marmorepitaph des steirischen Herzogs Ernst des Eisernen († 1424). Marienkapelle mit Stuck von Alexander Sereni (1682) und dem Grab des Stifters Leopold I., des Starken († 1129). Einfacher barocker Kreuzgang mit überlebensgroßen Bildnissen der 57 Äbte. Gotische Kreuzkapelle (1406) im Weichen Stil. Historische Säle mit Stuckaturen (Mitte 18. Jh.). Huldigungssaal mit Fresken von J. Amonte (1740). Stiftsbibliothek mit großem Schauraum von J. Amonte: 80.000 Bände, 400 Handschriften, 150 Inkunabeln und dem Kalendertisch aus dem Jahre 1607 von Johannes Kepler.

| 🛏 | **Unterkunft** Einige Gästezimmer in der Klausur stehen für Männer offen, die sich einige Tage (bis zu zwei Wochen) zu einem „Urlaub im Kloster" zurückziehen möchten.

| ● | **Gottesdienste** Wo 7.00, So 9.00 Eucharistiefeier; Mittagsgebet 12.00, Vesper 18.00.

| ✝ | **Mitglieder** 16.

| ⚒ | **Tätigkeiten** Seelsorge in 12 inkorporierten Pfarreien, darunter die Wallfahrtskirche Maria Straßengel.

| ☀ | **Angebote** Klosterladen. Urlaub im Kloster (Männer). Die täglichen Stiftsführungen um 10.30 und 13.30 Uhr bringen den Besucher nicht nur in die Sonderausstellung der Bibliothek, sondern geben einen „Blick hinter die Klostermauern" frei (s. www.stift-rein.at).
Historische Säle: Für die Zivilgesellschaft stellt Stift Rein den Steinernen Saal, Huldigungssaal, Weißen Saal, das Chinesische Zimmer, das Cellarium und die Cafeteria zur Verfügung wie z. B. für Kongresse, Hochzeiten, Tagungen mit Catering für bis zu 130 Personen, barrierefrei.

| 📖 | **Literatur** Zisterzienserstift Rein, Erlesenes und Erbauliches, Kulturschaffen der Reiner Mönche, Eigenverlag Zisterzienserstift Rein, 2003; Elisabeth Brenner, Ein Himmel auf Erden. Basilika Stift Rein. Meisterwerk des Barock. CM Medienverlag 2014.

Remagen – **KLOSTER ST. CLEMENS DER FRANZISKANERINNEN VON NONNENWERTH/ FRANZISKANERINNEN VON DER BUSSE UND DER CHRISTLICHEN LIEBE**

| ✉ | **Adresse** D-53424 Remagen, Insel Nonnenwerth.
Tel: 02228 / 60090.
E-Mail: kommunitaet@nonnenwerth.org
Internet: www. nonnenwerth.org

| 🚗 | **Anfahrt** Bahnstation: Rolandseck (Strecke Köln–Frankfurt, südl. von Bonn), 15 Min. Fußweg zur Insel. Bushaltestelle an der Insel, Taxi-Bus. ⇒ Mit dem Pkw: Von Koblenz: B 9 über Bad Breisig, Remagen bis Nonnenwerth; von Bonn B 9 über Bad Godesberg bis Nonnenwerth. Es besteht keine Anbindung ans Festland durch eine Brücke; ein Fährbetrieb sichert die Erreichbarkeit des Klosters von der linken Rheinseite (B 9).

| 🏛 | **Geschichte** Das Kloster war vom 12. Jh. bis zur Säkularisation benediktinisch; unter dem Namen „Insula Beatae Mariae Virginis" Ort klösterlichen Lebens. Nach der Säkularisation wird Nonnenwerth verkauft und als Hotel geführt, das illustre Gäste beherbergt, so häufig den Komponisten Franz Liszt. Mitte des 19. Jh.s kommt Nonnenwerth in den Besitz der Franziskanerinnen, deren Gemeinschaft 1835 von Mutter Magdalena Daemen gegründet wurde. Nonnenwerth ist seit 1854 Mutterhaus der Gemeinschaft und widmet sich der Mädchenerziehung, bis das Private Gymnasium 1976 in einen koedukativen Schulbetrieb umgewandelt wird.

| 📷 | **Sehenswürdigkeiten** Klostergebäude mit einem Museum, das Eindrücke über die Epochen „benediktinisch", „säkularisiert" und „franziskanisch" vermittelt.

| 🛏 | **Unterkunft** Im Kloster, 10 Zimmer.

| ⚫ | **Gottesdienste** Sa 17.00 Vorabendmesse.

| 👤 | **Mitglieder** ca. 35.

| ♿ | **Tätigkeiten** Verkaufsladen im Museum; Karten, Werkstatt für Textilkunst (Paramentenstickerei, Seide, Batik u.a.), kunstvoll gefertigte Kerzen.

| ☀ | **Angebote** Führungen und Angebote zu Meditationen (unregelmäßig, je nach Zeit des Kirchenjahrs und Bedarf); Oasentage, Inselkonzerte.

Ried – REDEMPTORISTINNENKLOSTER ST. ANNA

| ✉ | **Adresse** A-4910 Ried/Innkreis, Braunauer Straße 8. Tel. 07752 / 824500, Fax 07752 / 824505.

| 🚗 | **Anfahrt** Bahnstation Ried im Innkreis. ⇒ Mit dem Pkw: Autobahn, Ausfahrt Ried im Innkreis bzw. Haag am Hausruck, Stadtumfahrung Ried-West, nach ca. 1 km links einbiegen Richtung Zentrum.

| 🏛 | **Geschichte** Der Orden der Redemptoristinnen wurde 1731 in Scala (Süditalien) gegründet, unter maßgebendem Einfluss von Maria Celeste Crostarosa. Entscheidende Mitarbeit leistete Alfons von Liguori. 1831 erfolgte in Wien die erste Klostergründung außerhalb Italiens. Die Schwestern leben ganz der Ehre Gottes und dem Heil der Welt. Die Mitte ihres gemeinschaftlichen Lebens ist der auferstandene Herr. Die Einzelne und die Gemeinschaft sollen ein vom Leben des Erlösers (Redemptor) erfülltes Gedächtnis der Liebe Gottes zu den Menschen sein. Durch ihre Lebenshingabe und das intensive Gebetsleben in der Zurückgezogenheit eines Klausurklosters führen sie die Erlösung fort. Arbeit und Erholung sind dem kontemplativen Lebensstil angepasst. Das Kloster in Ried wurde am 30. Oktober 1852 eröffnet und in mehreren Etappen ausgebaut. Bis Oktober 1903 war die gesamte Klosteranlage fertig gestellt. Die kleine St.-Anna-Kirche wurde 1500 erbaut; bis 1785 gehörte noch ein Leprosenheim dazu.

| 📷 | **Sehenswürdigkeiten** Altarmosaik der hl. Anna von Alfred Stifter (1962); Dreifaltigkeit in der Art eines Gnadenstuhls; Pietà aus dem 15. Jh.; Seitenaltar von Schwanthaler aus dem 17. Jh.; Kirchenfenster von Rudolf Kolbitsch; Kreuzweg von Wilhelm Träger.

| ☉ | **Gottesdienste** Eucharistiefeier: So 16.00; Mo, Mi, Fr 19.00; Di, Do, Sa 7.00. Stundengebet: Wo 5.00, So 6.00 Lesehore und Laudes; Mittagshore ca. 11.00; 16.45 Vesper. An Hochfesten Gregorianischer Choral.

| ♱ | **Mitglieder** 7.

| ⚒ | **Tätigkeiten** Hostienbäckerei; Paramente und Gartenbau in begrenztem Ausmaß.

| ✺ | **Angebote** Empfang für einzelne Besucher und Gruppen im Sprechzimmer; DVD-Präsentation über das Leben der Redemptoristinnen in Ried. Für einzelne Personen Tage der Stille mit Teilnahme am Chorgebet; Möglichkeit zum geistlichen Einzelgespräch.

| 📖 | **Literatur** Sabatino Majorano CSsR/Bernhard Jestl CSsR, Ausgewählte Texte aus den Schriften Maria Celeste Crostarosas, Eigenverlag, Ried 1991; Maria Celeste Crostarosa, Zwiesprachen. Geistliche Dialoge, übs. von Bernhard Häring, Brendow Verlag, Moers 1994; dies., Stufen des Gebetes, übs. von Bernhard Häring, Brendow Verlag, Moers 1996.

Rietberg – BENEDIKTINERINNENABTEI UNSERER LIEBEN FRAU, VARENSELL

| ✉ | **Adresse** D-33397 Rietberg, Hauptstraße 53.
Tel. 05244 / 52970, Fax 05244 / 1876.
E-Mail: gaestehaus@abtei-varensell.de
Internet: www.abtei-varensell.de

| 🚗 | **Anfahrt** Bahnstation Gütersloh, von dort 8 km mit Bus oder Taxi; Busplan wird auf Wunsch zugesandt. ⇒ Mit dem Pkw: Über A 2, Ausfahrt (24) Gütersloh/Verl, Richtung Verl/Rietberg-Neuenkirchen, Abzweigung Varensell.

| 🏛 | **Geschichte** Das Kloster wurde 1902 durch Benediktinerinnen von der Ewigen Anbetung in Hamicolt gegründet. Die Gemeinde Varensell setzte sich sehr für die Gründung ein und war von Anfang an eng mit dem Kloster verbunden. 1948 wurde das Kloster zur Abtei erhoben, 1982 schloss sich die Gemeinschaft der Beuroner Benediktiner-Kongregation an.

Nach dem Zweiten Weltkrieg wurde durch das Anwachsen der Kommunität und der Gemeinde ein Erweiterungsbau der Kirche notwendig. Die vorhandene Kirche wurde zum Nonnenchor umgestaltet und die neue Pfarrkirche angebaut. Nach und nach mussten auch die einzelnen Gebäudeteile des Klosters neu errichtet werden.

Die Schwestern leben nach der Mönchsregel des hl. Benedikt, im Rhythmus von Gebet, Arbeit und Zeiten der Gemeinschaft. Im Mittelpunkt steht die Feier des Stundengebetes, an dem alle Gäste teilnehmen können. Die klösterliche Gastfreundschaft bietet den Raum, in einer Zeit der Einkehr und Stille zu sich und zu Gott zu finden.

| ◉ | **Sehenswürdigkeiten** Abteikirche mit Mosaiken und Glasfenstern.

| ⌐ | **Unterkunft** Im Exerzitien- und Gästehaus der Abtei.

| ● | **Gottesdienste** 6.20 Laudes; Wo 7.15, So 8.00 Choralamt; 12.00 Mittagshore; 17.30 Vesper; 19.45 Komplet und Vigilien (Mo 19.15; Do 20.00; Sa 19.30).

| ♦ | **Mitglieder** 36.

| ⚒ | **Tätigkeiten** Paramentenwerkstätten; Hostienbäckerei; Wissenschaftliche Arbeit; Gästehaus; Buch- und Kunsthandlung; Landwirtschaft.

| ✺ | **Angebote** Zeiten der Besinnung; Einzel- und Gruppenexerzitien; Kurse für Zielgruppen; Stille Tage; Gartentage; Au-pair-Aufenthalte (Mitarbeit im Garten und an der Pforte); Aufnahme von Einzelgästen das ganze Jahr über. Eigenes Kursprogramm.

| 📖 | **Literatur** Abtei Unserer Lieben Frau Varensell, Verlag Schnell & Steiner, München, 2. Aufl. 1988.

Roding – KLOSTER ST. DOMINIKUS DER MISSIONS-DOMINIKANERINNEN VOM HEILIGSTEN HERZEN JESU, STRAHLFELD

Adresse D-93426 Roding, Am Jägerberg 2.
Tel. 09461 / 91120 und 9112-10, Fax 09461 / 9112-33.
E-Mail: Dominikanerinnen@kloster-strahlfeld.de;
Haus der Begegnung Kloster Strahlfeld: HdB@kloster-strahlfeld.de
Internet: www.kloster-strahlfeld.de

Anfahrt Bahnstation Roding (Strecke Schwandorf – Furth i. Wald). ⇒ Mit dem Pkw von Süden: A 3 München – Regensburg, dort A 93, Abfahrt Schwandorf, B 85 zwischen Schwandorf und Roding; oder B 16 Regensburg – Neubäu, dort ab nach Strahlfeld. Von Norden: A 6 Amberg – Schwandorf, B 85 Richtung Cham, zwischen Schwandorf und Roding.

Geschichte Das Gebäude des jetzigen Klosters hat eine sehr bewegte Geschichte. Im 13. Jh. entstand hier ein Strahlfelder Schlossgut, das 1747 einem Kloster mit schottischen Mönchen in Regensburg zugesprochen wurde. Dieses gründete in Strahlfeld eine Niederlassung, die 1862 wegen fehlenden Nachwuchses aufgelöst wurde. Das Gut ging durch verschiedene Hände. Zwei Dominikanerinnen, die einen Erholungsurlaub von ihrer Missionstätigkeit in Afrika machten, erwarben 1917 die verwahrloste Schlossruine, um dort ein Haus für die Ausbildung junger Schwestern für die Afrika-Mission zu gründen. In der Folgezeit wurden rund 500 junge Frauen für die Missionsarbeit ausgebildet und nach Rhodesien – heute Zimbabwe – ausgesandt. Ein Teil der Schwestern blieb in Strahlfeld, baute eine Hauswirtschafts- und Handelsschule auf, betrieb Gartenbau und Landwirtschaft. 1985 wurde die Landwirtschaft aufgegeben und 1993 der Schulbetrieb eingestellt. Das Kloster selbst ist heute vor allem Heimat für betagte und pflegebedürftige Schwestern. Im Januar 2003 wurde ein „Haus der Begegnung" eröffnet.

Sehenswürdigkeiten Gesamteindruck des Klosters mit seinen Gartenanlagen; Klosterkapelle, 1954 neu gebaut und 1995 vollständig neu gestaltet; Galerie mit Bildern in Acryl und auf Seide von Sr. Flavia.

Unterkunft Möglichkeit für Einzelgäste und Gruppen zur Erholung und Fortbildung ist gegeben im Haus der Begegnung mit 112 Betten (EZ/DZ mit Du/WC), verschiedene Seminar- und Freizeiträume.

| ● | **Gottesdienste** Eucharistiefeier: So 10.45 (Klosterkapelle); Wo 7.00 (mit Laudes), So 7.30 Laudes, täglich 17.45 Vesper.

| ✝ | **Mitglieder** 70.

| ← | **Tätigkeiten** Betreuung und Pflege der älteren Schwestern, Missionsprokur, Mitarbeit im Haus der Begegnung, Klosterladen mit Geschenkartikeln, u.a. aus Afrika.

| ☼ | **Angebote** Besinnungstage, Kreativkurse, Kurse in Fußreflexzonenmassage, erholsame Tage im Kloster, Belegkurse unterschiedlichster Art.

Rohr – **BENEDIKTINERABTEI BRAUNAU**

| ✉ | **Adresse** D-93352 Rohr, Abt-Dominik-Prokop-Platz 1.
Tel. 08783 / 96000, Fax 08783 / 960078.
E-Mail: kontakt@kloster-rohr.de
Internet: www.kloster-rohr.de

| 🚗 | **Anfahrt** Bahnstation Abensberg (Strecke Regensburg – Ingolstadt), von dort Busverbindung (12 km). ⇒ Mit dem Pkw: A 93 (München – Regensburg), Ausfahrt Abensberg, oder Schnellstraße B 16 (Regensburg – Ingolstadt), Ausfahrt Reißing.

| 🏛 | **Geschichte** Das Kloster Rohr wurde 1133 nach einer Schenkung des Edlen Adalbert von Rohr an den Regensburger Bischof als Augustiner-Chorherrenstift gegründet. Bedeutendstes Chorherrenstift in der Diözese Regensburg. Im Zuge der Säkularisation von 1803 aufgehoben und die Klostergebäude zum größeren Teil abgebrochen. 1946 durch die Benediktiner aus Braunau in Böhmen neu besiedelt. Braunau wurde in der zweiten Hälfte des 13. Jh.s als Propstei der Abtei Brevnov bei Prag errichtet. Als Brevnov 1420 durch die Hussiten zerstört wurde, flüchteten Abt und Konvent nach Braunau. Nach der Wiedererrichtung des Klosters zu Brevnov blieb der Sitz des Abtes in Braunau; es entstand das Doppelkloster Brevnov-Braunau – eine Abtei in zwei Klöstern. In der politischen Situation von 1939 wurden die zwei Klöster getrennt und zu je selbstständigen Abteien erklärt, mit einem tschechischen Konvent in Brevnov und einem deutschen in Braunau. 1945/1946 wurde der Braunauer Konvent

vertrieben und fand eine neue Bleibe in den Resten des ehemaligen Chorherrenstiftes in Rohr.

| 📷 | **Sehenswürdigkeiten** Weltberühmte Asamkirche mit plastischer Darstellung der leiblichen Aufnahme Mariens in den Himmel als Hochaltarkomposition (Theatrum sacrum).

| 🛏 | **Unterkunft** Im Haus für am klösterlichen Leben Interessierte (nach schriftlicher Anfrage). Ansonsten in benachbarten Gasthöfen.

| ⊙ | **Gottesdienste** So 7.00 Morgenhore, 10.00 Pfarr-Konventamt, 19.00 Messe; Wo (in der Schulzeit) 6.00 Morgenhore und Konventamt; Wo (in den Ferien) 7.00 Morgenhore und Konventamt; 12.00 Mittagshore; 17.30 Vesper und Vigil; 19.45 Komplet.

| ✝ | **Mitglieder** 11.

| ⚒ | **Tätigkeiten** Neusprachliches Gymnasium für Jungen und Mädchen; Tagungshaus; Seelsorge; Buchhandlung, Schlosserei, Schreinerei.

| ✳ | **Angebote** Tage im Kloster, Mitleben in der Hausgemeinschaft nach vorheriger schriftlicher Vereinbarung.

| 📖 | **Literatur** Johannes Zeschick, Kloster in Rohr – Geschichte und Gegenwart, Verlag der Benediktinerabtei Rohr, 1986.

Rüdesheim-Eibingen – **BENEDIKTINERINNENABTEI ST. HILDEGARD**

| ✉ | **Adresse** D-65385 Rüdesheim-Eibingen.
Tel. 06722 / 4990, Fax 06722 / 499178.
E-Mail: benediktinerinnen@abtei-st-hildegard.de
Internet: www.abtei-st-hildegard.de

| 🚍 | **Anfahrt** Bahnstation Rüdesheim am Rhein. ⇒ Mit dem Pkw: Autobahn Frankfurt – Wiesbaden oder B 42 Koblenz – Rüdesheim.

| 🏛 | **Geschichte** Die Abtei St. Hildegard wurde erst 1900 gegründet, aber ihre geschichtlichen Wurzeln reichen bis ins 12. Jh. zurück und knüpfen an die Klostertradition der hl. Hildegard von Bingen an, deren benediktinische Lebensordnung auch das Leben der heutigen Gemeinschaft prägt. Während des Zweiten Weltkriegs war die Abtei von der Gestapo beschlagnahmt, die Nonnen wurden ausgewiesen. Am 2. Juli 1945 kehrte die Gemeinschaft in ihre Abtei zurück. Im Jahr 1988 besiedelten 10 Schwestern der Abtei St. Hildegard die ehemalige Zisterzienserabtei Marienrode bei Hildesheim neu und nahmen damit die alte Tradition von Klostergründungen wieder auf.

| 📷 | **Sehenswürdigkeiten** Neoromanische Klosteranlage in den Weinbergen oberhalb von Rüdesheim am Rhein; Klosterkirche, ausgemalt im Stil der Beuroner Kunstschule.

| 🛏 | **Unterkunft** 18 Gästezimmer mit Nasszelle, Gruppen- und Seminarräume.

| ☉ | **Gottesdienste** So: 6.00 Laudes; 8.15 Terz und Hochamt; 12.00 Mittagshore; 17.30 Vesper; 19.20 Komplet/Vigilien; Wo: 5.30 Laudes; 7.30 Terz und Hochamt; 12.00 Mittagshore; 17.30 Vesper; 19.20 Komplet/Vigilien.

| 👤 | **Mitglieder** 48.

| ⚒ | **Tätigkeiten** Klosterladen; Vinothek, Klosterweingut; Goldschmiede, Keramikwerkstatt, Restaurierungswerkstatt für kirchliche Archivalien, Gästehaus, Klostercafé.

| ☀ | **Angebote** Einzel- und Gruppenexerzitien, geistliche Begleitung, Seminare, Vorträge, Gruppengespräche, wechselnde Kunstausstellungen im Kunst-Keller, Klostercafé.

| 📖 | **Literatur** Benediktinerinnenabtei St. Hildegard, Rüdesheim/Eibingen, Michael Imhof-Verlag, Fulda.

Salzburg – **BENEDIKTINERINNENABTEI NONNBERG**

- **Adresse** A-5020 Salzburg, Nonnberggasse 2.
  Tel. 0662 / 841607, Fax 0662 / 849800.
  E-Mail: verwaltung.nonnberg@aon.at
  Internet: www.benediktinerinnen.de/nonnberg

- **Anfahrt** Bahnstation Salzburg Hbf. ⇒ Mit dem Pkw: Autobahn Wien – Salzburg – München.

- **Geschichte** Das Kloster Nonnberg wurde vom hl. Rupertus, dem Begründer des mittelalterlichen Salzburg, um das Jahr 714 gegründet und war niemals aufgehoben. Die erste Äbtissin war die hl. Erentrudis, eine Verwandte des hl. Rupertus. 1009 erbaute Kaiser Heinrich II. eine romanische Kirche, die 1423 ein Raub der Flammen wurde, in Grundriss, den Seitenmauern und einzelnen Baufragmenten aber in der 1509 vollendeten spätgotischen Kirche noch erhalten ist.

- **Sehenswürdigkeiten** Frei zugänglich sind die Klosterkirche mit den aus dem 12. Jh. stammenden Fresken im Westen und der Friedhof. Für die Besichtigung der Johanniskapelle mit einem Veit-Stoß-Altar ist eine Anmeldung an der Klosterpforte erforderlich.

- **Unterkunft** Im kleinen Gästehaus der Abtei.

- **Gottesdienste** Vesper Wo 17.15, Sa 17.00, So 16.30.

- **Mitglieder** 21.

- **Tätigkeiten** Archiv; Modelwerkstatt.

- **Angebote** „Kloster auf Zeit" und „Tage der Stille" mit der Möglichkeit zur Teilnahme am Chorgebet.

- **Literatur** Irmgard Schmidt-Sommer/Theresia Bolschwing, Frauen vor Gott. Geschichte und Wirken der Benediktinerinnenabtei St. Erentrudis auf dem Nonnberg in Salzburg, Salzburg 1990.

Salzburg – MISSIONSHAUS LIEFERING DER HERZ-JESU-MISSIONARE

Adresse A-5020 Salzburg, Schönleitenstraße 1.
Tel. 0662 / 432901, Fax 0662 / 432901150.
E-Mail: superiorat@msc-salzburg.at
Internet: www.herz-jesu-missionare.at

Anfahrt Bahnstation Salzburg Hbf. Mit der S-Bahn bis Salzburg Taxham-Europapark. ⇒ Mit dem Pkw: Autobahn München – Salzburg – Wien, Ausfahrt Salzburg-Mitte.

Geschichte Der französische Priester Jules Chevalier rief 1854 die Gemeinschaft der Herz-Jesu-Missionare in Issoudun ins Leben, die sich bald über Frankreich hinaus nach Österreich ausbreitete. So gründete sie 1888 in Salzburg in dem ehemaligen Domherrenschlösschen Schönleiten aus dem 17. Jh. das erste Missionshaus Österreichs und eröffnete im selben Jahr eine Apostolische Schule. Von hier aus fassten die Herz-Jesu-Missionare in Deutschland, Papua-Neuguinea, China, Zaire und Brasilien Fuß.

Sehenswürdigkeiten Moderne Kirche aus dem Jahr 1968; überlebensgroße Kreuzigungsgruppe in der Schule; Sammlung von Missionsgegenständen aus der Südsee und Afrika; Glasfenster in der Schüler- und in der Hauskapelle des neu renovierten Ordenshauses.

Gottesdienste So 10.30 und 18.30, Mo–Fr 6.45, Sa 7.30. Gemeinsame Laudes um 6.30 und Vesper um 18.30.

Mitglieder 7.

Tätigkeiten Im Missionshaus Liefering bestehen ein Privatgymnasium mit 670 Schülern, der Sitz des Provinzials der Süddeutsch-österreichischen Ordensprovinz, das Juniorat als Ort der Ausbildung für den Ordensnachwuchs und das „BONDEKO" als ein Zentrum für missionarische Bewusstseinsbildung sowie die Seelsorge in St. Martin in Salzburg und in Maria Kirchental.

Angebote Die Möglichkeit für junge Männer, die sich für das Ordensleben und für die Aufgaben der Herz-Jesu-Missionare interessieren, eine Zeit lang im Kloster mitzuleben, um die Lebensform der Ordensleute kennenzulernen.

Literatur Eugen Cuskelly, Jules Chevalier. Mann einer Sendung. Festschrift zum Hundertjahrjubiläum, Missionshaus der Herz-Jesu-Missionare, Salzburg 1988; Dynamik der Liebe – P. Julius Chevalier, Gründer der Herz-Jesu-Missionare. Schule und Internat der Herz-Jesu-Missionare in Salzburg von 1888 – 2000. Beten, Feiern, Singen mit den Herz-Jesu-Missionaren. Erhältlich bei oben genannter Adresse.

Sarnen – BENEDIKTINERINNENKLOSTER ST. ANDREAS

Adresse CH-6060 Sarnen/Obwalden, Brünigstraße 157.
Tel. 041 / 6601161, Fax 041 / 6601162.
E-Mail: info@frauenkloster-sarnen.ch
Internet: www.frauenkloster-sarnen.ch

Anfahrt Mit Bahn und Pkw über die Strecke Luzern – Interlaken.

Geschichte Die Geschichte des Klosters ist eng mit der des Benediktinerklosters Engelberg verbunden. Wenige Jahre nach dessen Gründung (1120) wurde dort auch das Frauenkloster gebaut und kam dank seiner Gönnerin, Königin Agnes von Ungarn, sehr rasch zu großer Blüte. Aber schon 1349 raffte die Pest innerhalb von vier Monaten 116 Schwestern hinweg. Ein Totalbrand und wiederkehrende Hungersnöte legten dem Kloster im Hochtal im Jahre 1615 eine Umsiedlung der letzten sieben Schwestern nach Sarnen nahe, wo ihnen die Regierung Hilfe zum Aufbau gewährte. Hier fand auch das Gnadenbild des hilfreichen Jesuskindes gute Aufnahme und große Verehrung; es wurde bald weiterum als „Sarner Jesuskind" bekannt. Das Kloster erstarkte wieder und gründete dank seines Missionseifers Tochterklöster in Amerika (1882) und Afrika (1967).

Sehenswürdigkeiten Die Klosterkirche St. Andreas und das Gnadenbild des Sarner Jesuskindes.

Unterkunft In Hotels und Gaststätten im Dorf Sarnen.

Gottesdienste So 8.00 Amt; 16.00 Vesper; Wo 6.45 Messe; 15.30 Vesper.

Mitglieder 7.

| ⛨ | **Tätigkeiten** Garten (Eigenversorgung), Wallfahrt zum Sarner Jesuskind.

| ✺ | **Angebote** Um das Leben der Benediktinerinnen näher kennenzulernen und um die eigene Berufung zu prüfen, sind junge Frauen eingeladen, ein Wochenende im Kloster zu verbringen.

Schaan – KLOSTER ST. ELISABETH – ANBETERINNEN DES BLUTES CHRISTI

| ✉ | **Adresse** FL-9494 Schaan/Fürstentum Liechtenstein, Duxgasse 55. Tel. 00423 / 2396444, Fax 00423 / 2396445.
E-Mail: pforte@kloster.li
Internet: www.kloster.li

| 🚍 | **Anfahrt** Bahnstationen Buchs/Schweiz oder Feldkirch/Österreich, von dort aus jeweils Busverbindungen. Das Kloster liegt etwas oberhalb des Ortes.

| 🏛 | **Geschichte** Die Kongregation wurde 1834 in Italien durch Maria De Mattias gegründet. Wenige Jahre später schloss sich ihr eine Gruppe deutscher Frauen an. Es ist eine internationale und multikulturelle Gemeinschaft von ca. 1.400 Schwestern mit Niederlassungen auf allen Kontinenten. Überall, wo die Schwestern tätig sind, versuchen sie Jesu Leben spendende Nähe zu allen Menschen zu bringen, indem sie Zeichen der Hoffnung, Versöhnung, Gewaltlosigkeit, Solidarität und Achtung vor dem Leben setzen. Das Kloster in Schaan wurde 1935 als Provinzhaus für den deutschsprachigen Raum gebaut. In diesem Raum leben z.Zt. 37 Schwestern aus sechs Nationen, welche in kleineren und größeren Lokalgemeinschaften in D, A, CH und FL leben.

| 🛏 | **Unterkunft** Das Haus verfügt über einen Gästetrakt mit Einzel- und Doppelzimmern mit WC oder Dusche/WC.

| ✺ | **Gottesdienste** Wo 6.30 Morgenlob, Mo–Do 17.30 Eucharistiefeier; So 7.30 Morgenlob, 11.00 Eucharistiefeier, 17.00–18.00 Anbetung mit Vesper.

| ♱ | **Mitglieder** In der Gemeinschaft in Schaan 15.

| ✐ | **Tätigkeiten** Pfarreiseelsorge; Katechese, Kinder- und Jugendarbeit, Geistliche Begleitung, religiöse Erwachsenenbildung, Betreuung der Feriengäste.

| ✻ | **Angebote** Ferien, Auszeit im Kloster, Exerzitien und Tagungen gemäß Jahresprogramm. Auch nach Absprache „Kloster auf Zeit" möglich und zwar für Frauen, die auf der Suche sind, nach ihrer persönlichen Berufung und die Gemeinschaft kennenlernen möchten.

| 🗐 | **Literatur** Alma Pia Spieler ASC, Wenn das Weizenkorn stirbt. Geschichte unserer Provinz von 1908 bis 1991, Kanisius-Verlag, Freiburg/Schweiz 1991; Don Michele Colagiovanni, Die gehorsame Rebellin. Profil der Gründerin hl. Maria De Mattias, Schaan 1984; ASC Generalleitung, Ein Baum, viele Zweige ... ein Samenkorn. Das Abenteuer der Anbeterinnen des Blutes Christi, Rom 2000; Sr. Ines Kezi´c, Hermina Gantert – Erste Leiterin der Anbeterinnen in Bosnien, Schaan 2003; Sr. Pauline Grady,Klementina Zerr. Eine mutige Bahnbrecherin, Rom 2003.

Scheinfeld – BILDUNGSHAUS KLOSTER SCHWARZENBERG DER FRANZISKANER-MINORITEN

| ✉ | **Adresse** D-91443 Scheinfeld.
Tel. 09162 / 928890, Fax 09162 / 9288990.
E-Mail: info@kloster-schwarzenberg.de
Internet: www.kloster-schwarzenberg.de

| 🚆 | **Anfahrt** Bahnstation Markt Bibart (Strecke Würzburg – Nürnberg), von dort Abholung möglich. ⇒ Mit dem Pkw: Autobahn E 5 Nürnberg – Frankfurt, Ausfahrt Geiselwind oder Schlüsselfeld, von dort aus in südlicher Richtung nach Scheinfeld.

| 🏛 | **Geschichte** Marienwallfahrt seit Anfang des 16. Jh.s. Seelsorgliche Aushilfen der Franziskaner-Rekollekten von Dettelbach in Neustadt/Aisch und Scheinfeld führten 1699 zur Gründung des Klosters. Neben seelsorglichen Aushilfsarbeiten in Scheinfeld und Umgebung und der Wallfahrtsbetreuung unterhielten die Franziskaner 1683–1808 eine Lateinschule. Zeitweilig bestand hier (ab 1716) ein Philosophiestudium der Ordensprovinz. Durch die Säkularisation und ihre Folgen Verringerung der Ordensleute, Übergang in Staatsbesitz. 1835 Angliederung des Klosters an die bayerische

Provinz der Franziskaner-Reformaten, 1866 von diesen aufgegeben. Im selben Jahr Kauf des Klosters durch die deutsche Provinz der Franziskaner-Minoriten mit Unterstützung des damaligen Scheinfelder Pfarrers Krapp. 1960 brannten Kloster und Dach der Kirche ab. Bis 1962 Wiederaufbau und seit 1968 Einrichtung eines Teiles des Klosters als Haus der Erwachsenenbildung.

| 📷 | **Sehenswürdigkeiten** Barockkirche (1732–1735), Gnadenkapelle mit steinernem Wallfahrtsbild „Maria Hilf".

| 🛏 | **Unterkunft** Das Kloster bietet mit 70 Betten, mehreren Gruppenräumen, drei Gottesdiensträumen und einem Garten inmitten einer ruhigen, reizvollen Landschaft den geeigneten Ort für private Besinnungstage, Meditations-, Klausur- und andere Tagungen, für Wochen- und Wochenendseminare.

| ✝ | **Gottesdienste** So 7.00, 9.00, 18.00, Wo 7.00 Eucharistiefeier; Wo 6.30 Laudes; 12.00 Sext; Mo–Sa 19.00 Vesper, Sa 16.00 Rosenkranz.

| 👤 | **Mitglieder** 6.

| ✦ | **Angebote** „Kloster auf Zeit", geistliche Einzelgespräche, Einzel- und Gruppenexerzitien, Kurse (gemäß Programm des Bildungshauses).

Scheyern – **BENEDIKTINERABTEI ZUM HL. KREUZ**

| ✉ | **Adresse** D-85298 Scheyern.
Tel. 08441 / 7520 (Pforte), Fax 08441 / 752210.
E-Mail: info@kloster-scheyern.de
Internet: www.kloster-scheyern.de

| 🚗 | **Anfahrt** Bahnstation Pfaffenhofen (Strecke München – Ingolstadt). ⇒ Mit dem Pkw: Autobahn München – Nürnberg, Ausfahrt Pfaffenhofen.

| 🏛 | **Geschichte** In Scheyern befand sich die Stammburg der Wittelsbacher; sie wurde 1119 in ein Benediktinerkloster umgewandelt. Kloster und Kirche waren im Hirsauer Stil gebaut. Die Klosterkirche wurde im 18. Jh. im Stil des Rokoko umgestaltet, der gotische Kreuzgang blieb erhalten. Von

großer Bedeutung war seit jeher das „Scheyerer Kreuz", eine Partikel vom Kreuz Christi; es ist bis heute das Ziel vieler Wallfahrten. 1980 wurde die Klosterkirche zur päpstlichen Basilika erhoben.

| 📷 | **Sehenswürdigkeiten** Eindrucksvolle Gesamtanlage; Wittelsbachergrab und Fürstenbilder in der Kapitelkirche; prächtige barocke Sakristei.

| 🛏 | **Unterkunft** Im Gäste- und Tagungshaus und in der Klostergaststätte „Schyrenhof".

| ⦿ | **Gottesdienste** So 7.30, 8.30, 10.00, 19.00 Eucharistiefeier; 16.30 Vesper; täglich ist die Teilnahme am Chorgebet der Klostergemeinschaft möglich.

| 👤 | **Mitglieder** 12.

| ⚒ | **Tätigkeiten** Seelsorge in der Klosterpfarrei, in verschiedenen Pfarreien in der Umgebung und in der Wallfahrt zum Heiligen Kreuz; Unterricht in den Beruflichen Oberschulen für Wirtschaft und Technik; Führen eines Wohnheimes für die Schüler; wissenschaftliche Arbeit im Byzantinischen Institut (Edition der Werke des Johannes von Damaskus) und in der Bibliothek.

| ✻ | **Angebote** Eigene Klosterbrauerei mit Bräustüberl und Biergarten; Jahresprogramm mit verschiedenen Kursangeboten; Mitleben in der Klostergemeinschaft, „Kloster auf Zeit" nach Anfrage.

| 📖 | **Literatur** Zeitschrift „Scheyerer Turm" (über die Abtei zu beziehen); Kirchenführer/Klosterführer Scheyern, Verlag Schnell & Steiner, München 2011.

Schlanders – KAPUZINERKLOSTER

| ✉ | **Adresse** I-39028 Schlanders/Südtirol, Kapuzinerstr. 3
Tel. 0473 / 730228.
E-Mail: schlanders@kapuziner.org

| 🚋 | **Anfahrt** Bahnstation Schlanders (Strecke Meran – Mals). ⇒ Mit dem Pkw: Staatsstraße Meran – Reschenpass.

| 🏛 | **Geschichte** Schon im Jahre 1620 hielten Kapuziner in Schluderns und in Glurns Fastenpredigten, 1630 kam auch Schlanders hinzu. Diese Predigten und der Dienst an den Siechen während der Pestjahre 1635/1636 ließen die Kapuziner an Ansehen und Wertschätzung bei Adel und Volk derart gewinnen, dass diese nur mehr die Kapuziner als Seelsorger haben wollten. Der zuständige Bischof von Chur und der Landesfürst mussten zustimmen, obwohl sie bereits den Franziskanern die Erlaubnis zur Niederlassung erteilt hatten. Bischof Flugi von Chur legte 1644 den Grundstein zum Kloster und weihte am 27. November 1648 die Kirche. Am 15. August 1808 evakuierte die bayerische Regierung auch das Kloster Schlanders; nach der ersten Schlacht am Berg Isel konnten die Kapuziner zurückkehren. 1979–1981 wurde das Kloster gründlich renoviert, ebenso im Jahr 1990 die Kirche; sie erhielt einen Meditationsweg mit dem Sonnengesang des hl. Franziskus.

| 🛏 | **Unterkunft** Das Kloster kann keine Gäste beherbergen.

| ✪ | **Gottesdienste** So 8.00 (dt), 10.00.(it); Wo 9.00 (dt.).

| ⚒ | **Tätigkeiten** Seelsorge, Krankenhaus und Altersheim.

| ✝ | **Mitglieder** 8.

Schlehdorf – **MISSIONS-DOMINIKANERINNENKLOSTER**

| ✉ | **Adresse** D-82444 Schlehdorf, Kirchstraße 9.
Tel. 08851 / 1810, Fax 08851 / 181210.
E-Mail: provinz@schlehdorf.org
Internet: www.schlehdorf.org

| 🚌 | **Anfahrt** Mit der Bahn: München – Tutzing – Kochel oder München – Murnau; von dort jeweils Busverbindung. ⇒ Mit dem Pkw: Autobahn München – Garmisch, Ausfahrt Großweil/Kochel in Richtung Kochel.

| 🏛 | **Geschichte** Der genaue Gründungszeitpunkt des Klosters Schlehdorf liegt im Dunkeln. Urkunden aus der Tassilozeit, die erste vom 29. Juni 763 und weitere aus den folgenden Jahren (siehe Kopialbuch des Freisinger Notars Cozroh), geben in ausgezeichneter Form Aufschluss über die

Gründungs- und Entstehungsgeschichte des Benediktinerklosters Schlehdorf. Vermutlich wurde es im 10. Jh. von den Ungarn zerstört. Bischof Otto von Freising baute es 1140 wieder auf, bestellte es mit Augustiner-Chorherren, die durch die Säkularisation aus ihren Aufgaben und ihrer klösterlichen Heimat vertrieben wurden. 1904 erwarben die Missions-Dominikanerinnen durch Unterstützung von Missionsfreunden das Kloster als Ausbildungsstätte für junge Schwestern. Etwa 900 Schwestern wurden von Schlehdorf aus in die Mission gesandt. In Schlehdorf selbst widmen sich die Schwestern der Erziehung und Ausbildung von Jugendlichen in der Realschule. Die Räume der ehemaligen Haus- und Landwirtschaftsschule wurden zu einem Gäste- und Besinnungshaus umgebaut.

|📷| **Sehenswürdigkeiten** Die Klosterkirche, heute Pfarrkirche: Baubeginn 1727, Baupläne von Hofbaumeister Johann Georg Ettenhofer. Bauzeit 53 Jahre. Mit seinem Chor, in dem noch Barock anklingt, und seinem klassizistischen Langhaus erscheint der Innenraum von kühler Großartigkeit. Kreuzkirche (1692), romanischer Christus.

|🛏| **Unterkunft** Im Haus, Prospekte können angefordert werden.

|✝| **Gottesdienste** So 7.30 Laudes; 17.30 Vesper; Wo 6.30 Laudes und Eucharisitiefeier; 17.30 Vesper.

|👤| **Mitglieder** 49 in der Deutschen Provinz.

|✎| **Tätigkeiten** Gästebereich; Klosterladen.

|✵| **Angebote** Stille Tage, Urlaub und Erholung im Gästebereich, Geistliche Begleitung und Einzelexerzitien.

Schlierbach – ZISTERZIENSERSTIFT

| ✉ | **Adresse** A-4553 Schlierbach / Oberösterreich, Klosterstraße 1.
Tel. 07582 / 83013, Fax 07582 / 83013176.
E-Mail: info@stift-schlierbach.at
Internet: www.stift-schlierbach.at

| 🚍 | **Anfahrt** Bahnstationen Linz oder Graz-Selthal. ⇒ Mit dem Pkw: A 1 bis Voralpenkreuz, dann A 9 bis Inzersdorf; Bundesstraße 138 von Sattledt; Landstraße von Kremsmünster oder Kirchdorf a. d. Krems.

| 🏛 | **Geschichte** 1355 als Zisterzienserinnenkloster gegründet, 1560 in der Reformationszeit erloschen, 1620 Wiederbesiedlung mit Zisterziensern. Neubau des gesamten Klosters 1674–1712 von den Brüdern Carlone. 1920 Landwirtschaftliche Berufsschule, 1924 Käserei. 1939 Gründung des Missionsklosters Jequitiba in Bahia/Brasilien. 1925 neusprachliches Gymnasium mit Internat, 1944 Glasmalerei.

| 📷 | **Sehenswürdigkeiten** Besonders reich geschmückte Kirche, barocker Kreuzgang mit gotischer Madonna (1320), eine der schönsten Bibliotheken Österreichs, Bernardisaal, Margret-Bilger-Galerie mit Ausstellung von Künstlern der Glasmalerei.

| 🛏 | **Unterkunft** Schlierbach ist Fremdenverkehrsort und bietet in Gasthäusern, Pensionen und bei Familien gute Quartiere. Auch Urlaub auf dem Bauernhof ist möglich.

| 👤 | **Mitglieder** 28.

| ⚙ | **Tätigkeiten** Seelsorge in 9 Pfarreien; neusprachliches Gymnasium; Käserei; Glasmalerei: Antikglas, Steinglas, Farbfenster für Kirchen und profane Räume; Bauverglasung.

| ✦ | **Angebote** „Kloster auf Zeit" und Mitleben in der Gemeinschaft nur für Einzelne nach Anmeldung.

Schmallenberg – KONGREGATION DER BARMHERZIGEN SCHWESTERN VOM HEILIGEN KARL BORROMÄUS, MUTTERHAUS KLOSTER GRAFSCHAFT

Adresse D-57392 Schmallenberg, Annostr. 1. Tel. 02972 / 79101. E-Mail: ordenssekretariat@borromeo.de Internet: www.kloster-grafschaft.com

Anfahrt Bahnanschluss in Lennestadt-Altenhundem oder Meschede. Weiterfahrt von dort mit dem Bus nach Grafschaft (Umsteigen in Schmallenberg).

Geschichte Das Kloster wurde 1072 durch den Kölner Erzbischof Anno II als Benediktinerabtei gegründet. Infolge des Reichsdeputationshauptschlusses und im Zuge der Säkularisation kam es zur Auflösung des Klosters. Die Kongregation der Barmherzigen Schwestern vom Heiligen Karl Borromäus besteht seit 1652. Der Advokat Josef Chauvenel in Nancy/Lothringen widmete sein Leben ganz den Armen, Kranken und Verlassenen und richtete eine Armenapotheke für Hilfsbedürftige ein. Als 1651 in Toul die Pest ausbrach, eilte er dorthin, um die von der Seuche Befallenen zu pflegen. Er infizierte sich und starb im Alter von 31 Jahren. Dem Wunsch des Verstorbenen entsprechend, führte der Vater dessen Lebenswerk fort und gründete in Nancy das Haus der Barmherzigkeit. Von der Kirche bestätigt, breitete sich die Kongregation über die Landesgrenzen aus. Anfang des Jahres 1948 kamen die ersten, aus Schlesien vertriebenen Borromäerinnen, nach Grafschaft. Nach mühevollen Aufbauarbeiten entstanden das Mutterhaus mit Schwesternaltenheim und ein modernes Fachkrankenhaus für Innere Medizin/Kardiologie, Lungen- und Bronchialheilkunde, Allergologie, Frührehabilitation nach Langzeitbeatmung.

Sehenswürdigkeiten Steinbild des hl. Anno im Giebelfenster über dem Portal; die Nebeneingänge sind mit allegorischen Plastiken geschmückt, links Herbst und Winter, rechts Frühling und Sommer darstellend. Museum im Kloster: Darin befinden sich einige liturgische Geräte, Paramente, Reliquien und andere religiöse Kunstwerke aus der Zeit des alten Klosters.

Gottesdienste So 9.15; Mo/Mi/Fr 17.00; Di/Do/Sa 7.30.

Tätigkeiten Krankenpflege, Gästebetreuung.

Seckau – BENEDIKTINERABTEI

Adresse A-8732 Seckau 1 / Obersteiermark.
Tel. 03514 / 52340, Fax 03514 / 5234105.
E-Mail: verwaltung@abtei-seckau.at
Internet: www.abtei-seckau.at

Anfahrt Bahnstation Knittelfeld (Strecke Wien – Klagenfurt), von dort Bus oder Taxi nach Seckau. ⇒ Mit dem Pkw: S 36 Murtalschnellstraße bis Ausfahrt Feistritz bzw. Knittelfeld-Ost, dann L 517 bis Kobenz und der Beschilderung folgen.

Geschichte Die heutige Benediktinerabtei wurde 1140 als Chorherrenstift von Adalram von Waldegg gegründet. 1164 wurde die Kirche vom sel. Hartmann, Bischof von Brixen, geweiht. 1218 errichtete Erzbischof Eberhard II. von Salzburg in Seckau einen Bischofssitz, der allerdings nur eine geringe Ausdehnung hatte. Stiftspropst und Chorherren bildeten das Domkapitel. Das blieb so, bis Kaiser Joseph II. das Stift auflöste und den Bischofssitz nach Graz verlegte. 101 Jahre blieb die Gründung verwaist, die Gebäude verfielen. 1883 erwarben und besiedelten Beuroner Mönche die alte Gründung. Eine neuerliche Aufhebung erfolgte am 8. April 1940 durch die NS-Machthaber. 1945 kehrten Mönche zurück und eröffneten im selben Jahr das Gymnasium wieder, das sie seit 1926 führen. Seit dem Mittelalter ist Seckau ein gern besuchter Wallfahrtsort.

Sehenswürdigkeiten Das Gnadenbild, eine byzantinische Arbeit (Nikopoia). Die romanische Säulenbasilika mit reichen Kunstschätzen aller Stilepochen: romanische Kreuzigungsgruppe, romanisches Johannesfresko; gotischer Maria-Krönungs-Altar, gotische Plastiken; Renaissance-Mausoleum Erzherzog Karls II.; Fresken in der Engelkapelle von Herbert Boeckl.

Unterkunft Zur religiösen Einkehr Unterbringung von Gästen im Kloster (Gästetrakt St. Joseph für Männer, St. Martha für Frauen) und Gasthöfe; Familien- und Jugendgästehaus.

Gottesdienste 5.30 Vigil und Laudes; 9.00 Konventamt und Sext; So 9.00 (Pfarrmesse); 12.00 Mittagshore; So u. Wo 18.00 Vesper; 20.00 Komplet.

Mitglieder 11.

| ✥ | **Tätigkeiten** Pfarrseelsorge; Abteigymnasium mit Werkstattausbildung; Buch- und Kunsthandlung; Kunst-, Möbel- und Antiquitätentischlerei (verpachtet); Destillerie.

| ✺ | **Angebote** Mitleben in der Hausgemeinschaft; „Ostern in Seckau"; Schnapsbrennseminare in der Destillerie; kulturelle Veranstaltungen, Ausstellung „Welt der Mönche" (1. Mai bis letzter Sonntag im Oktober, tägl. 10.00 bis 17.00).

Seitenstetten – **BENEDIKTINERSTIFT**

| ✉ | **Adresse** A-3353 Seitenstetten/Niederösterr., Am Klosterberg 1. Tel. 07477 / 42300223, Fax 07477 / 42300250.
E-Mail: kultur@stift-seitenstetten.at
Internet: www.stift-seitenstetten.at

| 🚗 | **Anfahrt** Bahnstationen St. Valentin oder Amstetten (Strecke München – Wien), Busverbindung ab Amstetten, oder direkt Station St. Peter/Seitenstetten. ⇒ Mit dem Pkw: Autobahn aus Richtung Salzburg, Ausfahrt Stadt Haag; aus Richtung Wien, Ausfahrt Oed; Bundesstraße 121 (Amstetten – Steyr).

| 🏛 | **Geschichte** Gründung 1112 durch Udalschalk von Stille und Heft (heute Oberösterreich). 1114 Besiedelung durch Mönche aus Göttweig (Wachau). 1116 erste Klosterkirchweihe durch Bischof Ulrich aus Passau (einen Verwandten Udalschalks). 1250 erster Klosterbrand; Errichtung der jetzigen frühgotischen Basilika. 1350 zweiter Klosterbrand; eine spätgotische Klosteranlage mit schönem Kreuzgang folgt. 1717–1750 Neubau des jetzigen barocken Vierkanters nach Plänen von Munggenast. 1677–1706 Barockisierung der Stiftskirche. 1988 Niederösterreichische Landesausstellung „Kunst und Mönchtum an der Wiege Österreichs". Dazu wurde die komplette Klosteranlage restauriert.

| 📷 | **Sehenswürdigkeiten** Marmorsaal und Bibliothek (jeweils Fresko von Paul Troger); Abteistiege; Sommerrefektorium; Mineralienkabinett. Die Stiftsgalerie wurde in den letzten Jahren erweitert und zählt nun zu den großen Privatsammlungen Österreichs; mit bedeutenden

Werken des Barock (Kremser Schmidt, Altomonte, Daniel Gran, Paul Troger) bis zur Gegenwart. Historischer Hofgarten mit Kräutergarten, Rosarium und Barockparterre.

| ⌷ | **Unterkunft** 12 Einzel-, 6 Doppel- und 2 Dreibettzimmer stehen zur Verfügung. Ordensleute finden Unterkunft in der Klausur.

| ● | **Gottesdienste** So 7.00, 8.30, 10.00, 19.00. Mo 19.00; Di 8.00; Mi 19.00; Do 7.45; Fr, Sa 8.00.

| ♱ | **Mitglieder** 33.

| ⚒ | **Tätigkeiten** Land- und Forstwirtschaft; Tischlerei; Bautrupp; Gärtnerei; Bildhaueratelier; Unterricht am Gymnasium; Seelsorge in 14 inkorporierten Pfarreien der Umgebung; Jugendhaus Schacherhof, Bildungszentrum St. Benedikt.

| ✺ | **Angebote** „Ostern im Kloster", „Kloster auf Zeit", Urlaub im Kloster (Tel. 07477 / 42300223), Gruppenexerzitien, Bibelseminare, Einkehrtage im „Bildungszentrum St. Benedikt" (Tel. 07477 / 42885).

Spaichingen – **CLARETINER-MISSIONSHAUS DREIFALTIGKEITSBERG**

| ✉ | **Adresse** D-78549 Spaichingen, Dreifaltigkeitsberg. Tel. 07424 / 958350, Fax 07424 / 9583529. Internet: www.spaichingen-claretiner.de

| ⌷ | **Anfahrt** Bahnstation Spaichingen. ⇒ Mit dem Pkw: Autobahn Stuttgart – Singen, Ausfahrt Rottweil, dann B 14 bis Spaichingen, von dort noch 5 km Landstraße.

| 🏛 | **Geschichte** Im Jahre 1924 kamen zwei Claretinerpatres deutscher Herkunft aus dem Gründungsland der Kongregation der Claretiner, Spanien, auf den Dreifaltigkeitsberg, um zunächst die Wallfahrtsseelsorge zu übernehmen. Sehr bald wurden die Patres auch zu Seelsorgsdiensten in die Gemeinden der Umgebung gerufen.

Als nach dem II. Vatikanischen Konzil indische Priesterkandidaten zur Deutschen Provinz der Claretiner stießen, kam neues Leben in die Gemeinschaft. Neben dem alten Gebäude wurde ein Noviziatshaus errichtet, das frühere Haus der Gemeinschaft in ein Jugendhaus umgewandelt, u.a. mit der Möglichkeit von Schullandheimaufenthalten und Erholungszeiten für Kinder, die von der Caritas betreut wurden. Nach einer notwendigen Sanierung des Gebäudes, in dem auch eine Gaststätte eingerichtet ist, stehen die Räume kleinen Gruppen zur Glaubensvertiefung zur Verfügung. Für Tagesveranstaltungen (Einkehrtage, Tagungen) dient ein Saal. Seit 1967 nehmen Missionarinnen des hl. Antonius Claret brasilianischer Herkunft die häuslichen Dienste wahr.

Sehenswürdigkeiten Wallfahrtskirche zur Heiligen Dreifaltigkeit, deren Anfänge in das Jahr 1415 zurückreichen (neu renoviert 2007). Spätbarocke Erweiterung 1761–1767. Gestaltung des Hochaltars: J. A. Feuchtmayer. Brunnenhaus: Der Brunnen wurde im Jahre 1662 von Christian Bader, Imst/Tirol, gegraben. Er wurde gebaut, ehe mit der Wallfahrtskirche begonnen wurde. Altes Backhaus: 2006 originalgetreu aufgebaut (jeder 1. Sa im Monat wird gebacken); Krippenausstellung, tägl. von 14.00–17.00: über 60 Krippen aus allen Ländern und das Leben Jesu in 16 Bildern auf 200 m^2.

Unterkunft Im Kloster für Tage der Stille, Besinnung und religiösen Weiterbildung (12 Zimmer mit maximal 20 Betten).

Gottesdienste So 7.00, 8.00, 9.30 Messe; 15.00 Andacht; Wo 8.00 Messe. Wallfahrtsgottesdienste nach Vereinbarung.

Mitglieder 5 Patres, 1 Bruder, 4 Schwestern (Claretinerinnen aus Brasilien).

Tätigkeiten Wallfahrtsseelsorge, Krankenhausseelsorge, Gemeindemissionen, Jugendarbeit in Zuordnung auf Berufe der Kirche, Erwachsenenbildung, geistliche Begleitung, Klosterladen.

Angebote Geistliche Einzelgespräche, Einzel- und Gruppenexerzitien, Meditationskurse, Tagungen der kirchlichen Erwachsenenbildung.

Springe – HAUS IMMANUEL DER GEMEINSCHAFT JESU

Adresse D-31832 Springe, Heinrich-Göbel-Str. 22.
Tel. 05041/756 942.
E-Mail: info@gemeinschaft-jesu.com
Internet: www.gemeinschaft-jesu.com

Anfahrt ⇒ Mit dem Pkw: A 7 Kassel – Hamburg. Ausfahrt Hildesheim. B 1 Richtung Hameln.

Geschichte Die Gemeinschaft Jesu wurde 1996 gegründet. Es ist eine apostolisch wirkende Frauengemeinschaft mit ignatianischer Spiritualität. Ihr Anliegen ist es, Spiritualität und Leben miteinander zu verbinden und anderen Menschen Wege zu eröffnen, aus der Kraft des Glaubens und der Beziehung zu Christus heraus das eigene Leben lebendiger zu gestalten, Krisenzeiten als Herausforderung anzunehmen und sich in Kirche und Gesellschaft für die Menschen zu engagieren.

Unterkunft Es gibt einen Gästebereich mit 3 Zimmern und der Möglichkeit der Selbstversorgung.

Gottesdienste Morgens Schweigemeditation und Laudes, abends Vesper bzw. Komplet.

Mitglieder In der Hausgemeinschaft leben z. Zt. 2 Schwestern.

Tätigkeiten Exerzitienbegleitung, geistliche Begleitung, Seelsorge, Bildungsreferentinnen, spirituell-therapeutische Beratung.

Angebote Im Haus Immanuel: geistliche Begleitung, Einzelseelsorge, Exerzitien, Stille Tage, Meditation, Pilgerexerzitien für Frauen, Lebensberatung.

St. Andrä – KLOSTER MARIA LORETTO DER TÖCHTER DER GÖTTLICHEN LIEBE

| ✉ | **Adresse** A-9433 St. Andrä/Kärnten, Wölzing 19.
Tel. 04358 / 2101.
E-Mail: klostermarialoretto@gmail.com

| 🚗 | **Anfahrt** Mit dem Pkw: B 17 Salzburg – Klagenfurt – über die A 2 nach St. Andrä.

| 🏛 | **Geschichte** St. Andrä wurde 1665 von Dominikanerinnen erbaut, die ein ausschließlich beschauliches Leben führten. Unter Kaiser Joseph II., der sämtliche kontemplativen Klöster auflöste, mussten sie ihr Heim verlassen. Das Gebäude wurde in eine Bierbrauerei umgewandelt und verfiel. Mutter Franziska Lechner, die Gründerin des heutigen St. Andrä, fand eine Klosterruine vor. Ab 1880 wuchs neues Leben daraus: Ein Heim für bedürftige Kinder, ein Kindergarten, eine Volksschule und ein Haushaltungskurs wurden eröffnet. 1926 kam eine Hauptschule, 1966 eine Fachschule für wirtschaftliche Frauenberufe hinzu. Seit 1973 finden auch Mädchen mit Behinderung Aufnahme. Kinder, die die Hauptschule besuchen, können in einem Halbinternat untergebracht werden. Seit 1998 ist die Fachschule für Sozialberufe eingemietet.

| 📷 | **Sehenswürdigkeiten** Berühmte Wallfahrtskirche neben dem Kloster, gotische Pfarrkirche und altes Stadttor.

| 🛏 | **Unterkunft** In Gästehäusern in der Nähe des Klosters.

| ● | **Gottesdienste** Sa 18.00 Vorabendmesse in der Klosterkapelle; 9.00 in der Pfarrkirche Eucharistiefeier; Wo 6.30 bzw. 18.00 in der Klosterkapelle.

| ♱ | **Mitglieder** 7.

| ⚒ | **Tätigkeiten** Arbeit im Kindergarten; Kurs zur Anlehre und Berufseingliederung nach der Sonderschule von Mädchen mit leichter Behinderung; Mitarbeit in der Pfarrei.

St. Augustin – MISSIONSPRIESTERSEMINAR DER GESELLSCHAFT DES GÖTTLICHEN WORTES (STEYLER MISSIONARE)

Adresse D-53754 St. Augustin, Arnold-Janssen-Straße 30.
Tel. 02241 / 237201, Fax 02241 / 28450.
E-Mail: pforte.augustin@steyler.de
Internet: www.steyler.de

Anfahrt Bahnstation Bonn Hbf, von dort Straßenbahn Bonn – Siegburg (Linie 66) bis St. Augustin/Kloster. ⇒ Mit dem Pkw: A 3 bis Kreuz Bonn-Siegburg, Ausfahrt Siegburg, dann B 56 in Richtung Bonn; A 59 bis Dreieck St. Augustin, dann A 560 Richtung Hennef, Ausfahrt St. Augustin.

Geschichte 1913 als Erholungsheim gegründet, wurde das Kloster bald zu einer Priesterausbildungsstätte für Steyler Missionare. 1935 erste Priesterweihe, 1941 Enteignung; 1945 Rückkehr der Steyler Missionare. Die inzwischen staatlich und kirchlich anerkannte Phil.-Theol. Hochschule, die im Jahre 2000 zur Kirchlichen Fakultät erhoben wurde, hat das Recht, den Magister, das Lizentiat und das Doktorat in Theologie zu erteilen; sie zählt z.Zt. 165 Hörer, auch Laientheologen und -theologinnen. Im Laufe der Zeit siedelten sich verschiedene Institute auf dem Campus in St. Augustin an, die mit dem Studien- und Lehrbetrieb eng verbunden sind: das Missionswissenschaftliche Institut, das Anthropos Institut für völkerkundliche Studien, die Monumenta Serica für sinologische Forschung, das China-Zentrum, das wissenschaftlich-ethnologische Museum „Haus Völker und Kulturen", die „Akademie Völker und Kulturen", die Missionsprokur, die Steyler Bank sowie die Steyler Buchhandlung.

Sehenswürdigkeiten Seminarkirche und Krypta. Das „Haus Völker und Kulturen" enthält u.a. Exponate aus Afrika und Papua-Neuguinea; jährlich bietet es etwa drei Ausstellungen an, vor allem über christliche Kunst aus nichteuropäischen Ländern. Öffnungszeiten: nach Vereinbarung.

Unterkunft In der Stadt.

Gottesdienste So 9.15, Wo 7.00 Eucharistiefeier; 18.00 Vesper.

Mitglieder ca. 100 Hausbewohner aus 15 Nationen. (Steyler Missionare und ständige Gäste).

| ※ | **Angebote** Haus- und Museumsführungen nach Absprache; Sonderveranstaltungen s. Internet: www.steyler.de.

Steyl – HERZ-JESU-KLOSTER DER MISSIONSSCHWESTERN, DIENERINNEN DES HEILIGEN GEISTES

| ✉ | **Adresse** NL-5935 BX Steyl/Tegelen, Zustersstraat 20.
Tel. 077 / 3764200, Fax 077 / 3764226.
E-Mail: ssps.steyl@hetnet.nl
Internet: www.steyler-missionarinnen.de

| 🚌 | **Anfahrt** Bahnstation Venlo, von dort Bus Linie 66 Richtung Reuver – Roermond, Haltestelle „Politiebureau". ⇒ Mit dem Pkw: A 61, Ausfahrt 2 Kaldenkirchen/Straelen, oder A 40, Ausfahrt + 2 Straelen/Nettetal; für beide weiter über B 221, Grenzübergang Heidenend – Tegelen – Steyl.

| 🏛 | **Geschichte** Die Kongregation der Steyler Missionsschwestern wurde 1889 von Arnold Janssen gemeinsam mit Helena Stollenwerk und Hendrina Stenmanns im niederländischen Steyl gegründet, da wegen des Kulturkampfes in Deutschland eine Gründung nicht möglich war. Zwischen 1902 und 1904 baute der Gründer das Herz-Jesu-Kloster als Mutterhaus der Steyler Schwestern. Mittelpunkt der Anlage ist die neugotische Kirche, deren Grundriss die Umrisse einer Taube (des Symbols des Heiligen Geistes) aufweist: Der Hauptkirche sind zwei Seitenflügel schräg angebaut.
Der ganze Bau war als Doppelkloster konzipiert für die beiden weiblichen Zweige der Steyler Gründung: die Missionsschwestern und die Anbetungsschwestern. Nachdem sich beide Zweige zu selbstständigen Kongregationen entwickelt hatten, erhielten die Anbetungsschwestern – ebenfalls in Steyl – ein eigenes Kloster. Das Herz-Jesu-Kloster blieb ab 1914 das Mutterhaus der Missionsschwestern.

| 📷 | **Sehenswürdigkeiten** Kirche; Kapelle mit dem Sarkophag der seligen Helena Stollenwerk und der seligen Hendrina Stenmanns (Mitgründerinnen des Ordens); ordenshistorisches Museum.

| 🛏 | **Unterkunft** Im Kloster selbst nur für Kursteilnehmer/innen und für Besinnung Suchende; Hotels und Motels in der Umgebung.

| ♦ | **Mitglieder** In der gesamten Gemeinschaft in nahezu 45 Ländern 3.500, im Herz-Jesu-Kloster ca. 80.

| ✲ | **Angebote** „Kloster auf Zeit" für Frauen; Mitleben in der Hausgemeinschaft für junge Frauen; Gruppen- und Einzelexerzitien; Besinnungswochenenden für junge Menschen und für Erwachsene als offenes Angebot und für geschlossene Gruppen.

| 📖 | **Literatur** Gabriele Hölzer SSpS, Eine Frau im Aufbruch. Helena Stollenwerk, Nettetal 1995. Gabriele Hölzer SSpS, Eine Frau unter Gottes Segen. Hendrina Stenmanns, Steyl 2008.

St. Florian – AUGUSTINER-CHORHERRENSTIFT

| ✉ | **Adresse** A-4490 St. Florian bei Linz (Oberösterreich), Stiftstraße 1. Tel. 07224 / 89020, Fax 07224 / 890223.
E-Mail: info@stift-st-florian.at
Internet: www.stift-st-florian.at

| 🚗 | **Anfahrt** Bahnstation Linz Hbf, von dort Postbus (direkt beim Hbf) nach St. Florian (Fahrtdauer 30 Minuten). ⇒ Mit dem Pkw: A 1, Ausfahrt (160) St. Florian.

| 🏛 | **Geschichte** 304 n. Chr. erlitt Florian, Amtsvorsteher der Zivilverwaltung in Lauriacum, den Martertod wegen seines Bekenntnisses zu Christus. Sein Leichnam wurde hier begraben. An seinem Grab entstanden Kultstätte und Kloster. Dieses wird Ende des 8. Jh.s schon als bestehend erwähnt. Bis 1071 lebten in St. Florian weltliche Chorherren. 1071 hat Bischof Altmann von Passau die Augustinusregel eingeführt und die Chorherren zu Ordensleuten gemacht. Die Seelsorge, die Pflege der Liturgie und Wissenschaft sind die Aufgaben der Augustiner-Chorherren.

| 📷 | **Sehenswürdigkeiten** Eine Sehenswürdigkeit für sich ist die gesamte barocke Klosteranlage, mit deren Bau 1686 begonnen wurde. Carlo Carlone und Jakob Prandtauer haben hier gearbeitet. In der Apsis und in der Kuppel der Stiftskirche erleben wir in den herrlichen Fresken der Münchener Maler Gumpp und Steidl die Krönung Mariens, im Hauptschiff das Martyrium des hl. Florian. Unter der großen Orgel, bekannt als „Bruckner-

Orgel", ruht der große „Musikant Gottes" Anton Bruckner. Besonders sehenswert sind die „Kaiser-Zimmer", als Quartier für den Kaiser und sein Gefolge angelegt. Diese 16 Zimmer sind noch eingerichtet wie vor 250 Jahren. Eindrucksvoll auch die Bibliothek (ca. 160.000 Bände) und der Marmorsaal. Aus der Kunstsammlung ist beachtenswert der „Sebastiani-Altar" von Albrecht Altdorfer (Donauschule, 1510).

| **Unterkunft** Gästehaus des Stifts oder Fremdenzimmer im Markt St. Florian.

| **Gottesdienste** So 8.00, 10.00, 19.00 Messe; Wo 7.00 Pfarr- und Kapitelmesse.

| **Mitglieder** 32.

| **Tätigkeiten** Land- und Forstwirtschaft, Gastgewerbe, Buchhandlung, ordentliche Seelsorge in 33 inkorporierten Pfarreien.

| **Angebote** Stiftsführungen ganzjährig für Gruppen ab 10 Personen gegen Voranmeldung bzw. von 1. Mai bis 30. September täglich 11, 13, 15 Uhr; Hörerlebnis Brucknerorgel: Mitte Mai bis Mitte Oktober täglich 14.30 (außer Di und Sa).

| **Literatur** Thomas Korth, Stift St. Florian. Die Entstehungsgeschichte der barocken Klosteranlage, Nürnberg 1974; Christoph Wagner/Karl Rehberger, Augustinerchorherrenstift St. Florian, Wien 1986; Die Kunstsammlungen des Augustiner-Chorherrenstiftes St. Florian (Österreichische Kunsttopographie, Bd. 48), Wien 1988.

St. Lambrecht – BENEDIKTINERSTIFT

| **Adresse** A-8813 St. Lambrecht, Hauptstraße 1.
Tel. 03585 / 23050, Fax 03585 / 230520.
E-Mail: klosterpforte@stift-stlambrecht.at
Internet: www.stift-stlambrecht.at; www.schuledesdaseins.at; www.domenico-stlambrecht.at; www.jux–stlambrecht.at

| **Anfahrt** Bahnstation Mariahof (Strecke Wien – Leoben – Klagenfurt). Von dort 8 km nach St. Lambrecht mit Bus oder Taxi. ⇒ Mit dem Pkw: (Aus

Deutschland) von Salzburg auf der Tauernautobahn bis St. Michael, von dort auf der Murtalstraße Murau – St. Lambrecht; (von Wien kommend) Südautobahn – Semmering Murtalstraße bis Scheifling – Teufenbach – Mariahof – St. Lambrecht.

| 🏛 | **Geschichte** Die Abtei wurde um das Jahr 1076 von Graf Markward von Eppenstein gegründet. Sie war im Mittelalter und in der Barockzeit Zentrum und Kulturträgerin der Steiermark und wirkte in weiten Gebieten durch kleinere Kommunitäten und Pfarreien, auch in dem 1157 gegründeten Mariazell (s. dort), nachmals der größte Wallfahrtsort Österreichs. St. Lambrecht wurde 1786 von Kaiser Joseph II. aufgehoben, 1802 unter Kaiser Franz II. (I.) wieder errichtet. 1938 Beschlagnahme der Abtei durch die Nationalsozialisten. 1946 Rückkehr der Mönche.

| 📷 | **Sehenswürdigkeiten** Neben der gotischen Stiftskirche und dem romanischen Karner, die tagsüber immer geöffnet sind, geben die reichhaltigen Sammlungen des Stiftsmuseums einen interessanten Einblick in die über 900-jährige Geschichte des Stifts. Das Museum ist im Rahmen von geführten Rundgängen für Besucher zugänglich. Die Kunsthistorische Sammlung birgt hervorragende Zeugnisse der Schnitzplastik und der Tafelmalerei aus dem 15. und 16. Jh. Im festlichen Prälatensaal befinden sich Bilder aller Lambrechter Äbte, die Volkskundliche Sammlung zeigt einige der mehr als 250 Krippenfiguren sowie Gegenstände aus dem Alltag der Bauern und Gewerbetreibenden früherer Zeiten. Das berühmte Vogelmuseum präsentiert in ca. 600 Exponaten von 259 verschiedenen Arten die vielfältige Vogelwelt rund um den Furtnerteich. Information und Anmeldung: Tel. 03585 / 230529. „Garten des Heile(n)s": Seit 2004 revitalisiert das Sozialprojekt „domenico" den 3,5 ha großen Stiftsgarten als Schau-, Erlebnis- und Nutzgarten. Herstellung von Naturprodukten, Veranstaltungen, Gartenführungen ... Information und Anmeldung: Tel. 03585/ 27543.

| 🛏 | **Unterkunft** In Gästezimmern des Klosters möglich.

| ☉ | **Gottesdienste** Messe: 10.15, Mo–Fr 18.00. Chorgebet: Wo 6.00, Sa/So 6.30; 12.00; 18.00; 19.50.

| ✝ | **Mitglieder** 15.

| ✦ | **Tätigkeiten** Pfarr- und Wallfahrtsseelsorge, Gästebetreuung, Exerzitienapostolat, Bildungsarbeit, Wirtschaft.

Angebote „Kloster auf Zeit"; Einkehrtage; Kurse und Seminare im Begegnungszentrum „Schule des Daseins"; Jugendworkshops im JUX (Jugendhaus), Kulturveranstaltungen, Lambrechter Diskurs.

St. Niklausen – **GÄSTEHAUS KLOSTER BETHANIEN**

Adresse CH-6066 St. Niklausen/Obwalden.
Tel. 041 / 6660200, Fax 041 / 6660201.
E-Mail: info@haus-bethanien.ch
Internet: www.haus-bethanien.ch

Anfahrt Bahnstation Sarnen (Strecke Luzern – Interlaken), von dort mit Bus Richtung Melchtal oder Taxi. ⇒ Mit dem Pkw: Autobahn Luzern – Brünig – Interlaken, Ausfahrt Sarnen-Nord – Kerns – St. Niklausen.

Geschichte Im Kloster leben zwei Gemeinschaften unter einem Dach. Die Kongregation der „Dominikanerinnen von Bethanien", ursprünglich aus Frankreich, gründete 1937 eine Niederlassung in Kerns. 1972 zogen die Schwestern in das neu gebaute Kloster zu St. Niklausen, ganz in der Nähe von Flüeli-Ranft, der Stätte des hl. Nikolaus von Flüe. Die Dominikanerinnen von Bethanien wollen die Botschaft des Erbarmens in die Welt tragen. Darum besuchen sie regelmäßig Frauen in Gefängnissen.
Die Gemeinschaft Chemin Neuf ist 2012 eingezogen und hat die Leitung des Gästehauses übernommen. Chemin Neuf wurde 1973 gegründet und ist eine katholische Gemeinschaft mit ökumenischer Berufung, zu der zölibatäre Schwestern und Brüder sowie Ehepaare gehören. Ihr Anliegen ist die Einheit und Versöhnung zwischen den Ländern, Konfessionen in den Familien usw. Beide Gemeinschaften haben in Bethanien eine Allianz geschlossen, die einen gemeinsamen Weg ermöglicht.
Das Gästehaus Kloster Bethanien ist ein Ort für Begegnung, für Bildung, für entspannte Ferien, zum Auftanken und der Suche nach Gott.

Sehenswürdigkeiten Die Kapelle, vom Architekten Otto Schärli konzipiert, ist ein wunderschöner Ort für das Gebet. Sie ist ganz aus Holz konstruiert, die Wände sind in versetzten Dreiecken von Glaselementen durchbrochen, sodass der Raum vom Tageslicht ständig verändert und verwandelt wird; so wird die Wand zum raum-zeitlichen Prozess und damit zum Realsymbol menschlicher Beziehung (Wand – wenden – verwandeln). Die darunter liegende Krypta lädt zur stillen Anbetung ein.

Unterkunft Im Gästehaus öffnet sich das Kloster Einzelnen und Gruppen zur Besinnung und Begegnung, zur Teilnahme am Stundengebet, zu erholsamen Ferien. Kapelle und Krypta sind geöffnet und stehen Passanten wie auch Gruppen nach Absprache zur Verfügung. Die Cafeteria des Hauses ist von 8.00–20.00 Uhr geöffnet.

Gottesdienste Eucharistiefeier: Wo 8.00, So 9.00. Stundengebet: Wo 7.30, So 8.35 Laudes; 17.30 Vesper; 20.15 Komplet.

Angebote Diverse Kursangebote (Bibelweekend, Ferienwochen und Begegnungstage für Frauen) sowie Exerzitien-Wochen, Angebote für Paare und Familien, u.v.m.

St. Ottilien – ERZABTEI DER MISSIONSBENEDIKTINER

Adresse D-86941 St. Ottilien/Oberbayern.
Tel. 08193 / 710, Fax 08193 / 71332.
Internet: www.erzabtei.de

Anfahrt Bahnstation St. Ottilien (Strecke Augsburg – Weilheim) oder S-Bahnstation Geltendorf (Strecke München – Geltendorf). ⇒ Mit dem Pkw: A 96, Ausfahrt jeweils nach dem braunen Hinweisschild „Erzabtei St. Ottilien".

Geschichte Die Erzabtei St. Ottilien entstand 1887 neben einem alten Wallfahrtskirchlein, das der elsässischen Fürstentochter und Äbtissin Ottilia geweiht ist. Der Gründer, P. Andreas Amrhein aus Beuron, wollte die mittelalterliche Verbindung von benediktinischem Klosterleben und missionarischer Glaubensverkündigung neu beleben. Das Kloster entwickelte sich rasch. Noch im Gründungsjahr wurden die ersten Missionare nach Afrika ausgesandt, später ebenso nach Ostasien und Lateinamerika. Die Erzabtei ist das Stammhaus der Missionsbenediktiner von St. Ottilien mit heute weltweit über 1100 Mönchen in 20 Klöstern.

Sehenswürdigkeiten Die neugotische Abteikirche, mit einem 75 m hohen Turm, wurde 1897 bis 1899 nach dem Entwurf von Hans Schnurr erbaut. Im Innenraum findet man gute Bildhauerarbeiten in Muschelkalk und Kunststein. Architektonisch bedeutsam ist auch die Krypta. Der Hochaltar, ein sehr originelles Werk (1906) des Bildhauers Alois Miller, hat einen ganz mitten Metallarbeiten überzogenen Baldachin, der sich auf vier kostbaren Marmorsäulen erhebt. Sehenswert ist noch das alte Ottilienkirchlein, das vor mehr als 500 Jahren als Wallfahrtskirche erbaut worden ist (Zugang im Exerzitienhaus erfragen), sowie das Missionsmuseum, das sehr interessante Sammlungen aus Ostafrika, Zululand und dem fernen Osten beherbergt.

Unterkunft Im Klostergasthof „Emminger Hof" (Tel. 08193 / 5238).

Gottesdienste So 6.30 Laudes, 7.45 Messe, 9.15 Konventamt, 11.00 Messe, 12.00 Mittagshore; 17.30 Lateinische Vesper; 20.00 Komplet; Wo 5.40 Vigil und Laudes; 6.45 Konventamt, 8.00 Messe; 12.00 Mittagshore; 18.00 Vesper; 20.00 Komplet (Mi 19.30).

Mitglieder 100 im Konvent, 70 in der Mission, 30 in anderen Niederlassungen.

Tätigkeiten Exerzitienhaus; Gymnasium; EOS Druck und Verlag; Missionsprokura; Werkstätten und Landwirtschaft zur Selbstversorgung des Klosters.

Angebote Auskünfte über Exerzitien und Tagungen sind einzuholen beim Exerzitienhaus D-86941 St. Ottilien (Tel. 08193/71600).

Tettenweis – **BENEDIKTINERINNENABTEI ST. GERTRUD**

Adresse D-94167 Tettenweis, Hauptstr. 2.
Tel. 08534 / 9709-0, Fax 08534 / 9709-100.
E-Mail: abtei-tettenweis@t-online.de
Internet: www.sankt-gertrud.de

Anfahrt Bahnstation Pocking (Strecke München – Passau), von dort 8 km bis Tettenweis. ⇒ Mit dem Pkw: A 3 Passau – Linz: Ausfahrt Pocking, dann Richtung Pfarrkirchen; B 12 München – Passau: Ausfahrt Pocking, dann noch 6 km; B 388 München – Landshut – Passau: Ausfahrt in Höhe von Pocking, dann noch 3 km.

Geschichte Als Folge des Zustroms von Postulantinnen in der Abtei Frauenwörth im Chiemsee wurde 1899 das Joner-Schloss im Pfarrdorf Tettenweis erworben und in ein Kloster umgewandelt. 1949 Einweihung der Klosterkirche. 1965 Beginn der Besinnungstage und Meditationswochen, genannt „Kloster auf Zeit".

Unterkunft 3 Gästezimmer.

Gottesdienste Wo 5.30, So 7.00 Laudes; Wo 7.00, So 8.00 Konventamt (im gregorianischen Choral); 11.30 Mittagshore; 17.00 Vesper; 19.15 Komplet und Vigilien. Das Chorgebet ist an Festen und Hochfesten lateinisch, sonst deutsch.

Mitglieder 11.

Tätigkeiten Steppdecken-Näherei (Betten allg.); Nudelproduktion.

Tholey – **BENEDIKTINERABTEI ST. MAURITIUS**

Adresse D-66636 Tholey, Im Kloster 11.
Tel. 06853 / 91040, Fax 06853 / 910447.
E-Mail: info@abtei-tholey.de
Internet: www.abtei-tholey.de

Anfahrt Bahnstation St. Wendel (Strecke Saarbrücken – Pirmasens – Mainz). ⇒ Mit dem Pkw: A 1 / E 422 – B 269 Trier – Saarbrücken, Ausfahrt Tholey.

Geschichte Im frühen 7. Jh. entstand in den Resten einer römischen Palastvilla eine iro-schottisch geprägte Mönchsgemeinschaft. Das Kloster wurde von Adalgisel, genannt Grimo, Neffe des Frankenkönigs Dagobert, gestiftet und reich ausgestattet. Das Testament des Adalgisel aus dem Jahre 634 macht Tholey zum ältesten urkundlich belegbaren Kloster Deutschlands. Zu Beginn des 8. Jh. wird die Benediktsregel eingeführt. Im 11. Jh. wurde eine dreischiffige spätromanische Kirche erbaut, die im 13. Jh. durch die noch heute stehende frühgotische Kirche ersetzt wurde. Im Hochmittelalter galt für die Abtei ein Adelsprivileg. Ende des 15. Jh.s wurde in Tholey die Bursfelder Reform eingeführt. Nach schweren Kriegsereignissen im 17. Jh. kam es zu einer letzten Blüte im 18. Jh. In der Französischen Revolution wurde das Kloster mehrfach geplündert und am 7. Juli 1794 aufgehoben. Die Wiederbesiedlung erfolgte durch Dekret Papst Pius XII. am 8. Dezember 1949 durch Mönche aus St. Matthias in Trier.

| ◉ | **Sehenswürdigkeiten** Gotische Kirche des 13. Jh.s. Barocker Klostergarten mit Marienbrunnen und Teehaus. Museum Theulegium in unmittelbarer Nähe.

| ⊨ | **Unterkunft** Im Gästehaus St. Lioba direkt beim Kloster; „Kloster auf Zeit" für Männer im Kloster.

| ❂ | **Gottesdienste** Wo 7.15 Konventamt (Sa 8.30, So 10.30 Konventamt mit Schola); 12.00 Mittagshore; 17.30 Vesper; 19.30 Komplet.

| ✝ | **Mitglieder** 13.

| ⚐ | **Tätigkeiten** Pfarrpastoral, Exerzitien, Geistliches Zentrum.

| ☀ | **Angebote** Nach Absprache.

| 📖 | **Literatur** Tholeyer Brief, hrsg. von der Abtei St. Mauritius. Wolfgang Haubrichs, Die Tholeyer Abtslisten des Mittelalters. Philologische, onomastische und chronologische Untersuchungen, Saarbrücken 1986; Makarios Hebler, Tholey, in: Germania Benedictina 9, S. 849–894; 1999.

Thyrnau – ZISTERZIENSERINNENABTEI ST. JOSEF

| ✉ | **Adresse** D-94136 Thyrnau, Abteistraße 1.
Tel. 08501 / 939090.
E-Mail: info@kloster-thyrnau.de
Internet: www.kloster-thyrnau.de

| 🚗 | **Anfahrt** Bahnstation Passau ⇒ Mit dem Pkw: A 3, Ausfahrt Nord oder Mitte, dann B 388 Richtung Hauzenberg.

| 🏛 | **Geschichte** Der Konvent besteht seit 1245 und hat seinen Ursprung in der Zisterzienserinnenabtei Rathausen bei Luzern. 1588 wurden drei

verschiedene luzernische Frauenkonvente in Rathausen zu einem Zisterzienserinnenkonvent vereinigt. Die Klostergebäude wurden neu errichtet. Am 12. April 1848 erfolgte die Aufhebung des Klosters Rathausen. Die Schwestern konnten 1876 in das ehemalige Kapuzinerkloster in Vézelise (Frankreich) übersiedeln. 1901 mussten sie aber auch diese Stätte verlassen. Am 12. März 1902 konnten sie dann das ehemalige fürstbischöfliche Jagdschloss in Thyrnau erwerben und besiedeln. In den Jahren 1910–1914 wurde es um eine Kirche, Wohnräume der Schwestern und Gästezimmer erweitert.

Unterkunft Im Gästehaus des Klosters.

Gottesdienste So 5.25 Matutin; 6.40 Laudes; 7.30 Konventamt; 11.00 Mittagsgebet; 17.00 Vesper; 19.15 Komplet; Wo 5.25 Laudes; 6.30 Konventamt; 11.30 Mittagsgebet; 17.00 Vesper; 19.15 Matutin, Komplet. Deutsches Stundengebet.

Mitglieder 14.

Tätigkeiten Landwirtschaft, Paramenten- und Fahnenstickerei, Gästehaus.

Angebote Nach Absprache.

Literatur 750 Jahre Zisterzienserinnenabtei Rathausen-Thyrnau, Thyrnau 1995.

Travenbrück – BENEDIKTINERKLOSTER NÜTSCHAU

Adresse D-23843 Travenbrück, Schlossstraße 26.
Tel. 04531/50040, Fax 04531/ 5004100.
E-Mail: termine@haus-sankt-ansgar.de
Internet: www.kloster-nuetschau.de

Anfahrt Bahnstation Bad Oldesloe, von dort 5 km. ⇒ Mit dem Pkw: A 1, Ausfahrt Bargteheide/Kiel, dann A 21, 12 km bis Abfahrt Bad Oldesloe-Nord/Tralau/Kloster Nütschau.

| 🏛 | **Geschichte** Die Not nach dem Zweiten Weltkrieg führte zur Gründung des ersten Benediktinerklosters in Norddeutschland nach der Reformation. Erzbischof Wilhelm Berning von Osnabrück konnte 1951 Abt Pius Buddenborg von der Abtei Gerleve für eine Neugründung in Schleswig-Holstein gewinnen und wurde so zum eigentlichen Stifter des Klosters Nütschau.
Die wachsende Verwurzelung des Klosters im norddeutschen Raum führte 1971 zu einer Übereinkunft mit der Diözese Osnabrück, das Exerzitienhaus St. Ansgar zu einer Stätte der Besinnung, Bildung und Begegnung mit den Aufgaben der Erwachsenen- und Jugendbildung für den schleswig-holsteinischen Bistumsanteil zu erweitern. 1975 wurde Nütschau selbstständiges Konventualpriorat.

| 📷 | **Sehenswürdigkeiten** 400 Jahre altes Herrenhaus, erbaut von Hinrich Rantzau, jetzt Kloster (keine Führung); Kirche (1975 erbaut).

| 🛏 | **Unterkunft** Haus St. Ansgar mit 40 Doppel- bzw. Einzelzimmern, Stiller Bereich für Einzelgäste (19 EZ); Jugendhaus St. Benedikt mit 22 Betten für Gruppen und 5 Einzelzimmern. Nur schriftliche Anfragen an Haus St. Ansgar oder Haus St. Benedikt erbeten.

| ● | **Gottesdienste** 6.30 Morgengebet; So 9.00 Eucharistiefeier; 11.45 Mittagsgebet; So 17.00 Vesper; Wo 17.30 Vesper und Eucharistiefeier; 21.00 Komplet.

| 👤 | **Mitglieder** 18.

| ⚒ | **Tätigkeiten** Erwachsenenbildung, Jugendarbeit, Exerzitien, Einzelseelsorge, Männerseelsorge; Buchhandlung, Eine-Welt-Laden.

| ✦ | **Angebote** Darüber unterrichtet jeweils das Halbjahresprogramm.

Trier – BENEDIKTINERABTEI ST. MATTHIAS

Adresse D-54290 Trier, Matthiasstraße 85.
Tel. 0651 / 17090, Fax 0651 / 1709243.
E-Mail: Gaesteempfang@AbteiStMatthias.de
Internet: www.abteistmatthias.de

Anfahrt Bahnstation Trier Hbf (Strecken Koblenz – Trier, Köln – Trier, Saarbrücken – Trier). ⇒ Mit dem Pkw: Autobahnanschluss.

Geschichte Auf dem südlichen Trierer Gräberfeld hatte sich um die Grabkirche der ersten Bischöfe St. Eucharius und St. Valerius seit dem 3./4. Jh. eine Klerikergemeinschaft gebildet, die zwischen 970 und 980 von den Trierer Erzbischöfen in einen benediktinischen Mönchskonvent umgewandelt wurde. Eine Blütezeit erlebte die Abtei im 12. Jh., als man die jetzige Kirche baute und dabei – so die Berichte der Mönche – die Reliquien des Apostels Matthias fand. Es entwickelte sich von da an eine rege Matthias-Wallfahrt, die bis heute lebendig ist. Den heutigen Klosterbau errichtete im 13. Jh. Abt Jakob unter zisterziensischem Einfluss. Nach einem Niedergang des geistlichen Lebens führte Abt Johannes Rode, ein Trierer Bürgersohn und ehemaliger Kartäuser, zwischen 1421 und 1435 eine Reform durch, die über Trier hinaus Bedeutung erlangte, u.a. auch für die werdende Bursfelder Benediktiner-Kongregation, der sich St. Matthias noch vor 1460 anschloss und bis zur Säkularisation und Aufhebung der Abtei (1802) angehörte. 1922 wurde das Kloster von Seckauer und Maria Laacher Mönchen unter Abt Laurentius Zeller neu besiedelt. Von der Gestapo 1941 neuerlich vertrieben, kehrte der Konvent nach Kriegsende zurück. Die Abtei, die 1950 aus der Beuroner Kongregation ausschied, gliederte sich 1980 der internationalen „Benediktinerkongregation von der Verkündigung" ein. Im Jahre 2005 hat sich ihr das dieser Kongregation angehörende, zur Zeit der DDR entstandene Benediktinerkloster Huysburg (Sachsen-Anhalt) als Priorat angeschlossen.

Sehenswürdigkeiten Romanische Basilika mit spätmittelalterlichem Gewölbe und Ostchor-Fenster (Kreuzesdarstellung) u.a.m.

Unterkunft Im Gästeflügel der Abtei (nur für schriftlich angemeldete Gäste).

Gottesdienste So 10.00 Konventamt; 18.00 Vesper. Wo 5.45 Morgenlob; 18.15 Vesper und Eucharistiefeier; Sa 15.00 Vesper.

| �; | **Mitglieder** 12 Trier (7 Huysburg)

| ⚒ | **Tätigkeiten** Berufstätigkeiten im handwerklichen, administrativen, sozialen, seelsorglichen, pädagogischen, wissenschaftlichen und publizistischen Bereich werden innerhalb und außerhalb der Abtei ausgeübt; Klosterladen.

| ✺ | **Angebote** Die Gemeinschaft nimmt Einzelgäste und Gruppen (Frauen und Männer) auf, die sich zurückziehen, an den Gottesdiensten teilnehmen oder mitarbeiten wollen. Glaubensgespräche und Begleitung bei Einzelexerzitien werden ebenfalls angeboten.

Tutzing – **MISSIONS-BENEDIKTINERINNEN VON TUTZING**

| ✉ | **Adresse** D-82327 Tutzing, Bahnhofstraße 3.
Tel. 08158 / 92597-0, Fax 08158 / 92597-589.
E-Mail: information@missions-benediktinerinnen.de
Internet: www.missions-benediktinerinnen.de

| 🚆 | **Anfahrt** Mit der Bahn: Strecke München – Garmisch oder mit der S-Bahn S 6 ab München (Endhaltestelle).

| 🏛 | **Geschichte** Die Gemeinschaft wurde als missionierende benediktinische Gemeinschaft zusammen mit den Brüdern von St. Ottilien 1885 in Reichenbach/Opf. gegründet; bald erfolgte der Umzug nach St. Ottilien. Die Schwestern zogen 1904 nach Tuzing um und wurden eine eigenständige Gemeinschaft. Anfangs betrieben sie eine Haushaltungsschule, eine Mittelschule und schließlich Missionsschule. Später kamen Realschule, Krankenhaus und Krankenpflegeschule hinzu, die jedoch zwischenzeitlich in andere Hände übergeben bzw. aufgegeben worden sind. Die Gemeinschaft ist mittlerweile in aller Welt vertreten und zählt rund 1.400 Schwestern, die in den verschiedensten Aufgabenbereichen tätig sind.

| ✺ | **Gottesdienste** 5.35 Laudes; 6.00 Eucharistiefeier; 12.30 Mittagshore; 17.45 Vesper; 19.30 Komplet (Ausnahmen sind möglich).

| ⚒ | **Tätigkeiten** Gästehaus; Missions-Prokura.

Angebote Stille Tage und Exerzitien; „Kloster auf Zeit" (für am Ordensleben interessierte Frauen) nach Vereinbarung.

Untermarchtal – MUTTERHAUS DER BARMHERZIGEN SCHWESTERN VOM HL. VINZENZ VON PAUL IN UNTERMARCHTAL

Adresse D-89617 Untermarchtal, Margarita-Linder-Str. 8.
Tel. 07393/30 0, Fax: 07393/30 560.
E-Mail: kontakt@untermarchtal.de
Internet: www.untermarchtal.de

Anfahrt Bahnstation Munderkingen (Strecke Ulm – Sigmaringen), von dort Busverbindung. ⇒ Mit dem Pkw: über die B 311.

Geschichte Seit 1891 Sitz des Mutterhauses der Barmherzigen Schwestern vom hl. Vinzenz von Paul in Untermarchtal. Zeitlich parallel mit der Einrichtung des Mutterhauses lief der Aufbau des Exerzitienhauses. Die religiöse Bildungsarbeit ist fest verankert in den entscheidenden geistigen Stoßrichtungen der Ordensheiligen Vinzenz von Paul und Luise von Marillac. Diese haben im 17. Jh. nicht nur die materielle Not und das soziale Elend der Armen erkannt. Sie waren auch von der spirituellen Not weiter Bevölkerungskreise betroffen und wollten dieser Glaubensnot begegnen. So war ihnen die berufliche und spirituelle Aus- und Weiterbildung der Priester, Schwestern, Caritas-Gruppen und vor allem der Landbevölkerung ein Herzensanliegen. In der Seelsorge bildeten die „leiblichen" und „geistigen Werke der Barmherzigkeit" eine Einheit. So trugen sie wesentlich bei zur Erneuerung des religiösen Lebens im damaligen Frankreich und über dessen Grenzen hinaus. Die Bildungsarbeit ist, neben den sozial-caritativen Aufgaben, ein fester Bestandteil des Wirkens der Kongregation der Barmherzigen Schwestern vom hl. Vinzenz von Paul in Untermarchtal.

Sehenswürdigkeiten Vinzenzkirche aus dem Jahre 1972, erbaut von Prof. Hermann Baur; Albiez-Orgel mit 3000 Pfeifen; Renaissance-Schloss aus dem Jahre 1576.

Gottesdienste So 8.45, Mo–Mi u. Fr 6.30, Do 19.00, Sa 7.00.

| ♦ | **Mitglieder** Die gesamte Gemeinschaft zählt ca. 300 Schwestern und ca. 230 Schwestern in Tansania und Äthiopien.

| ◉ | **Angebote** Im Bildungsforum Kloster Untermarchtal verbinden sich Ordensleben mit modernem Seminar- und Tagungsbetrieb. Die Schwerpunktthemen sind ausgerichtet auf die Begleitung und Unterstützung von Menschen, die ihr Leben an christlichen Werten ausrichten wollen oder Denkanstöße suchen bzw. Halt und Beistand in schwierigen Lebenssituationen finden möchten. Das Bildungsforum Kloster Untermarchtal ist offen für Kurse und Tagungen von Gruppen aus Kirche, Politik, Wirtschaft, Wissenschaft und Kultur. Das Jahresprogramm lädt ein zu Exerzitien und Besinnungstagen, zu Kursen der Erwachsenenbildung, Jugendveranstaltungen, zu Angeboten der beruflichen Weiterbildung und zu Tagungen (Bezug: Bildungsforum Kloster Untermarchtal, Tel.: 07393 /30250, Fax: 07393/ 30564, bildungsforum@untermarchtal.de, www. bildungsforum-kloster-untermarchtal.de) Es stehen 12 Seminar- und Gruppenräume für bis zu 250 Teilnehmer zur Verfügung sowie Übernachtungskapazitäten von 180 Betten.

Uznach – **ABTEI ST. OTMARSBERG**

| ✉ | **Adresse** CH-8730 Uznach/St. Gallen.
Tel. 055 / 2858111, Fax 055 / 2858100.
E-Mail: st.otmarsberg@abtei-uznach.ch
Internet: www.abtei-uznach.ch

| 🚗 | **Anfahrt** Bahnstation Uznach (Strecke St. Gallen – Rapperswil oder Rapperswil – Ziegelbrücke). ⇒ Mit dem Pkw: Autobahn Zürich – Chur, Ausfahrt Hinwil/St. Gallen bei Reichenburg.

| 🏛 | **Geschichte** Das Kloster wurde 1919 in Uznach als Prokura der Missionsbenediktiner von St. Ottilien gegründet, die zunächst von St. Ottilien abhängig blieb, bis sie 1947 dem Kloster in Fribourg, das am 1. Juli 1937 als Studienhaus errichtet und am 12. September 1947 zum Konventualpriorat erhoben worden war, unterstellt wurde. Prokura und Priorat wurden am 1. November 1963 in den Neubau St. Otmarsberg in Uznach verlegt und am 6. Januar 1982 zur Abtei erhoben.

| ⨯ | **Unterkunft** Gäste, einzeln oder in Gruppen (bis maximal 10 Personen), werden zu Besinnungstagen oder Privatexerzitien nach bestätigter Anmeldung aufgenommen.

| ☩ | **Gottesdienste** So: 6.00 Morgenhore, 9.00 Konventamt, 11.45 Mittagshore, 16.30 Vesper, 18.00 Komplet, 19.30 Abendmesse. Wo: 5.30 Morgenhore, 6.45 Konventmesse, 11.45 Mittagshore, 13.45 Non, 18.00 Vesper, 20.00 Komplet.

| ♱ | **Mitglieder** In der Gemeinschaft 16 Mönche (dazu 4 in Ostafrika).

| ⚒ | **Tätigkeiten** Seelsorge, Mission, Verwaltung, Werkstätten, Küche, Garten, Informatik, Bildungsaufgaben, Publikationen, Gästebetreuung, Wallfahrten, Spezialaufgaben.

Vechta – KLOSTER MARIENHAIN DER SCHWESTERN UNSERER LIEBEN FRAU

| ✉ | **Adresse** D-49377 Vechta, Landwehrstr. 2.
Tel. 04441/9470.
E-Mail: kontakt@marienhain.de
Internet: www.snd-deutschland.de

| 🚗 | **Anfahrt** Bahnhof Vechta (Strecke Osnabrück-Bremen). ⇒ Mit dem Pkw: A1 Münster – Osnabrück, Ausfahrt Lohne/Dinklage, an Lohne vorbei nach Vechta, unmittelbar nach Ortsbeginn rechts in die Landwehrstraße.

| 🏛 | **Geschichte** Die Kongregation der Schwestern Unserer Lieben Frau wurde 1804 in Frankreich von der hl. Julie Billiart gegründet. Diese erfuhr in ihrem ereignisreichen und schweren Leben auf tiefe Weise die zuvorkommende Liebe Gottes. Sie bezeugte diese göttliche Güte durch ihr Engagement in der Erziehung und Bildung armer Mädchen. 1850 entschlossen sich zwei Coesfelder Lehrerinnen, Hilligonde Wolbring und Lisette Kühling, das Ordensleben zu beginnen. Wie Julie Billiart waren sie betroffen vom Elend elternloser Kinder, denen sie ein Zuhause gaben und eine Schulbildung ermöglichten. 1859 begannen die ersten Schwestern in der Stadt Vechta mit einer Schule für Mädchen. 1905 wurde etwas außerhalb Alt-Marienhain errichtet. Jahrzehntelang bot die Landfrau-

enschule eine theoretische und praktische Ausbildung für zukünftige Bäuerinnen.

|⌐| **Unterkunft** Einzelzimmer mit Nasszelle im Kloster.

|●| **Gottesdienste** So 9.00 Eucharistiefeier; täglich, außer Do, 7.30 Laudes; täglich, außer Mo und Sa 18.00 Vesper in der Heilig-Geist-Kirche; täglich, außer Sa und So, 18.15 Eucharistiefeier; Anbetung: Do 18.45–20.00 in der Mutter-Julien-Kapelle und So 17.00–18.00 in der Kirche.

|♦| **Mitglieder** 50 in vier Kommunitäten.

|⚑| **Tätigkeiten** Erziehung und Bildung, häusliche und vielfältige ehrenamtliche Tätigkeiten.

|✦| **Angebote** Kar- und Ostertage für junge Erwachsene; Klosterführungen/ Klostertage für Gruppen; Kloster auf Zeit in einer kleinen Gemeinschaft.

Vilshofen – BENEDIKTINERABTEI SCHWEIKLBERG

|✉| **Adresse** D-94474 Vilshofen a. d. Donau.
Tel. 08541 / 2090, Fax 08541 / 209174.
Internet: www.schweiklberg.de

|🚗| **Anfahrt** Bahnstation Vilshofen (Strecken Passau – München oder Passau – Regensburg). ⇒ Mit dem Pkw: A 3, Ausfahrt Garham/Vilshofen oder B 8.

|🏛| **Geschichte** Das Kloster wurde 1904 durch P. Coelestin Maier von St. Ottilien aus gegründet. Seine Hauptaufgabe besteht in der Heranbildung von Missionsbenediktinern zum Einsatz in Missionsländern und in der Heimat sowie in der finanziellen Unterstützung des Missionswerkes. Die Klostergebäude samt Kirche sind in den Jahren 1905–1927 gebaut worden. 1914 wurde das bisherige Priorat Schweiklberg zur Abtei erhoben. Unter dem NS-Regime wurde die Abtei 1941 aufgehoben und nach dem Zusammenbruch des „Dritten Reiches" 1945 der Ordensgemeinschaft wieder zur Verfügung gestellt. 10 Missionare der Abtei wirken in Tansania, Zululand und Kolumbien.

| 📷 | **Sehenswürdigkeiten** Die Abteikirche, 1909–1911 im Jugendstil erbaut, 1936 und 1998 erneuert. In der Apsis ein so genanntes Trockenfresko von Albert Burkhard, München, mit dem Bild des Pantokrators (1938); Klais-Orgel (87 Register); afrikanische Schnitzereien im Chorraum (Benson Ndaka, Kenia); Krypta mit Mosaik; Chorkapelle. Afrikamuseum mit Masken und Waffen verschiedener Stämme.

| 🛏 | **Unterkunft** Gästehaus mit 60 Betten für Kurse, Gruppen, Einzelgäste und Radfahrer.

| ⚫ | **Gottesdienste** Wo 7,15; Mi 17.30; So 7.00, 9.00. Gebetszeiten: Wo 6.00, 12.15, 17.30, 19.30; So 6.00, 11.40, 17.30, 19.30.

| 🔧 | **Tätigkeiten** Verschiedene Handwerksbetriebe für den Eigenbedarf; Landwirtschaft, Gärtnerei, Eierverkauf; Herstellung und Verkauf von „Schweiklberger Geist"; Kraftwerk an der Vils; Buchhandlung/Klosterladen; Realschule für Jungen; Lehrlingsausbildung.

| ✳ | **Angebote** „Tage im Kloster" für Einzelne nach Anfrage; Mitfeier der Kar- und Ostertage; Exerzitien und Besinnungstage.

| 📖 | **Literatur** Benediktiner-Abtei Schweiklberg. Kleiner Klosterführer, EOS Verlag, St. Ottilien.

Vöcklabruck – **MUTTERHAUS DER FRANZISKANERINNEN VON VÖCKLABRUCK**

| ✉ | **Adresse** A-4840 Vöcklabruck/Oberösterreich, Salzburger Straße 18. Tel. 07672 / 72667, Fax 07672 / 72667150.
E-Mail: generalsekretariat@franziskanerinnen.at
Internet: www.franziskanerinnen.at

| 🚌 | **Anfahrt** Bahnstation Vöcklabruck (von Linz oder Salzburg – IC-Züge), von dort 20 Minuten Fußweg oder Stadtbus. ⇒ Mit dem Pkw: Autobahn aus Richtung Linz, Ausfahrt Regau; Autobahn aus Richtung Salzburg, Ausfahrt Seewalchen, dann B 1.

| 🏛 | **Geschichte** Der Weltpriester Sebastian Schwarz gründete 1850 die Ge-

meinschaft mit dem Mutterhaus in Vöcklabruck. Sie gehört zur großen Familie der Franziskanerinnen. Aus der Not der Gründungszeit entstand das Programm der Kongregation, das auch heute noch aktuell ist: „in uneigennütziger Weise den Kindern und Jugendlichen durch Erziehung und Unterricht, den kranken, armen und alten Menschen durch Pflege und liebevolle Fürsorge zu dienen" und offen zu sein für die Not der Zeit. Apostolatsaufgaben sind Krabbelstuben, Kindergärten, Pflicht- und höhere Schulen, Krankenhäuser und Altenheime, Heime für behinderte Kinder und Jugendliche, Pfarr- und Altenpastoral, Projekte für Menschen in schwierigen Lebenssituationen, aber auch Küche, Haus und Garten. Niederlassungen bestehen in Oberösterreich, Salzburg, Berlin, Brandenburg/H., Zinnowitz, in den USA (Missouri) und Kasachstan. Verpflichtende Normen des klösterlichen Lebens sind das Evangelium, die Regel des hl. Franziskus für den Regulierten Dritten Orden und die Ordenssatzungen.

| ◉ | **Sehenswürdigkeiten** Mutterhaus von 1905; Jugendstilfenster in der Kapelle. Schulhäuser von Architekt Steineder („Moderne" der Zwischenkriegszeit) in Linz, Puchheim, Wels und Ried.

| ⊨ | **Unterkunft** Im Mutterhaus mit 15 Einzelzimmern, 1 Doppelzimmer, Matratzenlager für 25 Personen, Küche und Aufenthaltsraum (auch für Selbstversorger), Meditationsraum, Gruppenraum u.a.m.

| ● | **Gottesdienste** Wo 6.30, So 7.30 Laudes; Wo 6.45, So 9.00 Eucharistiefeier; Mittagsgebet täglich um 11.30; Wo 18.40, So 18.30 Vesper.

| ♦ | **Mitglieder** Gesamte Gemeinschaft: 181, im Mutterhaus 69.

| ⚒ | **Tätigkeiten** Verwaltung, Haushalt, Altenpflege, Hostienbäckerei, Gartenarbeit, Landwirtschaft, Geistliches Zentrum, Ordensausbildung.

| ✻ | **Angebote** Mitleben und Mitfeiern der Kar- und Ostertage sowie Weihnachten; Silvesterbegegnung; „Kloster auf Zeit" (Mitleben – Mitbeten – Mitarbeiten); Urlaub im Kloster; Pilgerherberge; verschiedene Angebote im Geistlichen Zentrum (Einkehr- und Besinnungstage, Einzelexerzitien, Fastenexerzitien, Seminare und Tagungen für kleinere Gruppen mit spirituellem Schwerpunkt, Orientierungstage für Schulklassen, Wochenenden und Tage zur Vertiefung der franziskanischen Spiritualität); Veranstaltungen für Kinder und Jugendliche (Sommerwoche, Kinderfranziskusfest, Jugendvesper); Familiennachmittage.

Vomp – BENEDIKTINERABTEI ST. GEORGENBERG-FIECHT

Adresse A-6134 Vomp, Fiecht 4.
E-Mail: info@st-georgenberg.at
Internet: www.st-georgenberg.at; www.facebook.com/st.georgenberg

Anfahrt (aus beiden Richtungen) Direkt an der Inntalautobahn gelegen, erreichen Sie die Abtei über die Ausfahrt Schwaz, dann rechts die Abfahrt Vomp, der Straße folgen bis zum Kreisverkehr; diesen bei der 2. Abbiegung rechts verlassen.

Geschichte Vor mehr als tausend Jahren errichtete Rathold von Aibling nahe des Georgenberges die erste Klosterzelle. Auf dem Georgenberg, Ursprungskloster der Fiechter Benediktiner und bis heute einer der berühmten Wallfahrtsorte Österreichs, finden die Nachtwallfahrten an jedem 13. der Monate Mai bis Oktober statt. Die sogenannte Hohe Brücke aus dem 16. Jh. zählt zu den besonderen architektonischen Meisterwerken Tirols. 1138 wurde das Kloster zur Benediktinerabtei erhoben. Nach dem letzten Brand 1705 entschloss sich die Klostergemeinschaft, ihre Abtei ins Inntal unterhalb des Bergklosters zu verlegen. Das Kloster mit seiner prachtvollen barocken Stiftskirche zählt zu den herausragenden Kulturstätten des unteren Inntals.

Sehenswürdigkeiten Benediktinerklöster sind nicht nur Orte geistlichen Lebens und der Seelsorge, sondern auch Stätten von Kunst und Kultur. Das Stift St. Georgenberg-Fiecht ist diesem Anspruch über Jahrhunderte hinweg treu geblieben. Davon gibt das Museum ein beredtes Zeugnis. Hier finden sich liturgische Geräte, Handschriften und Urkunden aus acht Jahrhunderten. Glanzstücke sind der sogenannte „Hartmannstab" als eines der wenigen Zeugnisse romanischer Elfenbeinkunst in Tirol sowie eine Emailtafel (Zimelie) aus Limoges (um 1240) mit Kreuzigungsszene und seltener Ornamentik. Werke von Tiroler Malern wie Johann Pirkl, Josef Arnold d. Ä., P. Josef Öfner u.a. bilden das Angebot an Malereien aus längst vergangenen Tagen. Überdies vermittelt der Informationsgang einen Einblick in die Missionsarbeit der Benediktinerkongregation von St. Ottilien.

Unterkunft Gästehaus mit Räumlichkeiten unterschiedlichster Kapazität und Übernachtungsmöglichkeiten für 35 Personen in Einzel-, Doppel- und Mehrbettzimmern. Gäste sind zum Chorgebet der Mönche herzlich willkommen!

| ⊕ | **Gottesdienste** Sa 19.00 (Vorabendmesse der Pfarrei in der Stiftskirche); So 9.30 (Konvent und Pfarrei); Mo–Fr 17.30 (Konventmesse mit Vesper). Stundengebet: 6.00 Vigil und Laudes; Mo–Sa 12.00 Mittagshore, So 11.45; Sa–So 17.30 Vesper; Mo–Fr u. So 19.45 Komplet.

| ♱ | **Mitglieder** 13.

| ⚒ | **Tätigkeiten** Kleiner Klosterladen mit hauseigenen Produkten (Honig, Zwetschkenschnaps).

| ☼ | **Angebote** Ein eigenes Kursprogramm bietet ein abwechslungsreiches Angebot an Kursen und Veranstaltungen wie Exerzitien und Besinnungszeiten.

| 📖 | **Literatur** 250 Jahre Stiftskirche. Benediktinerabtei St. Georgenberg-Fiecht, Schriftleitung: Thomas Naupp, Kunstverlag Peda, Passau, 2000; Wallfahrt St. Georgenberg auf Wallfahrtsbildchen, Edition Tirol/St. Gertraudi 2001 (mit ca 500 Abb., meist in Farbe).

Waldbreitbach – **FRANZISKANERINNEN DER ALLERSELIGSTEN JUNGFRAU MARIA VON DEN ENGELN**

| ✉ | **Adresse** D-56588 Waldbreitbach, St. Marienhaus, Margaretha-Flesch-Straße 8.
Tel. 02638 / 81-0, Fax 02638 / 81-1083.
E-Mail: generalat@wf-ev.de
Internet: www.waldbreitbacher-franziskanerinnen.de

| 🚗 | **Anfahrt** Mit dem Pkw aus Richtung Köln: A 3, Ausfahrt Bad Honnef/Linz oder Neustadt/Fernthal; aus Richtung Bonn: B 42 bis Bad Hönningen, dann Richtung Waldbreitbach; aus Richtung Frankfurt: A 3, Ausfahrt Neuwied/Altenkirchen, dann Richtung Waldbreitbach; aus Richtung Trier – Koblenz: A 48, Ausfahrt Bendorf, Richtung Neuwied – Linz, Richtung Waldbreitbach/Wiedtal.

| 🏛 | **Geschichte** Die Gemeinschaft wurde 1863 von Margaretha Flesch, später Mutter Rosa genannt, gegründet, um den zahlreichen Kranken und Hilflosen der Region zu helfen. Viele Gleichgesinnte schlossen sich ihr an,

sodass die Zahl der Ordensmitglieder und die der Filialen rasch anstieg. Seit 1923 sind die Schwestern auch in den USA, seit 1928 in den Niederlanden und seit 1958 in Brasilien tätig. Die Lebensweise der Gemeinschaft ist von Mutter Rosa inspiriert und ein Bekenntnis zur franziskanischen Lebensform – Einfachheit, Gastfreundschaft und Naturverbundenheit. Auch heute noch sind die Schwestern im Geiste ihrer Gründerin unterwegs, um an aktuellen Brennpunkten soziale Not zu lindern und Hoffnung und Heil sichtbar und erfahrbar zu machen. Mutter Rosa wurde am 4. Mai 2008 in Trier seliggesprochen (Gedenktag: 19. Juni).

| 📷 | **Sehenswürdigkeiten** Mutterhauskirche mit Sarkophag der seligen Rosa Flesch, Präsentation: Die selige Rosa Flesch und ihre Gemeinschaft; Bibel-, Kräuter- und Themengarten mit zahlreichen Heil- und Gewürzpflanzen.

| 🛏 | **Unterkunft** Für Exerzitien im Haus Bethanien, für Kursteilnehmer und Feriengäste im Rosa-Flesch-Tagungszentrum, zum Mitleben im Haus Nazaret und im Haus Emmaus.

| ✞ | **Gottesdienste** So 7.30 Laudes, 10.30 Eucharistiefeier, 18.00 Vesper. Wo 7.00 Laudes (außer Sa), Mi und Fr 7.30 Eucharistiefeier; Di und Do 18.00 Vesper und Eucharistiefeier, Sa 17.30 Vesper.

| ✦ | **Mitglieder** Über 250 in ca. 30 Filialen.

| ⚐ | **Tätigkeiten** Seelsorge, pastorale Dienste, Exerzitien und geistliche Begleitung, Alten- und Krankenpflege, Hospiz-, Missions-, Frauen- und Bildungsarbeit.

| ✺ | **Angebote** Exerzitien, Meditation für Einzelne und für Gruppen. Kunstausstellungen und Konzerte. Das Mitleben in der Gemeinschaft ist im Haus Nazaret und im Haus Emmaus möglich. Buch- und Klosterladen sowie das Restaurant Klosterbergterrassen laden zum Verweilen ein.

Wechselburg – BENEDIKTINERKLOSTER

| ✉ | **Adresse** D-09306 Wechselburg, Markt 10.
Tel. 037384 / 80811, Fax 037384 / 80833.
E-Mail: benediktiner@kloster-wechselburg.de
und jugendhaus@kloster-wechselburg.de
Internet: www.kloster-wechselburg.de

| 🚗 | **Anfahrt** Bahnstation Geithain (Busanschluss) Strecke Leipzig – Chemnitz. ⇒ Mit dem Pkw: A 4 aus Richtung Erfurt, Abfahrt Glauchau (64) über B 175; A 72 Hof – Leipzig, Abfahrt Rochlitz / Wechselburg (22).

| 🏛 | **Geschichte** Seit 1993 beherbergen die Räume neben der alten romanischen Basilika ein kleines Benediktinerkloster, gegründet vom bayerischen Kloster Ettal. Um 1170 entstand zunächst ein Augustiner-Chorherrenstift. 1278–1543 übernahm der Deutsche (Ritter-)Orden das Kloster und brachte es zur Blüte, bis es in der Reformationszeit wie fast alle Klöster aufgehoben wurde. Danach erwarben die Grafen von Schönburg-Glauchau die Immobilie und bewohnten sie als Schloss bis zur Enteignung im Jahre 1945.

| 📷 | **Sehenswürdigkeiten** Romanische Pfeilerbasilika (1168) mit spätromanischem Lettner und bedeutendster Triumphkreuzgruppe (erste Hälfte 13. Jh.).

| 🛏 | **Unterkunft** Jugend- und Familienhaus der Benediktiner, Gästezimmer für „Tage der Stille", Ferienwohnungen für „Urlaub im Kloster".

| ● | **Gottesdienste** So 10.30 Gemeindegottesdienst, 6.00 Vigil, 6.45 Laudes, 12.00 Mittagshore, Wo 18.00, Sa/So 16.30 Vesper, 19.30 Komplet.

| 👤 | **Mitglieder** 4.

| ⚙ | **Tätigkeiten** Seelsorge, Erwachsenen- und Jugendbildung, Vorträge, Kurse, Gästebetreuung.

| ✱ | **Angebote** Geistliche Besinnungszeiten, Leben mit der Gemeinschaft, geistliche Einzelgespräche, Exerzitien, Jugendtage, Familienfreizeiten.

| 📖 | **Literatur** Kirchenführer (Schnell & Steiner Nr. 2006); Jahresheft „Begegnungen" des Klosters; Faltblatt des Vereins der Freunde des Benediktinerklosters Wechselburg.

Weltenburg – BENEDIKTINERABTEI ST. GEORG UND MARTIN

Adresse D-93309 Kelheim, Asamstraße 32.
Tel. 09441 / 2040, Fax 09441 / 204145.

Anfahrt Bahnstationen Abensberg oder Saal / Donau (Strecke Ingolstadt – Regensburg), von dort Bus nach Kelheim, von dort von Mitte März bis 31. Oktober per Schiff zum Kloster.

Geschichte Die Abtei Weltenburg, der Überlieferung nach das älteste Kloster Bayerns, wurde um 600 n. Chr. von Kolumbaner-Mönchen aus Luxeuil in den Vogesen gegründet und liegt am Eingang des romantischen Donaudurchbruchs, der als europäische Naturschönheit das Europadiplom erhalten hat. Wohl im 8. Jh. wurde die Regel des hl. Benedikt eingeführt. Die Barockkirche, die eigentliche Sehenswürdigkeit Weltenburgs, ein Werk der Gebrüder Asam, wurde 1716 unter Abt Maurus Bächl begonnen, die Vorhalle 1751 durch Franz Anton Neu vollendet. 1803 aufgehoben, wurde Weltenburg 1842 als Priorat wieder errichtet und 1913 zur Abtei erhoben. Die Landwirtschaftsschule wurde 1972 aufgegeben und in ein Gästehaus umgewandelt, das 2010 bis 2013 umfassend renoviert und neu eingerichtet wurde.

Sehenswürdigkeiten Die bewundernswerte Barockkirche, ein Werk von Cosmas Damian und Egid Quirin Asam, begonnen 1716. Das ovale Schiff, aufgegliedert in vier große Nischen, enthält eine von Konrad Brandenstein (1728) gebaute Orgel mit einem Gehäuse von Caspar Mayr, eine Kanzel aus Weltenburger Marmor wie die Beichtstühle, hervorragend hineinkomponiert in das Gemälde: der hl. Benedikt als Lehrer, mit den Anfangsworten der hl. Regel: „Höre, o Sohn", sowie vier kleine Kapellen mit gleichem Aufbau und schönen Altarbildern. Die in Gold gehaltene Halbkuppel zeigt in Stuckreliefs vier Erzengel und vier Szenen aus dem Leben des hl. Benedikt. Das Deckengemälde, ein Kunstwerk für sich, das die ecclesia triumphans zum Thema hat, täuscht eine Kuppel vor. In der Nische des Hochaltars sieht man den hl. Georg im Kampf mit dem Drachen. Sehenswert ist noch die kleine Wallfartskirche auf dem Frauenberg mit Krypta, deren Grundmauern aus dem 10. Jh. stammen.

Unterkunft Gästehaus St. Georg mit 57 Einzel- und Zweibettzimmern. Seminar- und Gruppenräume in unterschiedlicher Größe.

| ☉ | **Gottesdienste** 5.30 Morgenhore (Vigil und Laudes); Wo 7.00 Konventmesse, So 7.30 Messe, 10.30 Konventamt; Wo 11.45, So 12.00 Mittagshore; Wo 18.00, So 17.45 Vesper; 19.45 Komplet. Anschließend stille Anbetung und Rosenkranz.

| ♱ | **Mitglieder** 7.

| ⚒ | **Tätigkeiten** Gästehaus, Katholische Erwachsenenbildung, Pfarrseelsorge, Klosterladen mit Buchhandlung, Kirchenführungen, Landwirtschaft, Klosterschenke, älteste Klosterbrauerei der Welt (verpachtet).

| ☼ | **Angebote** Seminare der Katholischen Erwachsenenbildung, „Kloster auf Zeit", Mitleben in der Gemeinschaft, geistliche Einzelgespräche, Einzel- und Gruppenexerzitien.

| 📖 | **Literatur** Kloster Weltenburg in Geschichte und Gegenwart, hrsg. v. G. Schwaiger, Weißenhorn 2014; Dokumentation der Gesamtinstandsetzung der Pfarr- und Abteikirche St. Georg in Weltenburg 1999 – 2008, hg. Vom Staatlichen Bauamt Landshut, Landshut 2008.

Wien – **KLOSTER DER DIENERINNEN DES HEILIGSTEN HERZENS JESU**

| ✉ | **Adresse** A-1030 Wien, Keinergasse 37/Baumgasse 20A (Herz-Jesu-Kloster).
Tel. 01 / 7122684-9271, Fax 01 /7122684-9285.
E-Mail: sekretariat@herzjesu-schwestern.at
Internet: www.herzjesu-schwestern.at

| 🚌 | **Anfahrt** U-Bahn-Station Kardinal-Nagl-Platz (U3); Straßenbahn (Linie 18); Bus (Linie 74A und 77A).

| 🏛 | **Geschichte** Die Not der deutschen Mädchen, die nach Paris kamen, um eine Anstellung zu finden, bewog den aus Lothringen stammenden Priester Abbé Victor Braun, der in Paris wirkte, 1866 eine Schwesterngemeinschaft zu gründen. Er wollte diesen Mädchen, die meist die französische Sprache nicht beherrschten, helfen. Jedes Mal, wenn ein Zug aus Deutschland ankam, sandte er seine ersten Schwestern zum Bahnhof, um Hilfe anzubieten.

Sie hatten bei dieser Arbeit viel Erfolg und verhalfen den Mädchen meist zu guten Stellungen in Haushalten. Der Deutsch-Französische Krieg machte dieses Werk zunichte. Die Dienerinnen des heiligsten Herzens Jesu kümmerten sich um Arme, Kranke, Verlassene und besonders um die verwahrlosten Kinder und Jugendlichen. Auf die Bitte des Wiener Stabsarztes, Baron Jaromir von Mundy (Wiener Rettungsgesellschaft), begannen die Schwestern 1873 ihre Tätigkeit als Krankenpflegerinnen in Wien im Rudolfspital. Im Dezember 1890 wurde das Provinzhaus eingeweiht und 1893 nach der Erklärung der Österreichischen Provinz zur selbstständigen Kongregation zum Mutterhaus erhoben.

Sehenswürdigkeiten Herz-Jesu-Kirche, erbaut in den Jahren 1904–1906 nach den Plänen von Gustav, Ritter von Neumann im neuromanischen Stil. Der besondere Reichtum der Herz-Jesu-Kirche sind der Kreuzweg und die 27 Wandgemälde. Die figürlichen Wandmalereien stammen von Franz Zimmermann, die dekorativen von Hans Jakubetz. Sie entstanden in den Jahren 1922–1925. Der Hochaltar ist der Höhepunkt der Herz-Jesu-Verehrung.

Unterkunft Hotels und Pensionen in der Nähe des Klosters.

Gottesdienste So und Feiertage: 9.30; Do–Sa: 18.00.

Mitglieder 42.

Tätigkeiten Krankenpflege, Kinder- und Jugendbetreuung, Pastoralaufgaben in der Pfarrei, Sakramentenpastoral, Krankenhausseelsorge, Menschen mit Behinderung und Altenpflege.

Angebote Für Besinnungstage und sog. „Kloster auf Zeit" steht das Haus der Schwestern in A-2540 Bad Vöslau-Gainfarn, Brunngasse 49, zur Verfügung (Anmeldung dort unter Tel. 0 2252/75171).

Wien – DOMINIKANERKONVENT UND BASILIKA MARIA ROTUNDA

Adresse A-1010 Wien, Postgasse 4.
Tel. 01 / 51291740 oder 01 / 51274600;
Fax 01 / 512917450 oder 01 / 512746050.
E-Mail: kontakt@wien.dominikaner.org
Internet: www.wien.dominikaner.org

Anfahrt U1/U4 U-Bahn-Station Schwedenplatz; U3 U-Bahn-Station Stubentor/Dr.-Karl-Lueger-Platz; Straßenbahnlinien 1/2 Haltestelle Dr.-Karl-Lueger-Platz; Autobus 1 A Haltestelle Riemergasse oder Dr.-Karl-Lueger-Platz.

Geschichte Das Kloster wurde 1226 durch Herzog Leopold VI. gegründet. Bis zum Jahre 1247 wurde in mehreren Bauabschnitten eine gotische Hallenkirche errichtet. Diese Kirche wurde in der Zeit der ersten Türkenbelagerung 1529 teilweise zerstört. Im 17. Jh. wurde an der Stelle der gotischen Kirche die heute noch bestehende Barockkirche gebaut. In diese Zeit fällt auch größtenteils die Errichtung des Klosters in seiner bestehenden Form. 1634 wurde der Rohbau der Kirche geweiht. Bis zum Ende des Jahrhunderts wurde an der Innengestaltung gearbeitet. Im 19. Jh. wurden das Kuppelfresko erneuert und der Hochaltar errichtet. Ende des 19. Jh.s wurde die alte barocke Orgel durch eine neue „romantische" Orgel der Firma Rieger aus Jägerndorf/Schlesien ersetzt. Die Kirche ist der hl. Jungfrau Maria vom Rosenkranz geweiht. Dem marianischen Thema, das die ganze Kirche beherrscht, ist die Ikonographie des Dominikanerordens eingefügt. 1996 bis 1998 wurden im Kreuzgang zahlreiche mittelalterliche Baufragmente entdeckt und restauriert.

Sehenswürdigkeiten Kirche und Kreuzgang. Führungen auf Anfrage für Gruppen ab 15 Personen (der Kreuzgang ist außerhalb von Führungen nicht öffentlich zugänglich!)

Unterkunft Hotels und Pensionen in der Nähe.

Gottesdienste Wo 17.30; Sa 17.30 (Vorabendmesse); So 10.00 (Gemeindemesse), 12.00 (lat. Messe), 20.00 Stundengebet: Laudes Mo–Sa 7.00, So 7.30; Vesper Mo–Fr 18.15, Sa 18.30, So 19.15. Rosenkranz: Mo–Sa 16.55.

| ♀ | **Mitglieder** ca. 15.

| ⚒ | **Tätigkeiten** Pfarr- und Kategorialseelsorge, wissenschaftliche Tätigkeit. Schola Cordis – Einführung und Vertiefung in die christliche Spiritualität. Mehrere Gruppen der Dominikanischen Laiengemeinschaften.

| ◉ | **Angebote** Geistliche Einzelbegleitung auf Anfrage. Aktivitäten der Dominikanischen Laiengemeinschaft. Fallweise „Exerzitien im Alltag".

| 📖 | **Literatur** Dominikanerkirche und Kreuzgang (Kirchenführer), Verlag Schnell & Steiner, Regensburg 1999; S. Tugwell, Der heilige Dominikus, Editions du Signe, Strasbourg 1997.

Wien – JESUITENKIRCHE/UNIVERSITÄTSKIRCHE

| ✉ | **Adresse** A-1010 Wien, Dr.-Ignaz-Seipel-Platz 1.
Tel. 01 / 51252320.
E-Mail: wien1.at@jesuiten.org
Internet: www.jesuitenwien1.at

| 🚇 | **Anfahrt** U-Bahn-Haltestelle Stephansplatz/Stubentor (U 3).

| 🏛 | **Geschichte** Aufgrund einer „Pragmatischen Sanktion" Kaiser Ferdinands II. von 1623 übernehmen die seit 1551 in Wien tätigen Jesuiten die philosophischen und theologischen Lehrstühle an der ehrwürdigen Universität zusammen mit der Verpflichtung, ihr eigenes Collegium dieser einzugliedern, die dazugehörigen Gebäude zu erneuern und für die Belange der Gesamtuniversität ein Verwaltungsgebäude („Domus Universitatis", heute Sonnenfelsgasse 19) und eine repräsentative Kirche bereitzustellen. 1624 erfolgt die Grundsteinlegung für den erweiterten Komplex, und 1631 wird die Kirche, der Kriegszeit entsprechend in herbem Frühbarock mit einfacher Ausstattung, geweiht; Patrone sind damals die 1622 heilig gesprochenen Ignatius von Loyola und Franz Xaver. Die heutige hochbarocke Gestalt stammt von dem durch Kaiser Leopold I. aus Rom herbeigeholten Künstler und Jesuitenbruder Andrea Pozzo (1703–1705). Seit der Aufhebung des Jesuitenordens 1773 befindet sich mit den übrigen Gebäuden (der heutigen „Alten Universität") auch die Kirche im Eigentum des Staates. Von 1856 an sind die Jesuiten wieder an der Universitätskirche beheimatet und beson-

ders in der Studenten- und Akademikerseelsorge, in Jugend- und Erwachsenenbildung engagiert („Gemeinschaften christlichen Lebens", Exerzitienarbeit, Archiv der österreichischen Jesuitenprovinz usw.).

| 📷 | **Sehenswürdigkeiten** Die Bedeutung des Gesamtkunstwerks Universitätskirche liegt in dem grandiosen Raumeindruck, den Andrea Pozzo vor allem durch seine Einbauten (Hochaltar, jetzt Mariä Himmelfahrt gewidmet; Emporen, von zum Teil gewundenen Stuckmarmorsäulen getragen), durch das so entstehende Lichtspiel und nicht zuletzt durch das illusionistische Gemälde im Deckengewölbe zu erreichen versteht. Mit der Illustration von Psalm 113 in den einzelnen Jochen und besonders in der kunstvollen Scheinkuppel lädt es ein, den „Namen des Herrn" zu loben: „Omnia ad maiorem Dei gloriam – Alles zur größeren Ehre Gottes!" Verschiedene künstlerische Darbietungen im Laufe des Jahres erfüllen heute wieder eine der ursprünglichen Funktionen dieser Jesuitenkirche.

| 🕐 | **Gottesdienste** So 10.30, 12.15; Mo – Sa 7.00, Mo – Fr 18.30.

Wien – **KAPUZINERKLOSTER**

| ✉ | **Adresse** A-1010 Wien, Tegetthoffstraße 2.
Tel. 01 / 5126853, Fax 01 / 512685319.
E-Mail: wien@kapuziner.org

| 🚗 | **Anfahrt** U-Bahn, Straßenbahn, Bus von den Bahnhöfen Wiens.

| 🏛 | **Geschichte** Kaiserin Anna, die Gemahlin des Kaisers Matthias, hegte den Wunsch, nahe der Burg zugleich mit einem Kapuzinerkloster auch eine Begräbnisstätte zu bauen, und errichtete in ihrem Testament vom 10. November 1618 hierfür eine Stiftung. Da die Kaiserin noch im selben und ihr Gemahl im folgenden Jahr starben, verzögerte sich die Gründung. Am 8. September 1622 nahm im Beisein Kaiser Ferdinands II. und seines Hofes Kardinal Franz von Dietrichstein, Fürstbischof von Olmütz, die feierliche Grundsteinlegung vor. Die Ungunst der Zeit (Dreißigjähriger Krieg) ließ den Bau nicht so rasch vorankommen, wie man erwartete. Deshalb wurden 1627, als der größte Teil der Kirche fertig war, der Hochaltar, die rechte Seitenkapelle Mariä Opferung und der Altar in der Krypta unter dem Presbyterium geweiht. Erst nach weiteren fünf Jahren, am 25. Juli

1632, konnte der Wiener Bischof Anton Wolfrath die Weihe der Kirche unter dem Titel „Maria von den Engeln" vornehmen. In den Jahren 1840–1842 wurde das bereits baufällige Kloster unter Kaiser Ferdinand I. niedergerissen und in seiner heutigen Form erbaut. Die Kirche hingegen wurde in ihrer ursprünglichen Gestalt belassen. Während des Zweiten Weltkrieges musste das Kloster Teile für militärische Zwecke abtreten und hatte in der Endphase des Krieges Bombenschäden zu erleiden. 1970–1971 wurden die wertvollen Hochaltäre und die Altar- und Chorbilder – das große Hochaltar- und Chorbild schon um 1950 – gründlich restauriert.

Sehenswürdigkeiten In der Kirche Altäre mit Intarsien, Unikate in der Erzdiözese Wien, Bilder von P. Norbert Baumgartner, Mitglied der kaiserlichen Akademie der Kupferstecher, eines Lehrers des Kremser Schmidt, Kaiserkapelle mit dem Gnadenbild „Trösterin der Betrübten", Pietà-Kapelle mit der Pietà von Peter Strudel und dem Grab von P. Markus von Aviano, der Seele der Befreiung Wiens aus türkischer Belagerung 1683. Im Kloster ist auch die Kaisergruft untergebracht, die berühmte Begräbnisstätte des Hauses Habsburg. Sie ist täglich von 10–18 Uhr geöffnet (letzter Einlass um 17.40 Uhr).

Unterkunft In Hotels und Gasthöfen der näheren Umgebung.

Gottesdienste So 10.00, 11.30, 16.00; Wo 7.00, 16.00.

Mitglieder 8–10.

Angebote Beichte und Aussprache: Wo 9.30–12.00; 15.30–18.00 (entfällt Juli – August).

Wien – KARDINAL KÖNIG HAUS / BILDUNGSZENTRUM DER JESUITEN UND DER CARITAS

Adresse A-1130 Wien, Kardinal-König-Platz 3.
Tel. 01 / 80475930, Fax 01 / 8049743.
E-Mail: office@kardinal-koenig-haus.at
Internet: www.kardinal-koenig-haus.at

| 🚍 | **Anfahrt** Straßenbahnlinie 60, Haltestelle Jagdschlossgasse ⇒ Mit dem Pkw: Zufahrt von der Westautobahn (Wientalstraße).

| 🏛 | **Geschichte** Ursprünglich war es ein kleines Jagdschloss, das um 1700 erbaut wurde. Damals lag es noch in einem Ort außerhalb der Stadt Wien. Seit 1884 ist es im Besitz der Jesuiten, die bald danach einen größeren Wohntrakt errichteten. Das Haus sollte zunächst vor allem als ordenseigenes Studienhaus und als Exerzitienhaus dienen. Als Letzteres bekam es in Wien bald eine besondere Tradition. 1967–1968 entstand die moderne Konzilsgedächtniskirche. 1998/99 wurde das Bildungshaus abgerissen und durch einen Neubau ersetzt. Es gibt nun zusätzliche Gästezimmer, einen großen Hörsaal und eine hauseigene Cafeteria.

| 📷 | **Sehenswürdigkeiten** Die Konzilsgedächtniskirche ist nach Plänen des bekannten Tiroler Architekten Lackner erbaut worden. Sie bietet im Großstadttrubel eine Oase der Ruhe und Geschlossenheit. Durch die Türen an den vier Ecken gelangt der Besucher vom verkehrsreichen Straßenknoten spürbar in eine andere Umgebung. Der Raum ist großzügig als Versammlungsraum angelegt. Die Kirche ist dem hl. Ignatius geweiht. Das Kardinal König Haus verbindet einfache, nüchterne Raumformen mit zeitgemäßen Einrichtungen für die Bildungsarbeit (Zimmer mit wohnlicher Atmosphäre, zahlreiche Gruppenräume, Vortragssäle). Dazu gehört ein ruhiger Park (25.000 m²) inmitten der Großstadt.

| 🛏 | **Unterkunft** Im Haus in 37 Einzel- und 3 Doppelzimmern mit Dusche und WC; Vollpension möglich.

| ⊙ | **Gottesdienste** So 10.00, 11.30, 18.30.

| ✝ | **Mitglieder** 9.

| ⚐ | **Angebote** Im Kardinal König Haus finden zahlreiche Tagungen, Kurse und Kurzveranstaltungen statt, an denen Gäste aus Wien und ganz Österreich sowie aus dem Ausland – besonders aus Deutschland und Osteuropa – teilnehmen. Schwerpunkte der hauseigenen Angebote sind Exerzitien, theologische Bildung, Hospiz und Palliative Care, Veranstaltungen zu Themen der Gesellschaft und der Kirche, zu Familie und Partnerschaft. In der Programmzeitschrift „treffpunkt" sind die aktuellen Angebote enthalten.
Häufig ziehen sich auch Einzelpersonen für kürzere oder längere Zeit in das Haus zurück. Die stille Hauskapelle, der weitläufige Park und vielfach

auch die geistliche Begleitung eines Paters der Jesuitenkommunität sind eine Hilfe für Sammlung und innere Einkehr.

Wien – PIARISTENKOLLEG MARIA TREU

Adresse A-1080 Wien, Piaristengasse 43.
Tel. 01 / 4050425.
E-Mail: pfarrkanzlei@mariatreu.at
Internet: www.mariatreu.at

Anfahrt Straßenbahn (Linie 2) und Bus (Linie 13 A).

Geschichte 1697 Erlaubnis zur Niederlassung in Wien, 1701 Beginn der Unterrichtstätigkeit im Klostertrakt, Kirchenbau 1716 begonnen, feierliche Konsekration 1771. Die Kirche ist Pfarrkirche und besitzt den Ehrentitel einer Lateranensischen Basilika. Die beiden rechts und links von der Kirche gelegenen Klostergebäude beherbergen einen Kindergarten und die ordenseigene Volksschule und das BG VIII, das allerdings seit 1870 nicht mehr von den Piaristen geführt wird, sondern Bundesgymnasium ist. In der Mitte des Platzes vor der Kirche eine schöne Mariensäule (Pestsäule, 1713).

Sehenswürdigkeiten Die Kirche, insbesondere die Maulbertsch-Fresken und das Gnadenbild „Maria Treu". Besichtigungen bitte in der Pfarrkanzlei anmelden (Di–Fr 9–11).

Gottesdienste So 9.30 (Pfarrmesse), 11.30 (in polnischer Sprache), 19.00; Mo, Mi, Fr 8.00; Di, Do, Sa und vor Feiertagen 19.00.

Wien – ABTEI UNSERER LIEBEN FRAU ZU DEN SCHOTTEN

Adresse A-1010 Wien, Freyung 6.
Tel. 01 / 534980, Fax 01 / 53498105.
E-Mail: schotten@schottenstift.at
Internet: www.schotten.wien.at

| 🚗 | **Anfahrt** In Wien mit der U-Bahn U 2 und U 3; Straßenbahnlinien bis Haltestelle „Schottentor".

| 🏛 | **Geschichte** Gründung durch Heinrich II. Jasomirgott im Jahr 1155. Dieser berief iroschottische Mönche aus St. Jakob in Regensburg, die bis 1418 in Wien lebten. Damals zogen Benediktiner aus Melk ein; durch die „Melker Reform" kam es zur Aufnahme einheimischer Mitbrüder. Die Geschichte der Abtei steht in enger Verbindung mit der Geschichte der Stadt Wien.

| 📷 | **Sehenswürdigkeiten** Kirche mit romanischen Teilen, romanische Madonna (älteste Madonnenfigur Wiens), Museum mit gotischem Altar des „Schottenmeisters" (mit ältester Darstellung von Wien).

| 🛏 | **Unterkunft** Im Benediktushaus, Freyung 6, 1010 Wien. Tel. 01 / 5349 8900, Fax 01 / 53498905.

| ⊙ | **Gottesdienste** Messfeiern: Sa 18.00 (Vorabendmesse mit Vesper); So 9.30, 11.00, 19.00; Mo–Fr 18.00. Stundengebet: So 7.00 Laudes; 12.00 Mittagshore; 18.00 Vesper (gregorian. Choral); 20.00 Komplet. Wo 6.00 Vigil; 6.40 Laudes; 12.00 Mittagshore; 18.00 Vesper und Konventamt; 20.00 Komplet (Sa 20.00 Vigil).

| 👤 | **Mitglieder** 16.

| ⚒ | **Tätigkeiten** Wissenschaft (Theologische Fakultät der Universität Wien), Gymnasium (seit 1807; 450 Schüler), geistliche Begleitung, Pfarren, Landwirtschaft.

| ☀ | **Angebote** Mitleben in der Gemeinschaft.

Literatur Museum im Schottenstift. Kunstsammlung der Benediktinerabtei Unserer Lieben Frau zu den Schotten in Wien, Wien, Eigenverlag 2009; Cölestin Rapf/Heinrich Ferenczy, Wien, Schotten. In: Die benediktinischen Mönchs- und Nonnenklöster in Österreich und Südtirol (Germania Benedictina III/3, hg. v. der Bayerischen Benediktinerakademie München in Verbindung mit dem Abt-Herwegen-Institut Maria Laach, St. Ottilien, EOS Verlag. 2002), 779–817; Willibald Berger, Das Schottenstift zu Wien, Schnell & Steiner, Regensburg, 2. Aufl. 1997.

Wilhering – ZISTERZIENSERSTIFT

| ✉ | **Adresse** A-4073 Wilhering/Oberösterreich, Linzer Straße 4.
Tel. 07226 / 231110 oder -12, Fax 07226 / 231111.
E-Mail: abteibuero@stiftwilhering.at
Internet: www.stiftwilhering.at

| 🚗 | **Anfahrt** Autobahn Wien – Salzburg, Ausfahrt Traun/Linz, oder Nibelungenstraße Linz – Passau, 8 km donauaufwärts von Linz.

| 🏛 | **Geschichte** Stiftung der Grundherren Ulrich und Colo von Wilhering-Waxenberg, 1146 gegründet und von Mönchen aus Rein in der Steiermark besiedelt. Nach Anfangsschwierigkeiten übernahm das Zisterzienserkloster Ebrach (Diözese Bamberg) den Ausbau des Klosters, 1195 des Kirchenbaues (dreischiffig, romanisch). Nach 60-jähriger Bauzeit durch die Bischöfe Otto von Passau und Heinrich von Bamberg konsekriert. An den mittelalterlichen Kirchenbau erinnern heute noch das romanische Portal, Teile des Mauerwerks, Reste des Kreuzganges und zwei Hochgräber der Schaunberger (Nachfolger der Gründer). Nach der Brandkatastrophe im Jahre 1733 erstand nach den Plänen des Linzer Baumeisters Haslinger eine Rokokokirche, die heute als schönster Kirchenraum im süddeutschen Raum gilt und nach der letzten Restaurierung 1974–1977 in neuem Glanz erstrahlt. Die Altarbilder stammen von Martin Altomonte, während die Deckenfresken das Werk seines Sohnes Bartolomeo sind und eine großartige Marienverherrlichung darstellen (Lauretanische Litanei). Die Stuckausschmückung stammt von den Meistern der Wessobrunner Schule, Uebelherr und Feichtmayer, und dem Oberösterreicher Holzinger. Auf der kleinen Orgel gegenüber der Kanzel spielte mit Vorliebe Anton Bruckner. Sie wurde von Nikolaus Rummel aus Rothenburg ob der Tauber 1746 gebaut.

| 🛏 | **Unterkunft** In der näheren Umgebung des Klosters.

| ✝ | **Gottesdienste** So und Feiertage 7.00, 8.30, 10.00; Wo 6.30.

| ♱ | **Mitglieder** 28.

| ⚒ | **Tätigkeiten** Das Stift betreut 14 inkorporierte Pfarreien, die vor allem im Mühlviertel nördlich der Donau liegen. Seit 1895 besteht ein Gymnasium, das heute von 520 Schülerinnen und Schülern besucht wird. Neben der

Land- und Forstwirtschaft entstand nach dem Krieg eine große Blumengärtnerei.

Literatur Wilhering. Stift und Kirche (Stiftsführer).

Windberg – PRÄMONSTRATENSERABTEI ST. MARIEN

Adresse D-94336 Windberg, Pfarrplatz 22.
Tel. 09422 / 8240, Fax 09422 / 824123.
E-Mail: info@kloster-windberg.de
Internet: www.kloster-windberg.de

Anfahrt Bahnstation Straubing (Strecke Regensburg – Passau, München – Straubing). ⇒ Mit dem Pkw: Autobahn Regensburg – Passau, Ausfahrt Bogen Richtung Hunderdorf / St. Englmar / Viechtach. 2 km ab Hunderdorf.

Geschichte Das Kloster Windberg entstand um 1140 im Stammsitz der mächtigen Grafen von Windberg-Bogen. Gemäß der Ordenstradition gab es von Anfang an auch einen Schwesternkonvent, der sich in Windberg jahrhundertelang halten konnte. Erster Abt wurde Gebhard (1141–1191), ein Kölner, unter dem sich eine rege literarische Tätigkeit entwickelte. Die Windberger Klosterbibliothek war berühmt. 1167 Weihe des heute noch stehenden romanischen Münsters (Hirsauer Bauschema). Um 1750 Neuausstattung der Abteikirche im Barock- und Rokokostil. 1803 Säkularisation. 1923 Wiederherstellung des Klosters durch die Abtei Berne-Heeswijk (Holland). Seitdem Wiederaufbau des völlig verwahrlosten Konventtraktes. 1965–1971 Renovierung der Pfarr- und Klosterkirche. 1970–1971 Umbau des Ostflügels zum Jugendhaus. 1975 Errichtung der Jugendbildungsstätte Windberg. 2013 Einweihung des neuen Erweiterungsbaus am Konventgebäude.

Sehenswürdigkeiten Die Abteikirche zählt zu den besterhaltenen romanischen Klosterkirchen in Bayern. Berühmt sind die beiden Kirchenportale und der romanische Taufstein. Kirche und Sakristei enthalten hervorragende Einlegearbeiten von Frater Fortunat Simon, einem Laienbruder des Klosters (um 1720). Die vier Rokoko-Seitenaltäre und die Kreuzwegstationen von Mathias Obermayer sind wahre Kabinettstücke. Der Pfarrhof (früher Prälatur) birgt eine Äbtetafel von 1589 und eine schöne gotische Stiege (Der Pfarrhof ist der Öffentlichkeit nicht zugänglich.)

| ⊙ | **Gottesdienste** Eucharistiefeier: So 9.00 Pfarrgottesdienst, 10.30 Konventamt; Mo, Mi, Do 19.00; Di 9.00; Fr 7.00. Stundengebet: Mo–So 7.30 Laudes; Mo–So 18.15 Vesper.

| ♱ | **Mitglieder** 36 (davon 13 im Priorat Roggenburg).

| ⚙ | **Tätigkeiten** Pfarreien, Jugendbildungsstätte, Klosterladen, Gefängnisseelsorge, Bundespolizeiseelsorge, Militärseelsorge.

| ✱ | **Angebote** Der Abtei ist die „Jugendbildungsstätte Windberg" angegliedert. Hier finden regelmäßig Kurse statt: Schülerseminare, Bildungs- und Orientierungstage, religiöse Weiterbildung, Freizeiten. Weitere Angebote macht das „Geistliche Zentrum" für Erwachsene: religiöse und kreative Wochenenden, geistliche Begleitung für Einzelpersonen, Reisen, Klosterladen. Schriftliche Anmeldung ist erforderlich. Einzelpersonen, die nach einer Vertiefung ihres religiösen Lebens streben und die eine Zeit lang am klösterlichen Leben teilnehmen möchten, sind herzlich willkommen. Menschen mit dem Wunsch nach Einkehr und Neuorientierung werden nach Absprache gerne aufgenommen (keine therapeutische Betreuung).

| 📖 | **Literatur** Norbert Backmund, Kloster Windberg, Windberg 1977; Paul May (Hrsg.), 850 Jahre Prämonstratenserabtei Windberg, München 1993; Thomas Handgrätinger, Prämonstratenser-Abtei Windberg. Ein Führer durch Kloster und Kirche, Lindenberg 2002;

Zell / Kloster Oberzell – **DIENERINNEN DER HL. KINDHEIT JESU VOM DRITTEN ORDEN DES HL. FRANZISKUS**

| ✉ | **Adresse** D-97299 Zell, Kloster Oberzell 1.
Tel. 0931 / 46010, Fax 0931 / 4601100.
E-Mail: kloster@oberzell.de
Internet: www.oberzell.de

| 🚌 | **Anfahrt** Mit der Bahn nach Würzburg Hbf, Buslinie 22 Richtung Margetshöchheim oder Buslinie 52 Richtung Leinach, Haltestelle Zell/Was-

serwerk. ⇒ Mit dem Pkw: A 3 Frankfurt – Nürnberg, Ausfahrt Helmstadt/ Kist, B 8 Richtung Würzburg, in Waldbüttelbrunn zweite Abfahrt rechts Richtung Zell.

Geschichte Am linken Mainufer, 6 km vor der Stadt Würzburg, gründete Norbert von Xanten (um 1180–1134) als eines der ersten in Deutschland 1128 das Prämonstratenserkloster Oberzell. Nach wechselvoller Geschichte gelangte die Abtei unter Abt Oswald Loschert (1747–1785) zur Blüte. Am 4. Dezember 1802 wurde das Kloster aufgehoben. 1817 erwarben Friedrich König und Andreas Bauer die Gebäude und entwickelten hier 6.000 Druckmaschinen. Im nahe gelegenen Schlösschen gründete die Würzburgerin Antonia Werr (1813–1868) am Pfingstfest 1855 eine Rettungsanstalt für Mädchen und Frauen in Not. Nach der Übersiedlung der Firma König & Bauer an das andere Mainufer übernahm die Gemeinschaft Antonia Werrs, die „Dienerinnen der heiligen Kindheit Jesu", die ehemalige Abtei und Kirche. Die Gemeinschaft schloss sich 1863 dem Regulierten Dritten Orden des heiligen Franziskus an. 1888 erlangte die Kongregation die bischöfliche und 1908 die staatliche Anerkennung.

Sehenswürdigkeiten Barockisierte romanische Basilika aus dem 12. Jh. mit einer vorgeblendeten Fassade von 1696; seltene Doppeltoranlage; ehemalige Prämonstratenserabtei, 1747–1760 nach Plänen Balthasar Neumanns errichtet; Treppenaufgang, Refektor, Sakristei und Sakramentskapelle mit Stuckarbeiten von Antonio Bossi.

Unterkunft Haus Klara, Kloster Oberzell 2, 97299 Zell, Tel. 0931 / 4601-251; Fax -250, E-Mail: haus-klara@oberzell.de, www. hausklara.de.

Gottesdienste So 8.00 Laudes, 8.30 Messe; Mo–Fr 7.15 Vesper, 17.30 Messe; Sa 8.00 Laudes und Messe.

Mitglieder 170.

Angebote Führungen, Besinnungstage, „Kloster auf Zeit", Mitleben in einem Schwesternkonvent, geistliche Begleitung, Einzel- und Gruppenexerzitien, Oberzeller Freundeskreis, Beratung von Frauen.

Tätigkeiten Mädchen- und Frauenarbeit, Seelsorge, Erziehung, Kranken- und Altenpflege, Betreuung von Flüchtlingen, Verwaltung, Wirtschaftsführung; Einsatz je nach Beruf und Qualifikation.

| 🕮 | **Literatur** Kunstführer Kloster Oberzell, Verlag Schnell & Steiner, Regensburg 2010 (ISBN 978-3-7954-4361-0); Helmut Flachenecker/ Wolfgang Weiß (Hg.), Oberzell – Vom Prämonstratenserstift (bis 1803) zum Mutterhaus der Dienerinnen der heiligen Kindheit Jesu. 62. Band der Quellen und Forschungen zur Geschichte des Bistums und Hochstifts Würzburg, Kommissionsverlag Ferdinand Schöningh, Würzburg 2006 (ISBN 3-87717-068-4).

Zwettl – ZISTERZIENSERSTIFT

| ✉ | **Adresse** A-3910 Stift Zwettl/Niederösterreich.
Tel. 02822 / 20202-0, Fax 02822 / 20202-40.
E-Mail: info@stift-zwettl.at
Internet: www.stift-zwettl.at

| 🚗 | **Anfahrt** Mit dem Pkw: Autobahn Linz – Wien, Ausfahrt St. Pölten-Ost, in Richtung Krems – Zwettl.

| 🏛 | **Geschichte** Das Zisterzienserstift Zwettl wurde 1137 von Hadmar 1. aus dem Ministerialengeschlecht der Kuenringer gegründet und mit reicher Dotierung ausgestattet. Die ersten Mönche kamen aus der Abtei Heiligenkreuz im Wienerwald. König und Papst nahmen die Neugründung alsbald in ihren Schutz. 1159 (erste Kirchweihe) war die romanische Klosteranlage, von der noch bedeutsame Bauteile erhalten sind, im Wesentlichen fertig gestellt. Dank seiner vielfältigen Beziehungen und der Tüchtigkeit seiner Äbte konnte das Kloster seinen Besitzstand bald weiter vergrößern und außerdem rege geistige und künstlerische Aktivitäten entfalten. Ein beredtes Zeugnis legt hiervon sowohl der rasch anwachsende Bücherbestand wie auch die unermüdliche Bautätigkeit ab, die im 14. Jh. (Neubau der Stiftskirche) einen Höhepunkt erreichte. Eine schon damals sich anbahnende wirtschaftliche Krise wurde späterhin durch die Wirren der Hussitenkriege (Zerstörung des Klosters 1427) noch weiter verschärft, doch konnte die Abtei gegen Ende des 15. Jh.s wieder eine bedeutsame geistige und kulturelle Blütezeit erleben. In der Folge wurde sie allerdings für mehr als ein Jahrhundert von den äußeren Zeitereignissen bis an die Grenze ihrer Existenzmöglichkeit in Mitleidenschaft gezogen. Erst im 17. Jh. begann ein neuer lang andauernder Aufschwung, der zunächst in der wissenschaftlichen Tätigkeit (Theologische Lehranstalt, Historiographie) und dann vor

allem in der barocken Umgestaltung der Klostergebäude seinen Ausdruck fand. In der Josefinischen Epoche entging das Stift nur knapp der Aufhebung und musste zu den schon bis dahin ausgeübten seelsorglichen Aufgaben noch weitere übernehmen.

Sehenswürdigkeiten Von der mittelalterlichen Klosteranlage sind mehrere Bauteile fast unversehrt erhalten geblieben, etwa das romanische Dormitorium mit anschließendem Necessarium (vor 1159), der Kapitelsaal und der herrliche Kreuzgang (1160–1230). Die gotische Stiftskirche (dreischiffige Halle mit Kapellenkranz, 1343–1383) weist eine reiche Barockeinrichtung (um 1730) auf, von der besonders der Hochaltar, das Chorgestühl und die Orgel als künstlerische Höchstleistungen gelten können. Die monumentale Einturmfassade der Kirche und der stimmungsvolle Abteihof gehören ebenso wie der (nicht allgemein zugängliche) Bibliothekssaal zu den Besonderheiten der Barockarchitektur im Stift Zwettl.

Unterkunft Das Bildungshaus bietet in Einzel- und Mehrbettzimmern 60 Gästen Platz. Für Jugendliche empfehlen sich die so genannte Jugendherberge mit Mehrbettzimmern und ein Schlafsaal mit 12 Betten.

Gottesdienste Eucharistiefeier: So 8.00, 9.00, 10.00, 11.00 (Winter: 10.30); Mo–Fr 17.30, Sa 8.00 (in den Sommerferien tägl. 8.00). Stundengebet: 6.00 Vigilien und Laudes; 12.00 Mittagsgebet; 18.00 Vesper.

Tätigkeiten Seelsorge in 14 inkorporierten Pfarreien, Sängerknabenkonvikt, Bildungshaus; Weinbau und -vertrieb, Fischzucht (Karpfen und Forellen), Klosterladen, Land- und Forstwirtschaft.

Angebote Exerzitien, Besinnungstage, Erholung, Bildungsveranstaltungen (Programmzeitung wird kostenlos zugesandt); „Kloster auf Zeit" für Männer im Konvent möglich; alljährlich „Musik in der Bibliothek – Internationale Konzerttage Stift Zwettl."

Literatur Joachim Klinger/Johann Tomaschek/Gerhard Trumler, Zisterzienserstift Zwettl, Edition Christian Brandstätter, Wien 1989.

Evangelische und ökumenische Gemeinschaften

Bad Bevensen – **KLOSTER MEDINGEN**

Adresse D-29549 Bad Bevensen, Klosterweg 1. Tel. 05821 / 2286.

Anfahrt Bahnstation Bad Bevensen. ⇒ Mit dem Pkw: B 4, Abfahrt Bevensen-West, Ortsteil Medingen.

Geschichte Das Medinger Damenstift gehört zu den sechs „Lüneburger Klöstern", die sich seit dem Mittelalter in der Heide erhalten haben. 1228 wurde der Konvent als Filiale des Zisterzienserinnenklosters Wolmirstedt (nördlich von Magdeburg) gegründet, siedelte sich aber erst 1336 dauerhaft in Medingen an. In seiner Blütezeit zu Anfang des 16. Jh.s beherbergte das Kloster über 100 Nonnen. Im Zuge der Reformation trat der Medinger Konvent nach längerem Widerstand zum protestantischen Bekenntnis über, und 1559 wurde das Kloster in ein Damenstift umgewandelt. Bis heute steht eine Äbtissin dem Konvent vor und leitet die Geschicke des Klosters. In unseren Tagen bietet Kloster Medingen eine Lebensform für Damen, die in christlicher Gemeinschaft leben und bei Führungen den Besuchern die Kunstschätze des Hauses präsentieren.

Sehenswürdigkeiten Das Charakteristikum der Medinger Anlage ist die Vereinigung von Kirche und Wohngebäuden zu einer baulichen Einheit. Im Zentrum steht die überkuppelte Kirche. Die beiden Wohnflügel schließen sich seitlich an und bilden mit den Quergebäuden einen Baukomplex in breiter H-Form. Sehenswert sind im Einzelnen ein Krummstab (1496), eine Mauritius-Statue (15. Jh.), ein Gobelin (1547), altes Silber und Porzellan, mittelalterliche Truhen und Schränke sowie das Brauhaus von 1396.

Unterkunft In Hotels in Bad Bevensen und Gästezimmer für Einzelgäste im Kloster Medingen.

Gottesdienste So 9.30.

Mitglieder 15.

Angebote Besichtigung: von Ostersamstag bis 15. Oktober; montags sowie 23. und 24.8. geschlossen; Führungen 11, 13.30 und 15.00 Uhr; Kurzführungen: Do, Fr, So 12.00 Uhr; Gruppen werden um Anmeldung gebeten.

Literatur Ida-Christine Rickert, Die Lüneburger Frauenklöster, Verlag Hahnsche Buchhandlung, Hannover 1996.

Barsinghausen – KLOSTER BARSINGHAUSEN

Adresse D-30890 Barsinghausen, Bergamtstraße 8.
Tel. und Fax 05105 / 61938.
E-Mail: info@kloster-barsinghausen.de

Anfahrt Bahnstation Barsinghausen (Nahverkehr Hannover – Haste). ⇒ Mit dem Pkw: A 2 Hannover – Dortmund, Ausfahrt Wunstorf/ Kolenfeld, oder A 2 Dortmund – Hannover, Ausfahrt Bad Nenndorf.

Geschichte Das vor 1193 für einen Augustiner-Doppelkonvent gegründete Kloster wurde durch die Reformation im welfischen Fürstentum Calenberg-Göttingen (1543) in ein evangelisches Frauenkloster umgewandelt.
Seit 1996 lebt ein Teil der Schwestern der Diakonischen Schwesternschaft Wolmirstedt e.V. als Kommunität in klösterlicher Gemeinschaft. Die kommunitäre Lebensform orientiert sich an den drei Evangelischen Räten Gütergemeinschaft, Ehelosigkeit und Gehorsam, um in der Christusnachfolge frei verfügbar zu sein. Als Konventualinnen leben im Kloster seit kurzer Zeit auch wieder Frauen, die nicht Mitglied der Kommunität sind. Mitte und Kraftquell des gemeinsamen Lebens im Konvent sind Gebet und die Feier des Heiligen Abendmahls.

Sehenswürdigkeiten Die in der ersten Hälfte des 13. Jh.s erbaute Klosterkirche gilt als eine der ältesten dreischiffigen Hallenkirchen Niedersachsens. Kloster Barsinghausen bewahrt zahlreiche kloster- und kunstgeschichtlich wertvolle Grabmale sowie einen Bestand barockzeitlicher Porträtgemälde. Das Kircheninnere ist durch Um- und Neugestaltungen des 19. und 20. Jh.s geprägt. Hervorzuheben ist die farbige Fensterverglasung nach Entwürfen von Kurt Sohns († 1990).

Unterkunft Gästezimmer im Kloster für Einzelgäste, die Stille und Gebet suchen.

| ⚫ | **Gottesdienste** Mo bis Fr 8.00 Morgenlob; 12.00 Mittagsgebet; 18.00 Abendgebet; Mo 8.00 Morgenlob mit Feier des Heiligen Abendmahls, Do 18.00 Abendgottesdienst mit Heiligem Abendmahl.

| ♱ | **Mitglieder** Klosterkonvent: 3 Schwestern der Evangelischen Kommunität Kloster Barsinghausen und 2 Konventualinnen.

| ✺ | **Angebote** Einkehrtage; Einkehrzeiten mit begleitendem Gespräch für Einzelgäste; Klosterführungen; „Wenn Gebet Bewegung wird" – Meditation in Tanz, Wort und Gebärde.

| 📖 | **Literatur** Manfred Hamann/Erik Ederberg, Die Calenberger Klöster, Hannover 1977; Erik Ederberg, Kloster und Kirche Barsinghausen (Kleine Kunstführer Nr. 1983), Schnell & Steiner, München – Regensburg 1992. Klosterkammer Hannover, Evangelische Klöster in Niedersachsen, Hinstorff Verlag.

Berge-Börstel – **STIFT BÖRSTEL**

| ✉ | **Adresse** D-49626 Berge-Börstel.
Tel. 05435 / 9542-0 (Wo zw. 8.00 u. 12.00); Fax 05435 / 9542-19.
E-Mail: info@stift-boerstel.de
Internet: www.stift-boerstel.de

| 🚗 | **Anfahrt** Mit der Bahn über die Strecke Osnabrück – Quakenbrück. ⇒ Mit dem Pkw: A 1 Osnabrück – Bramsche, Richtung Fürstenau, Berge-Börstel; von Norden: Cloppenburg – Herzlake – Berge/Börstel.

| 🏛 | **Geschichte** Das Stift Börstel besteht seit über 750 Jahren. Ursprünglich als Zisterzienserinnenkloster gegründet, ist es seit der Reformation ein freiweltliches Stift mit zehn Kapitularinnen, von denen acht protestantisch und zwei katholisch sind. So wurde es im Westfälischen Frieden festgelegt. Damit pflegt das Stift eine über Jahrhunderte andauernde ökumenische Tradition. Die Äbtissin ist zugleich geistliche Leitung und Geschäftsführerin des Stiftsbetriebes. Die Kapitularinnen gehen zumeist wissenschaftlichen, lehrenden oder sozialen Berufen – teilweise in aller Welt – nach.

| 📷 | **Sehenswürdigkeiten** Stiftskirche (norddeutsche Backsteingotik); barocke Kirchenausstattung. Holzskulpturen (Altarfund von 1963); Madonnenskulptur von 1230. Weitere Skulpturen vom „Meister von Osnabrück" (Anfang 16. Jh.). Sehenswerter Kreuzgang, altes Steinwerk (Roggenspeicher); Waldfriedhof, z.T. alter Waldbestand, Moorlehrpfad.

| 🛏 | **Unterkunft** Mehrere Jugendgäste- und Ferienhäuser (einfache Ausstattung) als Selbstversorgerhäuser, eine Tagungsstätte im Hotelstandard; Gesamtbettenzahl ca. 80 in 1- bis 8-Bettzimmern.

| ✦ | **Gottesdienste** So 11.30 (von Karfreitag bis Silvester); Wo zusätzliche Stundengebetszeiten.

| 👤 | **Mitglieder** als Zentrum 10 Kapitularinnen (davon 8 evangelische und 2 katholische). Zur geistlichen und sozialen Gemeinschaft gehören außerdem: die Communitas Viae und der Jugendkonvent.

| ⚒ | **Tätigkeiten** Bewirtschaftung von ca. 670 ha land- und forstwirtschaftlicher Fläche, Gästehausbetrieb, geistliches Leben, Einkehrangebote, geistliche Begleitung, Exerzitien, schöpfungsökologische Angebote, Meditationspfade, Kulturveranstaltungen, Schwerpunkt auf Kinder- und Jugendarbeit sowie naturnaher Tourismus. Führungen: ganzjährig nach Vereinbarung.

| ✺ | **Angebote** Konzerte, Vorträge, Ausstellungen, Autorenlesungen; Hochzeits- und Familienfeiern.

| 📖 | **Literatur** Renate Oldermann-Meier, Die Stiftskirche zu Börstel nach der Reformation, in: Jahrbuch der Gesellschaft für niedersächsische Kirchengeschichte, Bd. 96, o. O. 1998; dies., Studien zur Geschichte von Stift Börstel, Bramsche 1999. Johanna Pointke, „Meine Oma hat 'ne Kirche" – Brief aus dem Stift Börstel. Verlag Dom Buchhandlung GmbH, Osnabrück 2013.

Bodenwerder OT Buchhagen – DEUTSCHES ORTHODOXES DREIFALTIGKEITSKLOSTER

Adresse D-37619 Bodenwerder-Buchhagen.
Tel. 05533-999369.
Internet: www.dreifaltigkeitskloster-buchhagen.de

Anfahrt Bahnstationen: Hameln bzw. Emmerthal, von dort mit dem Bus bis Bodenwerder, die letzten 3 km zu Fuß. ⇒ Mit dem Pkw: In der Mitte des Städtedreiecks Hannover, Kassel, Bielefeld gelegen, von dort jeweils ca. 1 Std. Fahrt über die nächste Autobahn. Auto im Dorf parken und den Berg zu Fuß besteigen (10 Min. Aufstieg).

Geschichte Das Kloster wurde 1990 von Abt Johannes, der als Mönch auf dem Heiligen Berg Athos gelebt hat, zusammen mit zwei Mitbrüdern gegründet. Weg und Ziel der Gemeinschaft des ersten deutschen orthodoxen Klosters ist es, die uralte mystische Überlieferung des orthodoxen Mönchtums, in deren Mittelpunkt die Einung von Gott und Mensch im Mysterium des Gottmenschen Jesus Christus steht, auch im deutschen Kulturkreis zu leben. Dabei orientieren sich die Mönche an den ältesten christlichen Quellen unserer Kultur, so an der frühen Romanik und dem gregorianischen Choral, die sich organisch mit byzantinischen und altslawischen Formen verbinden. Heute ist die Abtei vor allem ein Ort der Stille.

Sehenswürdigkeiten Das kleine, von den Mönchen in Eigenarbeit erbaute Heiligtum, von der Weserromanik und von den Einsiedeleien des Heiligen Berges geprägt, versteht sich als sakrales Gesamtkunstwerk, in dem Architektur und Ikonenmalerei, Steinmetzkunst und Landschaftsgestaltung, Gartenbau und heiliger Gesang zu einer Einheit verschmelzen („Himmel auf Erden").

Unterkunft Für männliche Gäste: Zimmer mit Verpflegung im Haus; für größere Gruppen und weibliche Gäste: günstige Unterkünfte und Pensionen im Dorf.

Gottesdienste Fr 16.00, Sa 17.00 Vesper; So 9.00 göttliche Liturgie (Deutscher Choral), Kleiderordnung beachten. Für Hausgäste ist auch die Teilnahme an den klosterinternen Gottesdiensten möglich.

Mitglieder 4.

| ⚐ | **Tätigkeiten** Liturgische Übersetzungen; Entwicklung des Deutschen Chorals; Herausgabe Liturgischer Bücher im Klosterverlag; Klosterbau; Ikonenmalerei; Gartenbau; Klosterladen.

| ◉ | **Angebote** Zu Gast im Kloster: Einzelgäste, Pilger, kleinere Jugendgruppen mit Voranmeldung, Männer (ab 14 Jahren); Praktikum für Schüler und Studenten bzw. Klosterjahr, z.B. für Schulabgänger; Klosterführungen mit Voranmeldung; Klosterladen mit einem umfassenden Buchangebot (vor allem spirituelle Literatur) und klostereigenen Produkten.

| 📖 | **Literatur** Archimandrit Johannes, Der Weg zum naturtönigen Kultgesang, musikalisch-philosophisches Lehrbuch zum Deutschen Choral, Verlag des hl. Dreifaltigkeitsklosters (280 S.); Archimandrit Johannes, Vom Mysterium des Mönchtums, Verlag des hl. Dreifaltigkeitsklosters (64 S.) Audio-CD-Reihe „Deutscher Choral". Es liegen inzwischen 4 Veröffentlichungen mit den Gesängen der Mönche vor. Verlag des hl. Dreifaltigkeitsklosters.

Darmstadt – **EVANGELISCHE MARIENSCHWESTERNSCHAFT**

| ✉ | **Adresse** D-64297 Darmstadt, Heidelberger Landstraße 107,
Tel. 06151/5392-0, Fax 06151-5392-57.
E-Mail: info@kanaan.org
Internet: www.kanaan.org

| 🚌 | **Anfahrt** Bahnstation Darmstadt Hauptbahnhof, von dort mit Bus und Straßenbahn Richtung Eberstadt. ⇒ Mit dem Pkw: A 5 (Basel – Frankfurt), Ausfahrt Pfungstadt/Darmstadt-Eberstadt.

| 🏛 | **Geschichte** 1935 hatten Dr. Klara Schlink (Mutter Basilea) und Erika Madauss (Mutter Martyria) auf Gottes Ruf hin ihre gesicherte Zukunft und Karriere aufgegeben, um in Darmstadt ein Werk für Ihn zu beginnen. Doch erst die Zerstörung der Stadt im September 1944 und die dadurch ausgelöste Bußbewegung und Erweckung in ihren Mädchenbibelkreisen führte im März 1947 zur Gründung der Marienschwesternschaft. Ab 1961 Niederlassungen in Jerusalem, später im europäischen Ausland und in Übersee. Seit 1967 eine kleine bruderschaftliche Zelle mit Kanaan-Franziskusbrüdern. Im Mittelpunkt des geistlichen Lebens steht die Liebe zu

Jesus, die ihr Fundament in der täglichen Reue und Buße hat. Dazu gehört der Wandel im Licht nach 1 Joh 1,7; kompromisslose Nachfolge Jesu und Abhängigkeit von Gott im Alltag.

| 📷 | **Sehenswürdigkeiten** Land „Kanaan" mit biblischen Gedenkstätten, „Jesu Leidensgarten" mit Stationen von Gethsemane bis Golgatha und Ostern, Mutterhauskapelle, Jesu-Ruf-Kapelle.

| 🛏 | **Unterkunft** In schlichten Gästezimmern oder in Hotels in der Nähe.

| ⊙ | **Gottesdienste** So 9.30 Lutherische Messe; Stundengebete: 15.00 Gebet zur Todesstunde Jesu; So 8.00 Sonntagmorgen-Gebet; Fr 17.30 Israel-Gebet.

| ♂ |
| ♀ | **Mitglieder** 115 Schwestern, 7 Brüder.

| ⚐ | **Tätigkeiten** Verkündigungsdienst im In- und Ausland durch Bücher und Kleinschriften, Videoprogramme, Rundfunk- und Fernsehsendungen, Lobpreistafeln; Dienst in Israel an holocaustgeschädigten Juden.

| ✺ | **Angebote** Tagesbesuch für Einzelne und Gruppen – Kurzeinkehr – Mitarbeit im Kanaanteam (einige Wochen oder Monate).

| 📄 | **Literatur** Freundesbrief (2-mal jährlich); Evangelische Marienschwestern, Gottes Treue durch 50 Jahre (Bildband), 152 S.; Prospekt auf Anforderung.

Frankfurt am Main – **HAUS DER STILLE, FRANKFURT**

| ✉ | **Adresse** D 60322 Frankfurt/Main, Cronstettenstr. 61.
Tel.: 069/9541 2326 Fax: 069/9541 2328.
E-Mail: info@hausderstille.net
Internet: www.hausderstille.net; www.diakonisse.de

| 🚗 | **Anfahrt** Per Bahn: vom Hauptbahnhof Frankfurt S-Bahn bis „Hauptwache", umsteigen in U-Bahn Linien 1, 2, 3 (Richtung Ginnheim, Gonzenheim, Hohemark) bis „Holzhausenstraße" oder U 5 bis „Deutsche Bibliothek". Taxi vom Hauptbahnhof: ca. 10 Min. ⇒ Mit dem Pkw: A 5 von

Norden und Süden, Abfahrt Nordwestkreuz – A 66 Richtung Stadtmitte/ Miquellallee nehmen – nach Ortseingang rechts in Hansastraße (Unicampus Westend) einbiegen – nächste Ampel links abbiegen, dann über die nächste Ampel in die Cronstettenstraße fahren, Nr. 61 (Diakonissenhaus) auf der rechten Seite.

Geschichte Das „Haus der Stille" wird getragen vom Verein „Initiative zur Förderung geistlichen Lebens". Er wurde 1992 gegründet, um ein Konzept für ein Haus der Stille in der Evangelischen Kirche von Hessen und Nassau zu erarbeiten, das ab 1993 im Waldhof Elgershausen, Greifenstein (Mittelhessen) umgesetzt wurde. Nach der Schließung des Hauses im Herbst 2014 wird die Arbeit ab Januar 2015 an dem neuen Standort in Frankfurt am Main, in Zusammenarbeit mit dem Frankfurter Diakonissenhaus, fortgesetzt. Kirche und Gebäude des Frankfurter Diakonissenhauses liegen in einem ruhigen Gelände. Parks in der Nähe laden zu Spaziergängen ein.

Unterkunft 7 Einzelzimmer, 9 Doppelzimmer.

Gottesdienste So 10.00, Sa 18.00; Gebetszeiten am Morgen, Mittag und Abend.

Sehenswürdigkeiten im Umfeld: Dom, Bibelmuseum, Paulskirche, Palmengarten usw.

Angebote Tagesveranstaltungen und Kurse, die helfen wollen, eine spirituelle Lebenskultur zu erfahren, zu erproben und zu bedenken. Schwerpunkte des Programms sind „Lebensorientierung finden", „Geistliche Wege üben" und „Zur Ruhe kommen". Einkehrtage mit Teilnahme an den Gebetszeiten und auf Wunsch Gesprächsmöglichkeit.

Gelterkinden – **HAUS DER STILLE – SONNENHOF SCHWESTERN VON GRANDCHAMP**

Adresse CH-4460 Gelterkinden/Baselland.
Tel. 061 / 9811112, Fax 061 / 9839555.
E-Mail: sonnenhof@grandchamp.org
Internet: www.sonnenhof-grandchamp.org

| 🚗 | **Anfahrt** Bahnstation Gelterkinden (Strecke Basel – Olten), von dort Taxi (Tel. 061 973 79 79 oder 061 901 79 79) oder zu Fuß, auf relativ steiler, geteerter Straße. ⇒ Mit dem Pkw: Autobahn, Ausfahrt Sissach, dann Richtung Gelterkinden. In Gelterkinden beim Kreisverkehr links abbiegen, Richtung „Rheinfelden", nach der Unterführung sofort wieder links. Beim Stoppschild rechts hinauf. Der Sonnenhof wird oben links sichtbar.

| 🏛 | **Geschichte** In den dreißiger Jahren entdeckten einige Frauen aus der reformierten Kirche in der französischen Schweiz von Neuem, wie wichtig die Stille für ihr Glaubensleben ist. Sie luden zu geistlichen Retraiten ein, die in Grandchamp bei Neuenburg stattfanden. Daraus ist die Communauté de Grandchamp entstanden. Die Meditation des biblischen Wortes, sowie das aufmerksame Hören auf die monastische Tradition und die verschiedenen kirchlichen Konfessionen war und ist grundlegend für die Gemeinschaft. Im Jahr 1952 entschieden sich die ersten Schwestern für ein Engagement auf Lebenszeit. Kurz darauf übernahmen sie die Regel und die Gebetsordnung von Taizé als Grundlage ihres gemeinsamen Lebens und ihrer Liturgie.

| 🛏 | **Unterkunft** Im Haus.

| ● | **Gottesdienste** Eucharistie: Do 18.30, So 7.30; Stundengebet: Wo 8.00 12.10, 18.30, 20.30.

| ♦ | **Mitglieder** Insgesamt ca. 50 Schwestern; 7 im Sonnenhof.

| ✻ | **Angebote** Als Einzelgast, mit der Möglichkeit zum persönlichen Gespräch; Teilnahme an einem der Angebote im Jahresprogramm; als Gastgruppe mit eigenem Programm; Kloster auf Zeit (Volontariat) – Mitleben und Mitarbeiten für eine gewisse Zeit.

| 📄 | **Literatur** Jährlicher Rundbrief der Communauté.

Goslar – EVANGELISCHES GETHSEMANEKLOSTER

| ✉ | **Adresse** D-38644 Goslar, Riechenberg 1.
Tel. 05321 / 21712, Fax 05321 / 1683.
Internet: www.gethsemanekloster.de

| 🚗 | **Anfahrt** Bahnstation Goslar (Strecke Halle/Bad Harzburg – Hannover, Göttingen – Braunschweig). ⇒ Mit dem Pkw: A 7, von Süden Ausfahrt Rhüden/Harz, dann B 82, von Norden Ausfahrt Derneburg, dann B 6.

| 🏛 | **Geschichte** Als Augustiner-Chorherrenstift St. Maria zu Riechenberg wird es 1131 zum ersten Mal erwähnt, vermutlich aber schon 1117 als Benediktiner-Kloster gegründet. In seiner wechselvollen Geschichte von Blüte und Niedergang, von erzwungener Reformation 1569 und Wiederbesiedelung 1643, von politischen Wirren und Machtansprüchen wird das Kloster 1803 säkularisiert und als Klostergut dem „Allgemeinen Hannoverschen Klosterfonds" übereignet (Klosterkammer Hannover). Die leerstehende romanische Kirche wurde als Steinbruch genutzt, romanische Krypta und gotische Sakristei blieben erhalten. 1990 wird Riechenberg von den Brüdern der evangelischen Gethsemanebruderschaft, einer kontemplativen Kommunität, spirituell wiederbelebt und in „Gethsemanekloster" umbenannt. Die Mitte des Klosters sind die 4 Sakralräume, romanische Krypta, gotische Kapelle und Oratorium und der geräumige Remter. Damit verbunden sind das Klausurgebäude der Brüder und das Einkehrhaus der Gäste. Daneben gibt es zwei kleine Jugendhäuser und am Rande des Klosterhügels die große ehemalige Sommerscheune als einfache Unterkunft für junge Leute. Das von einer Mauer umschlossene Gelände von etwa 6 Hektar umfasst einen Park mit alten Bäumen, einen großen Garten, den eichenbestandenen Riechenberg, Schafwiesen und einen alten Teich.

| 🛏 | **Unterkunft** Im Einkehrhaus stehen, in einem Schweigebereich, für Gruppen-Einkehrtage 20 Einzelzimmer zur Aufnahme von Gästen bereit. Kleine Einkehrwohnungen im Einkehrhaus und der Klausur stehen Einzelgästen, die Stille und Gebet suchen, offen. Verschiedene Unterkünfte für junge Leute. Vegetarische Vollwertkost.

| ✝ | **Gottesdienste** Gregorianische Laudes und Vesper, meditatives Mittagsgebet und Eucharistiefeier für alle im Kloster Mitlebenden verbindlich.

| ♀ | **Mitglieder** 3 und Mitlebende.

| ✺ | **Angebote** Verschiedene Möglichkeiten von „Kloster auf Zeit" mit verbindlicher Teilnahme am gottesdienstlichen Leben: Einkehrzeiten für Gruppen oder als Einzelne; Einführungen in die christliche Meditation (Herzensgebet), Ora-et-Labora-Aufenthalte, bei denen der Gast mitarbeitet; Zeit für Gott: Männer können für mehrere Monate am Klosterleben teilnehmen; Abende der Besinnung mit Musik und geistlichen Lesungen.

Literatur Olav Hanssen (Gründer der Gethsemanebruderschaft), Das betrachtende Gebet, Vandenhoeck und Ruprecht, Göttingen; Olav Hanssen, Dein Wille geschehe, Vier-Türme-Verlag, Münsterschwarzach.

Hankensbüttel – **KLOSTER ISENHAGEN**

Adresse D-29386 Hankensbüttel.
Tel. 05832 / 313, Fax 05832 / 979408.
Internet: www.kloster-isenhagen.de

Anfahrt Bahnstation Wittingen. ⇒ Mit dem Pkw: Von Westen: Hannover – Celle – Hankensbüttel. Von Norden oder Süden: B 4, in Sprakensehl bzw. Wesendorf nach Hankensbüttel abbiegen.

Geschichte Ehemaliges Zisterzienserinnenkloster, gegründet 1243. Seit 1540 evangelisches Kloster.

Sehenswürdigkeiten Gotische Kirche mit Nonnenchor, zwei Flügelaltäre; Kreuzgang mit Sandsteinkonsolen; klösterliche Stickereien und Mobiliar des Mittelalters.

Unterkunft Private Unterkünfte, Pensionen und Hotels vor Ort.

Gottesdienste Jeweils im 14-tägigen Wechsel: Sa 18.00, So 9.30.

Mitglieder Äbtissin und Konvent.

Tätigkeiten Eigenständige Form christlicher Traditionen; Pflege der Kunstschätze, Führungen in den Sommermonaten; Archivarbeit, Kirchendienst, kulturelle Veranstaltungen.

Literatur Horst Appuhn, Kloster Isenhagen, Langewiesche Verlag, Königstein; Kirsten Poness, Kloster Isenhagen, 2013 (DKV-Kunstführer 678).

Hannoversch Münden – **GEISTLICHES ZENTRUM KLOSTER BURSFELDE**

- **Adresse** D-34346 Hannoversch Münden, Klosterhof 5. Tel. 05544 / 1688, Fax 05544 / 1758. E-Mail: kloster.bursfelde@t-online.de Internet: www.kloster-bursfelde.de

- **Anfahrt** Bahnstation Göttingen, von dort 25 km mit dem Taxi. ⇒ Mit dem Pkw: Autobahn, Ausfahrt Göttingen/Dransfeld – Imbsen – Löwenhagen; Autobahn Frankfurt – Hannover, Ausfahrt Hann. Münden/Lutterberg, Hann. Münden – Richtung Lippoldsberg, Hemeln.

- **Geschichte** Das Benediktinerkloster wurde 1093 durch den Grafen Heinrich von Northeim gegründet und stand unter dem Einfluss der Hirsauer Reform. Ab 1434 wurde es zum Ausgangspunkt einer starken geistlichen Erneuerungsbewegung, der Bursfelder Reform (der u.a. 1458 auch Hirsau beitrat). Seit 1542 zeitweise, ab 1588 endgültig lutherisch. 1672 Ende des klösterlichen Lebens. Bis 1978 landwirtschaftliche Domäne. Seit 1828 wird der Titel „Abt von Bursfelde" einem Ordinarius der Göttinger Theologischen Fakultät verliehen. Seit 1978 Geistliches Zentrum der ev.-luth. Landeskirche Hannover. Schwerpunkte: Einkehr und Stille; Bibel und Gemeinde; Glaube im Dialog.

- **Sehenswürdigkeiten** Romanische Kirche (1093) mit Malereien aus Spätromanik, Früh- und Spätgotik.

- **Unterkunft** Insgesamt 27 Einzel- und Doppelzimmer mit Dusche und WC. Bettenzahl insgesamt 37. Zusätzlich stehen für Einzelgäste 4 Zimmer zur Verfügung. In der Pilgerherberge von Ostern bis zum 30. Oktober eine einfache Unterkunft für 20 Pilger.

- **Gottesdienste** 18.00 Abendgebet in Anlehnung an ev. Tagzeitenbuch, So als Taizé-Gebet, Abendmahlsgottesdienst jeden ersten So im Monat 11.00.

- **Mitglieder** Dienstgemeinschaft – 1 Diakonin, 1 Diakon, 1 Pastorin, 1 Pastor.

- **Tätigkeiten** Gastgeber und Begleiter für Tagungs- und Einzelgäste.

- **Angebote** Verschiedene Formen von Exerzitien; Meditationskurse, Tage der Stille/Einkehrwochenenden; Oasentage für hauptamtliche Mitarbeiter, Geistliche Begleitung, Weiterbildung.

- **Literatur** Silke Harms, u.a., Hier bin ich. Ein geistlicher Übungsweg. Gütersloher Verlagshaus 2015. Klaus Dettke und Joachim Ringleben, Kloster Bursfelde, Deutscher Kunstverlag Berlin–München, 2. Aufl. 2014. Lothar Perlitt, Kloster Bursfelde, Verlag Göttinger Tagblatt, Göttingen, 7. Aufl. 1999.

Hessisch Oldendorf – STIFT FISCHBECK

- **Adresse** D-31840 Hessisch Oldendorf, Im Stift 6a.
Tel. 05152 / 8603, Fax 05152 / 962489.
Internet: www.Stift-Fischbeck.de

- **Anfahrt** Bahnstation Hameln, von dort Bus oder Taxi. ⇒ Mit dem Pkw: A 2 Hannover – Dortmund, Ausfahrt Rehren.

- **Geschichte** 955 Gründung eines Kanonissenstifts durch Witwe Helmburgis aus dem Geschlecht der Ekbertiner. Schutzprivileg und Gründungsgut durch Otto I. als Vogt des Stiftes. 1234 Brand der Kirche, die als Begräbnisstätte des Schaumburger Adels diente. Um 1260 Umwandlung des freien Kanonissenstifts in ein Stift für Augustiner-Regularkanonissen. 1559 lutherische Reformation der Äbtissin Katharina von Rottorp. 1625 Plünderung durch die Truppen des Grafen Tilly. 1649: Nach dem Aussterben der Schaumburger Grafen fällt die Grafschaft an Hessen. Seit 1889 ist der jeweilige Landrat des Kreises Grafschaft Schaumburg landesherrlicher Kommissar für das Stift.

- **Sehenswürdigkeiten** Reliquienkopf, Bronze vergoldet, Nachbildung des im Kestner-Museum, Hannover, befindlichen Originals (um 1200); Triumphkreuz (um 1250); Bildnis der Stifterin Helmburgis (um 1300); Christus im Elend (um 1475); Wandteppich mit Gründungslegende (1583).

- **Unterkunft** „Café am Stift" (in der Nähe).

- **Gottesdienste** So 10.00 Gemeindegottesdienst.

| ♦ | **Mitglieder** 8.

| ☼ | **Angebote** Übernachtungsmöglichkeit für Pilger, tägliche Kirchenführungen in der Saison, Konzerte.

| 📖 | **Literatur** Renate Oldermann, Stift Fischbeck. Eine geistliche Frauengemeinschaft in mehr als 1000jähriger Kontinuität, Bielefeld 2005, 2. Aufl. 2010.

Hünfelden – **KOMMUNITÄT GNADENTHAL DER JESUS-BRUDERSCHAFT**

| ✉ | **Adresse** D-65597 Hünfelden, Hof Gnadenthal.
Tel. 06438 / 810, Fax 06438 / 81310.
E-Mail: pforte@jesus-bruderschaft.de
Internet: www.jesus-bruderschaft.de

| 🚗 | **Anfahrt** Bahnstation Bad Camberg (Strecke Frankfurt – Limburg).
⇒ Mit dem Pkw: A 3 (Frankfurt a. M. – Köln), Ausfahrt Bad Camberg.

| 🏛 | **Geschichte** Gnadenthal ist vermutlich 1235 als Zisterzienserinnenkonvent gegründet; im Dreißigjährigen Krieg infolge der Pest ausgestorben und wegen Verwüstung nicht mehr zu bewirtschaften, daher 1635 aufgelöst und in eine Staatsdomäne verwandelt; 1935 in ein Nassauisches Erbhofdorf umgebaut worden. Die Klosterkirche wurde ca. 200 Jahre lang als Stall genutzt.
Die Jesus-Bruderschaft wurde 1961 in Ostfriesland gegründet; 1964 Beginn des Schwesternzweigs; 1968/1969 Beginn der Familienkommunität. 1969 Kauf des ersten Hofs in Gnadenthal, Umzug der Bruderschaft nach dort. Bau eines Stillezentrums. 1984 Erwerb der zweiten Klosterhälfte; Wiederaufnahme von Gottesdiensten und Gebetszeiten in der ehemaligen Klosterkirche. Aufbau einer brüderlichen Dorfgemeinschaft mit Landwirtschaft (Bioland-Betrieb), Café, Buchhandlung und Gästehäuser.

| 📷 | **Sehenswürdigkeiten** Klosterkirche, erbaut Ende des 13. Jh.s, im Dreißigjährigen Krieg zerstört, Anfang des 18. Jh.s in sehr schlichtem Barock wieder aufgebaut, seit 1984 Umbau und Nutzung als Gottesdienstraum. Äbtissinnenhaus (1591, sehr schönes Fachwerk).

| ⌂ | **Unterkunft** Im Haus der Stille und im Nehemia-Hof Gnadenthal.

| ● | **Gottesdienste** So 10.00; Wo (außer Mi) 7.15 Gottesdienst mit Abendmahl; Mo – Sa 12.00 Mittagsgebet; Mo – Fr 18.00 Abendgebet.

| ♦ | **Mitglieder** 150.

| ✳ | **Angebote** Stille Wochenenden; Einkehrtage; Tagungen zu Themen wie Ehe, Familie, Umweltbildung, Mensch und Natur, Christsein – Menschsein; Freizeiten.

Körner – JESUS-BRUDERSCHAFT KLOSTER VOLKENRODA

| ✉ | **Adresse** D-99998 Körner-Volkenroda.
Tel. 036025 / 5590, Fax 036025 / 55910.
E-Mail: info@kloster-volkenroda.de
Internet: www.kloster-volkenroda.de

| 🚗 | **Anfahrt** Bahnstation: Mühlhausen in Thüringen ⇒ Mit dem Pkw: nächstgelegene Autobahnen A 4, A 38; Landstraße: B 249 in Körner Abzweig nach Volkenroda.

| 🏛 | **Geschichte** Das 1131 gegründete Kloster Volkenroda, Ortsteil der Gemeinde Körner, ist ein über die Landesgrenzen Thüringens hinaus bekannter Ort. Nach einer wechselvollen Geschichte begann man 1990 mit dem Aufbau eines geistlichen Zentrums und der Wiederbelebung klösterlicher Traditionen. Heute gestaltet die Jesus-Bruderschaft das klösterliche Leben. Zu den besonderen Attraktionen gehört der Christus-Pavillon. Die außergewöhnliche Mischung aus historischen Gebäuden und moderner Architektur, aus geistlicher Einkehr und Betriebsamkeit eines Klosteranwesens verleiht diesem Ort seinen einmaligen Charakter. Besucher können sich bei einer Führung über die Geschichte des Klosters und der Jesus-Bruderschaft informieren. Gäste sind jederzeit willkommen, am Leben in der Gemeinschaft teilzunehmen. Die Jesus-Bruderschaft vermittelt die christliche Botschaft mit modernen Mitteln auf alten Fundamenten. Den Tagesrhythmus bestimmen drei Gebetszeiten. Das Kloster Volkenroda ist Anziehungspunkt für Menschen jeden Alters. Im Europäischen Jugendbildungszentrum wird ein umfangreiches Seminarprogramm mit Kultur- und Bildungsveranstaltungen

angeboten. Pilger können sich von hier aus auf den Weg nach Loccum und in das Zisterzienserkloster Waldsassen begeben. Aber auch Naturbegeisterte finden Wanderwege und reizvolle Ausflugsziele.

Sehenswürdigkeiten Zisterzienser Klosterkirche, 1130 gegründet, mit Resten der Klosteranlage und Teichsystem, historischer Fachwerkhof, Christus-Pavillon (ehemalige EXPO-Kirche, die 2001 von Hannover nach Volkenroda umgesetzt wurde), Schulbauernhof, 1000-jährige Eiche, Ringwallanlage mit Steintor und Sühnekreuz.

Unterkunft Im Gästehaus.

Gottesdienste Evang. Gottesdienst So 10.00; Wo 7.30 Gottesdienst mit Mahlfeier in der Klosterkirche. Gebetszeiten: Mo–Sa 12.00 Mittagsgebet, Mai – September im Christus-Pavillon, Oktober – April in der Klosterkirche; Mo–Fr 18.00 Abendgebet in der Klosterkirche (ganzjährig).

Tätigkeiten Seminare, Freizeiten. Jugend- und Umweltbildung, Seelsorge, Schulbauernhof, Bauernmarkt, Klosterladen, Führungen.

Mitglieder 12.

Angebote Jugend- und Umweltbildungsangebote, Seminarangebote, Einkehr-, Besinnungs- und Orientierungstage, Seelsorge, Freizeiten, Konzert- und Kulturangebote, Mitleben auf Zeit (FÖJ, FSJ, Praktika) „Kloster auf Zeit", Führungen, Wallfahrten und Festivals.

Literatur Kunstführer Kloster Volkenroda, Nr. 2180; Kunstführer Christus-Pavillon, Nr. 2525, Verlag Schnell und Steiner.

Neustadt am Rübenberge – **KLOSTER MARIENSEE**

Adresse D-31535 Neustadt a. Rbge., Höltystraße 1. Tel. 05034 / 879990, Fax 05034 / 8799929. Internet: www.kloster-mariensee.de

Anfahrt Bahnstation Neustadt am Rübenberge, von dort weiter mit dem Bus. ⇒ Mit dem Pkw: Über Neustadt a. Rbge.

| 🏛 | **Geschichte** „Wer Freude hat am Wort Gottes, ist wie ein Baum an Wasserbächen" (Ps 1) – in diesem Geist leben Frauen seit 800 Jahren im Kloster Mariensee, zunächst nach den Regeln der Zisterzienser, seit Einführung der Reformation 1543 als evangelischer Konvent. Eine barocke Vierflügelanlage steht seit 1729 an der Stelle des im dreißigjährigen Krieg zerstörten ursprünglichen Konventsgebäudes. Die Gemeinschaft pflegt Haus und Garten und widmet sich geistlichen und kulturellen Aufgaben – stets im Dialog mit den Herausforderungen der Zeit. So wurde im 19. Jh einer der ersten Kindergärten Deutschlands im Kloster gegründet. Im 20. Jh. entstanden Kräutergärten nach historischen Vorbildern. Seit dem Jubiläumsjahr 2007 zeigt ein Museum die Geschichte der niedersächsischen Frauenklöster.

| 📷 | **Sehenswürdigkeiten** Frühgotische Backsteinkirche aus der ersten Hälfte des 13. Jh.s mit neugotischer Innenausstattung, Triumphkreuz (erste Hälfte 13. Jh.); Madonna und Altar (spätes 15. Jh.); barockes Konventsgebäude; Klostergarten mit Kräutergärten nach historischen Anlagen; Museum zur Geschichte der niedersächsischen Frauenklöster, Klahnsammlung mit Werken norddeutscher Künstler.

| 🛏 | **Unterkunft** Gasthöfe im Ort; für Veranstaltungsteilnehmer Gästezimmer im Kloster.

| ⬤ | **Gottesdienste** Während der Führungszeit Di–Sa 18.00 Abendgebet.

| ♀ | **Mitglieder** 8.

| ✦ | **Tätigkeiten** Stundengebet, Seminare, Einkehrtage, Konzerte, Aus-stellungen.

| ❋ | **Angebote** Führungen: von Ostermontag bis zum 2. So. im Oktober, Sa–So und feiertags: 15.00 u. 16.30 Uhr. Offene Kirche während der Führungszeit täglich außer montags von 9.00–12.30 Uhr u. 15.00–17.00 Uhr; im Winter werktags von 9.00–12.30 Uhr. Offene Pforte (Kräutergärten): während der Führungszeit Fr von 15.00–17.00 Uhr. Klostermuseum während der Führungszeit Di–Fr 15.00–17.00; Sa u. So 15.00–18.00 Uhr. Marienseer Abendgebet, am Sa vor dem 3. So im Monat um 18.00 Uhr von Apr. – Okt. Marienseer Abend: An jedem 12. im Monat, 18.00 Uhr: Abendgebet in der Klosterkirche, anschließend einfaches Abendessen, zu dem jeder etwas beiträgt, sowie Impuls und Austausch zu einem Thema aus Kirche und Gesellschaft.

| 📖 | **Literatur** Generalkonvent der Äbtissinnen evangelischer Frauenklöster und Stifte in Niedersachsen, hg. durch Bärbel Görcke, Kloster-Blicke. Bilder aus evangelischen Frauenklöstern, 2011 (ISBN 978-3-926655-98-1).

Rödelsee – COMMUNITÄT CASTELLER RING SCHLOSS SCHWANBERG

| ✉ | **Adresse** D-97348 Rödelsee, Schwanberg.
Tel. 09323 / 320, Fax 09323 / 32116.
E-Mail: ccr@schwanberg.de
Internet: www.schwanberg.de

| 🚗 | **Anfahrt** Bahnstation Kitzingen (Strecke Frankfurt – Würzburg – Nürnberg), von dort Busverbindung bis zum Fuß des Schwanbergs, von dort Fußweg von 40 Minuten oder Abholung. ⇒ Mit dem Pkw: Autobahn von Süden: Ausfahrt Schweinfurt-Süd/Wiesentheid, über Rüdenhausen, Wiesenbronn; von Norden und Westen: Ausfahrt Biebelried, auf der B 8 durch Kitzingen, dann links abbiegen, durch Rödelsee zum Schwanberg.

| 🏛 | **Geschichte** Die Communität ist hervorgegangen aus dem Bund Christlicher Pfadfinderinnen 1950 in Castell mit den Gründerinnen Christel Felizitas Schmid und Maria Scholastika Pfister. Seit 1957 auf dem Schwanberg. Stadtstationen in Nürnberg, Augsburg, Hildesheim und Würzburg. Die Frauen leben nach den drei Evangelischen Räten in benediktinischer Spiritualität mit dem Ziel, „freizusein für Gott und das Kommen seines Reiches". Stundengebet und Eucharistiefeier sind Mitte und Kraftquelle des gemeinsamen Lebens. „Ora et labora" verbindet geistliches Leben und Alltagsarbeit.

| 📷 | **Sehenswürdigkeiten** St.-Michaels-Kirche, 1986 erbaut von Architekt Alexander von Branca.

| 🛏 | **Unterkunft** Tagungsstätte Schloss Schwanberg, Einkehrhaus St. Michael, Jugendhof.

| ⊙ | **Gottesdienste** Eucharistiefeiern: So 9.00, Di 19.30, Fr 6.30; Stundengebete: 6.30 Morgengebet; 12.00 Mittagsgebet; So 17.00, Wo 18.00 Vesper; 20.00 Komplet (außer Di und So).

| ♦ | **Mitglieder** 34.

| ⚐ | **Tätigkeiten** Arbeit in verschiedenen Arbeitsbereichen des geistlichen Zentrums.

| ✺ | **Angebote** Feier der Kirchenjahresfeste; Jahreswechsel; geistliche Seminare; Wallfahrt; Meditationskurse; „Kloster auf Zeit"; Musikfreizeiten; Urlaub im Schloss; hauswirtschaftliche Lehre; seelsorgliche Gespräche.

| 📖 | **Literatur** Vierteljahreszeitschrift „Schwanbergbrief"; Serie „Schwanberger Reihe", bisher 20 Bändchen; Herkunft ist Zukunft – 50 Jahre Communität Casteller Ring.

Seevetal – **HAUS DER STILLE UND BEGEGNUNG – EV. SCHWESTERNSCHAFT ORDO PACIS**

| ✉ | **Adresse** D-21217 Seevetal, An den Ziegelteichen 5.
Tel. 04105 /40453.
E-Mail: info@ordo-pacis.de
Internet: www.ordo-pacis.de

| 🚌 | **Anfahrt** Bahnstation Hamburg-Harburg, von dort Bus Linie 14. ⇒ Mit dem Pkw: A 7 Hannover – Flensburg, Ausfahrt Fleestedt.

| 🏛 | **Geschichte** Die Evangelische Schwesternschaft Ordo Pacis wurde 1953 gegründet als Gemeinschaft, die Frauen in verschiedenen Lebensformen unter einem gemeinsamen Auftrag umfasst. Unterschiede der Lebensform heißt: leben in der Ehe, leben allein oder in der Gemeinschaft mit anderen. Lebensform heißt auch: leben mit Berufstätigkeit, oder/und Dasein für die Familie, als Berufsanfängerin, als Rentnerin – und geprägt sein von der unmittelbaren Umgebung, dem Lebensraum. Gemeinsam ist den Schwestern der Auftrag zu einem Leben im Gebet, um so dem Frieden Christi Raum zu geben im eigenen Leben, in der Kirche, in der Welt. Diesem Auftrag dient auch das Haus der Stille und Begegnung. Die verschiedenen Angebote dort vermitteln unterschiedliche Zugänge zur christlichen Spiritualität und bieten die Möglichkeit, zur Stille zu kommen und neu der Liebe Gottes zu begegnen.

|⌐| **Unterkunft** In 12 einfachen Einzelzimmern.

|☉| **Gottesdienste** Drei Gebetszeiten am Tag, Dienstagabend Meditation, Mittwochabend Ev. Messe.

|♦| **Mitglieder** In der gesamten Gemeinschaft 45, Hausgemeinschaft vor Ort 2.

|✦| **Angebote** Stille Wochenenden, Kurse zur Kontemplation und zum Jesusgebet, geistliche Begleitung. (Kein Angebot von Kloster auf Zeit).

Selbitz – COMMUNITÄT CHRISTUSBRUDERSCHAFT

|✉| **Adresse** D-95152 Selbitz, Wildenberg 23.
Tel. 09280 / 680 (Ordenshaus) oder 09280 / 6850 (Gästehaus),
Fax 09280 / 6868.
E-Mail: selbitz@christusbruderschaft.de
Internet: www.christusbruderschaft.de

|🚗| **Anfahrt** Bahnstation Selbitz (Strecke Hof a. d. Saale – Bad Steben); bahnreisende Gäste werden mit dem Pkw abgeholt. ⇒ Mit dem Pkw: A 9 (München – Berlin), Ausfahrt Naila Richtung Selbitz.

|🏛| **Geschichte** Die Communität Christusbruderschaft Selbitz ist eine evangelische Ordensgemeinschaft innerhalb der ev.-luth. Kirche. Sie entstand aus einem geistlichen Aufbruch in den Jahren 1945–1949 unter der Leitung des Pfarrers Walter Hümmer und seiner Frau Hanna Hümmer. In Selbitz bei Hof ist ihr Zentrum. Die Schwestern und Brüder haben eingewilligt in eine verbindliche, lebenslange Gemeinschaft und leben nach den Evangelischen Räten (Armut, Keuschheit, Gehorsam). Damit stehen sie in der monastischen Tradition der einen christlichen Kirche. Das gemeinsame Engagement geschieht im Rhythmus der Stundengebete, des persönlichen Gebetes, der Betrachtung des Evangeliums, der Feier des Heiligen Mahles und des gemeinsamen Lebens und Arbeitens.

|📷| **Sehenswürdigkeiten** Künstlerisch ausgestaltete Räume.

|⌐| **Unterkunft** Gästehaus – Haus der Begegnung und Einkehr, Wildenberg 33, D-95152 Selbitz (Anmeldung erbeten).

| ✱ | **Gottesdienste** So 9.30 mit Eucharistie; in größeren Abständen Segnungsgottesdienste, 3 Gebetszeiten täglich.

| ♀ |
| ♂ | **Mitglieder** 111 Schwestern, 4 Brüder, Tertiärgemeinschaft.

| ⚒ | **Tätigkeiten** Haus der Begegnung und Einkehr; Alten-und Pflegeheim; Verlag für Eigenpublikationen, künstlerisches Schaffen; seelsorgerliche und diakonische Arbeit in verschiedenen Städten und im Zulu-Land (Südafrika); Zentrum für junge Erwachsene und Familien / Hof Birkensee (Nürnberger Land), Kloster Petersberg.

| ✦ | **Angebot** Seminare, Freizeiten, Exerzitien, Retraiten, Fortbildungsangebote, Einzelgäste, „Kloster auf Zeit", Orientierungswochenenden, freiwilliges Soziales Jahr (FSJ), Bundesfreiwilligendienst (BFD); Prospekte auf Anforderung.

| 📖 | **Literatur** Regel, Communität Christusbruderschaft Selbitz, Christusbruderschaft Selbitz Buch- & Kunstverlag. Weitere Literatur, Kunstblätter und Karten(serien): www.verlag-christusbruderschaft.de.

Springe – KLOSTER WÜLFINGHAUSEN DER COMMUNITÄT KLOSTER WÜLFINGHAUSEN

| ✉ | **Adresse** D-31832 Springe /OT Wülfinghausen, Kloster Wülfinghausen, Klostergut 7.
Tel. 05044 / 88160, Fax 05044 / 881679.
E-Mail: info@kloster-wuelfinghausen.de
Internet: kloster-wuelfinghausen.de

| 🚗 | **Anfahrt** S 5 Hannover – Springe, Bus 385 zum Kloster. ⇒ Mit dem Pkw: A 7 Kassel – Hamburg, Ausfahrt Hildesheim, B 1 Richtung Hameln.

| 🏛 | **Geschichte** 2013 Neugründung der „Communität Kloster Wülfinghausen" und Eröffnung eines eigenen Noviziats. Die Klosterkammer Hannover und die hannoversche Landeskirche unterstützen weiterhin die kleine Communität, die das Kloster mit geistlichem Leben erfüllt und ein „Haus der Stille" mit Kursen betreibt.

| 📷 | **Sehenswürdigkeiten** Krypta und Klosterkirche aus dem 13. bzw. 14. Jh. Reste eines mittelalterlichen Kreuzgangs. Klosteranlage aus der Barockzeit (nach einem Brand 1740 wieder aufgebaut).

| 🛏 | **Unterkunft** Haus der Stille.

| ☉ | **Gottesdienste** Mi–Sa 8.00, 12.00 und 18.00, So 18.00; Abendgottesdienste um 18.00 an jedem 1. So von Juni bis Oktober, mit Kloster- und Gartenführungen um 16.00 u. 17.00.

| ✟ | **Mitglieder** 3 Schwestern und Postulat/Noviziat.

| ✺ | **Angebote** Retraiten und Exerzitien, Grundkurs für Spiritualität, Kloster auf Zeit.

Sulz – BERNEUCHENER HAUS KLOSTER KIRCHBERG

| ✉ | **Adresse** D-72172 Sulz/Neckar.
Tel. 07454 / 8830, Fax 07454 / 883250.
E-Mail: empfang@klosterkirchberg.de
Internet: www.klosterkirchberg.de

| 🚗 | **Anfahrt** Bis Bahnhof Horb. Weiterfahrt mit dem Taxi (verbilligter Tarif bei Taxi-Meier, Tel. 07451 / 2966). ⇒ Mit dem Pkw: Aus Richtung Norden (Stuttgart): A 81, Ausfahrt Empfingen; Empfingen – Mühlheim – Renfrizhausen, dort am Ortsausgang links Wegweiser nach Kirchberg. Aus Richtung Süden (Singen): A 81, Ausfahrt Sulz, Richtung Balingen, nach 500 m links Vöhringen-Bergfelden – Berg-felden – Renfrizhausen, dort am Ortseingang rechts Wegweiser in Richtung Kirchberg.

| 🏛 | **Geschichte** Ehemaliges Dominikanerinnenkloster, wurde 1237 von Graf Burkhard III. von Hohenberg gestiftet und kam 1381 in österreichischen Besitz. 1806 wurde es dem Königreich Württemberg übereignet und säkularisiert; seither Staatsdomäne. Seit 1958 hat der Verein Berneuchener Haus das klösterliche Anwesen vom Land Baden-Württemberg gepachtet. Die Gebäude der Klosteranlage wurden 1970 nach der Aussiedlung des Domänenpächters für eine einheitliche neue Verwendung frei. Der Name erinnert an das Gut Berneuchen in der ehemaligen (heute polnischen) Neu-

mark östlich der Oder. Dort trafen sich von 1923 bis 1927 Menschen aus der Jugendbewegung, um durch bewusste Gestaltung christlichen Lebens gemeinsam an der Erneuerung der Kirche zu arbeiten, die Einheit der Kirche zu fördern und gesellschaftliche Herausforderungen anzunehmen. Aus der „Berneuchener Bewegung" sind die Evangelische Michaelsbruderschaft, der Berneuchener Dienst und die Gemeinschaft St. Michael hervorgegangen. Männer und Frauen aus den Gemeinschaften gründeten 1953 den Verein Berneuchener Haus.

| 📷 | **Sehenswürdigkeiten** Nonnenfriedhof, Johanniskirche, Labyrinth, Klostergarten; Kunstsammlung Helmuth Uhrig.

| 🛏 | **Unterkunft** In Einzel-, Doppel- und Mehrbettzimmern kann das Haus 106 Gäste aufnehmen (Seminarbesucher, Individual- und Tagungsgäste), 28 Selbstversorger möglich.

| ✡ | **Gottesdienste** So 9.00 Evangelische Messe, 12.00, 18.00 Stundengebet; Wo Stundengebet 7.45 (Do: Messe), 12.00, 18.00, 21.00.

| 👤 | **Mitglieder** Verein Berneuchener Haus: 700; Michaelsbruderschaft: 300; Berneuchener Dienst: 300; Gemeinschaft St. Michael: 80.

| ✹ | **Angebote** Das Tagungs- und Einkehrhaus bietet ein breit gefächertes Programm eigener Seminare und Räumlichkeiten für Tagungen, Freizeiten, Urlaub und Auszeiten; Teilnahme an Ora-et-labora-Projekten ist möglich.

Thielle – **COMMUNITÄT DON CAMILLO MONTMIRAIL**

| ✉ | **Adresse** CH-2075 Thielle, Montmirail.
Tel. 032 / 7569000, Fax: 032 / 7569001.
E-Mail: info@montmirail.ch
Internet: www.montmirail.ch

| 🚗 | **Anfahrt** Von Neuchâtel oder Bern mit dem Regionalzug bis „Marin-Epagnier". Zu Fuß von Marin aus ca. 20 Minuten. Der Weg ist ausgeschildert. Abholung mit dem Auto ist möglich, bitte am Vortag Bescheid geben. ⇒ Mit dem Pkw: Von Zürich – Basel Autobahn Richtung Bern. Nach der Raststätte Deitingen Autobahn A 5 Richtung Biel, Solothurn. Vor Biel Rich-

tung Neuchâtel einspuren. Durch Biel den Wegweisern Neuchâtel folgen. Am Bielersee-Ufer entlang bis wieder auf die Autobahn A 5. Ausfahrt Thielle, rechts einspuren Richtung „Cornaux, Thielle" und scharf nach rechts dem Wegweiser nach Montmirail folgen.

Geschichte Seit 1977 teilen Menschen hier ihr Leben: Von Anfang an stand die Idee einer Familiencommunität im Zentrum. Die Mitglieder beten gemeinsam das liturgische Stundengebet. Sie teilen ihre Einkünfte und sie teilen ihre Träume. Einige haben sich verpflichtet, ein Leben lang zusammenzubleiben. Der Ursprung liegt in Basel. Dort wohnt auch noch eine Familie, die zur Communität gehört. Zeitweise lebten zwei Familien in Angola. Seit 2007 leben zwei Familien in Berlin (www.stadtklostersegen.de); seit 2013 gibt es eine Niederlassung in Bern (www.stadtcommunitaet.ch). Seit 1988 nimmt die Communität in Montmirail Gäste auf für Tagungen, Seminare und Retraiten. Daneben bieten sie Menschen in Not eine Zeit lang Arbeit und ein Zuhause.

Die Communität gehört zur evangelisch-reformierten Kirche von Basel und Neuchâtel sowie zur evangelisch-lutherischen Kirche Berlin-Brandenburgische Oberlausitz. Zum Namen: Die Figur des Don Camillo erfand der Schriftsteller Giovanni Guareschi – seine Hauptfigur liegt in permanentem, liebevollem Streit mit dem kommunistischen Bürgermeister Peppone. Ein freundlicher Christus, der seinem Camillo geduldig antwortet, hilft ihm, Fehden, Freuden und Niederlagen mit viel Humor zu tragen. So will auch die Communität nah bei Christus und nah bei den Menschen sein.

Sehenswürdigkeiten Montmirail ist ein Landsitz aus dem 17. Jahrhundert. Er liegt mitten in einer der fruchtbarsten Gegenden der Schweiz, am Fuß des französischen Juras. Drei Seen in unmittelbarer Umgebung, sowie viele mittelalterliche Städtchen machen einen Aufenthalt unvergesslich.

Unterkunft Die 36 Zimmer, die zum Gästehaus gehören, verfügen alle über Dusche und Toilette und sind mit einem Aufzug erreichbar. Einige Zimmer sind rollstuhlgängig. Neben Einer- und Doppelzimmern stehen Mehrbettzimmer zur Verfügung. Es gibt in den angrenzenden Gebäuden verschiedene Gruppenräume, in denen bis 70 Personen arbeiten können. Eine kleine und eine große Kapelle dienen Momenten des Betens und Feierns.

Gottesdienste In der Regel findet am Sonntag um 10.00 ein Gottesdienst in deutscher Sprache statt. Während der Woche sind die Stundengebete öffentlich: Mo–Fr 6.30, 12.10, 21.30. Sa 8.10 und 12.10.

| ♟ | **Mitglieder** Ca. 30.

| ⚒ | **Tätigkeiten** Gästehaus mit etwa 10.000 Übernachtungen im Jahr. Möglichkeit einer Erstausbildung für junge Menschen mit Lernbehinderung in der von Don Camillo gegründeten Firma „Perspektive Plus" (www.perspectiveplus.ch). Don Camillo engagiert sich im Rahmen der evangelischen Kirchen, denen die Communität angehört.

| ☼ | **Angebote** Das Jahresprogramm kann telefonisch angefordert (032 / 756 9000) oder auf der Homepage eingesehen werden (www.montmirail.ch). Die Communität gestaltet auf Wunsch Module für Gästegruppen und Freizeiten. Neben den eigenen Veranstaltungen profitieren Gästegruppen vom Haus und der wunderbaren Umgebung auch mit eigenem Programm. Außer der Gästearbeit gibt es die Möglichkeit, eine Zeit lang mitzuleben und mitzuarbeiten. (Auskunft: Frau Dahinden: 032 / 7569019). Für eine solche Auszeit ist eine geistliche Begleitung möglich.

Triefenstein – **KLOSTER TRIEFENSTEIN – CHRISTUSTRÄGER BRUDERSCHAFT**

| ✉ | **Adresse** Kloster Triefenstein, D-97855 Triefenstein, Tel. (09395) 777-0, Fax 777-103, Gästebüro: Tel. 777-110, Fax 777-113, E-Mail: triefenstein@christustraeger.org Internet: www.christustraeger-bruderschaft.org

| 🚌 | **Anfahrt** Mit der Bahn: Entweder Würzburg Hbf. oder Wertheim, dann mit dem Bus nach Marktheidenfeld und von dort nach Triefenstein. ⇒ Mit dem Pkw: Autobahn Frankfurt – Würzburg Ausfahrt „Marktheidenfeld" in Richtung Marktheidenfeld, nach ca. 1 km rechts abbiegen, Richtung „Markt Triefenstein". Diese Straße führt nach ca. 3 km direkt am Kloster Triefenstein vorbei.

| 🏛 | **Geschichte** Die Bruderschaft entstand Anfang der sechziger Jahre. In einen Jugendkreis in Darmstadt kam durch die Begegnung mit dem Evangelium Bewegung: 1963 zogen die ersten Jugendlichen zu Wohngemeinschaften zusammen, um ihre Zeit und ihre Kräfte zu teilen – miteinander für andere, und so ganz für Gott. Im gleichen Jahr reisten die ersten Schwestern nach Pakistan aus, um den Leprakranken zu dienen.

Weitere Schwestern und Brüder sind ihnen gefolgt und haben missionsdiakonische Aufgaben in vielen Ländern übernommen. Zu Hause wurden aus Nachbarschaftsbesuchen in Gemeinden bald schon festliche Evangelisationen mit viel Musik. Das gemeinsame Leben einer christlichen Kommune wurde zur evangelischen Kommunität. Ein gemischter Kreis junger Erwachsener entdeckte die Evangelischen Räte als einen Lebensweg der Freiheit für das Reich Gottes, so entstanden die Christusträger.

Heute ist die Schwesternschaft ein selbstständiges Werk. Zur Bruderschaft gehören derzeit neben dem Hauptsitz in Triefenstein vier weitere Stationen, davon eine im Congo und eine in Afghanistan.

Mitglieder 24, davon 13 in Triefenstein.

Gottesdienste Regelmäßiges Stundengebet, öffentlich: Mi 18.00.

Angebote Möglichkeit zu Stillen Tagen. Teilnahme an Freizeiten mit Programm und Thema. Unterstützung von Gemeinden vor Ort durch missionarische Teams. Mitleben im Kloster bei Mitarbeit für Männer ab 16 Jahren kostenfrei.

Unterkunft Im stilvoll ausgebauten alten Kloster ist Platz für 85 Gäste, überwiegend Gemeinden und Gruppen, die als Gäste zum Angebot der Bruderschaft kommen.

Literatur Jährlich vier Rundbriefe mit aktuellen Informationen.

Werningshausen – **PRIORAT SANKT WIGBERTI – ÖKUMENISCHES BENEDIKTINERKLOSTER**

Adresse D-99634 Werningshausen/Thüringen, In der Pfarrgasse 108. Tel. 036376/50226.
E-Mail: info@wigberti.de
Internet: www.wigberti.de

Anfahrt Bahnstation Straußfurt (Strecke Erfurt – Nordhausen), von dort mit dem Bus (ca. 4 km). ⇒ Mit dem Pkw: B 4, Erfurt – Nordhausen, bei der Ortschaft Vehra rechts ab, ca. 2 km der Landstraße folgen, Hinweisschild Kloster Werningshausen.

Geschichte 1967 gründete sich die Sankt-Wigberti-Bruderschaft aus jungen Männern, die konkret den Weg der Nachfolge Jesu gehen wollten. Sie kamen 1973 nach Werningshausen, renovierten die Kirche, das Pfarrhaus und weitere 20 Kirchen. 1987 wurden durch die ev.-luth. Landeskirche Thüringen die Ordensgemeinschaft sowie die Regel, die sich an der Benediktsregel orientiert, approbiert. Pfarrer Franz Schwarz wurde durch den damaligen Landesbischof Dr. Werner Leich D.D. zum Prior der Klostergemeinschaft eingesetzt. 1992 wurde das neue Klostergebäude von sechs Bischöfen geweiht. In den Jahren 1999–2001 wurde der Klausurbereich um einen Anbau erweitert, in dem sich auch eine kleine Kapelle befindet. Neben dem benediktinischen Grundsatz „Ora et labora" liegt der Ordensgemeinschaft St. Wigberti (OSW) vor allem die Ökumene am Herzen, besonders im Hinblick auf die Feier der Gemeindegottesdienste (Hl. Messe). Im Orden leben sowohl evangelische als auch katholische Brüder. Gemäß der monastischen Tradition ruht das Leben der Brüder auf den drei Säulen der Evangelischen Räte (Armut, Keuschheit, Gehorsam). Das Kloster pflegt eine enge Anbindung an die Kirchengemeinde. Pater Prior Franz Schwarz ist zugleich auch Pfarrer der Gemeinden Werningshausen.

Sehenswürdigkeiten Marienkapelle; die liebevoll restaurierte Sankt-Wigberti-Kirche; schöne Klosteranlage; idyllischer Kirchpark.

Unterkunft Im Gästehaus der Ordensgemeinschaft (ehemaliges Pfarrhaus) 10 Betten in 5 Zimmern. Bitte im Vorfeld telefonisch oder schriftlich beim Gästebruder anmelden.

Gottesdienste Do 18.00 Konventsmesse; So. Hl. Messe mit der Gemeinde. Stundengebet: tägl. 8.00 Laudes; 12.00 Sext; 18.00 Vesper; 19.30 Komplet.

Mitglieder 8.

Tätigkeiten Gästearbeit (Führungen durch das Kloster, Beherbergungen und Seelsorge); Gartenarbeit, Gemeindearbeit, Kinder- und Jugendarbeit.

Angebote „Zeit der Stille" für Menschen, die Ruhe suchen. Romantische Klosterabende, Konzerte, Patronatsfest (jeweilige Termine auf der Webseite).

Besonderheit Glockenspiel im Turm der Klosterkirche (erklingt täglich um 12.00 und 18.00). Erstes approbiertes Benediktinerkloster der Luth. Kirche nach der Reformation.

Register

Orden und Gemeinschaften

Anbeterinnen des Blutes Christi 174
Augustiner-Chorherren 159, 190
Barmherzige Schwestern vom hl. Karl Borromäus 181
Barmherzige Schwestern vom Hl. Kreuz 28, 54
Barmherzige Schwestern vom hl. Vinzenz von Paul 50, 80, 202
Benediktiner 22, 29, 32, 43, 45, 51, 63, 66, 69, 72, 74, 76, 89, 95, 102, 115, 116, 122, 124, 126, 127, 129, 133, 135, 138, 140, 145, 148, 149, 154, 157, 168, 176, 182, 183, 191, 194, 196, 198, 200, 203, 205, 208, 211, 212, 220
Benediktinerinnen 27, 31, 44, 61, 68, 77, 81, 93, 99, 107, 109, 114, 142, 151, 152, 165, 169, 171, 173, 195, 201
Canisianer 139
Christusbruderschaft 249
Christusträger Bruderschaft 254
Claretiner 184
Communität Casteller Ring 247
Communität Don Camillo 252
Communität Kloster Wülfinghausen 250
Dienerinnen der hl. Kindheit Jesu 224
Dienerinnen des Heiligen Geistes 189
Dienerinnen des heiligsten Herzens Jesu 213
Dominikaner 52, 118, 215
Dominikanerinnen 55, 103, 111, 167, 178, 193
Evangelische Marienschwesternschaft 235
Franziskaner 53, 59, 84, 91, 144
Franziskaner-Minoriten 121, 175
Franziskanerinnen 143, 163, 206, 209
Gemeinschaft Jesu 186
Gemeinschaft St. Michael 251
Gesellschaft des Göttlichen Wortes (Steyler Missionare) 136, 188
Gesellschaft Jesu (Jesuiten) 67, 106, 120, 216, 218
Gethsemanebruderschaft 238
Herz-Jesu-Missionare 172
Jesuiten (Gesellschaft Jesu) 67, 106, 120, 216, 218
Jesus-Bruderschaft 243, 244
Kapuziner 131, 147, 177, 217
Kapuzinerinnen 131
Karmeliten 40, 46, 92
Karmelitinnen 158
Klarissen 53, 113
Missionsbrüder des hl. Franziskus 37
Missionsgesellschaft Bethlehem 104
Missionsschwestern 189
Nazarethschwestern vom hl. Franziskus 88
Oblaten der Makellosen Jungfrau Maria 49, 101
Ordensgemeinschaft St. Wigberti 255
Ordo Pacis 248
Pallottiner 79
Piaristen 220
Prämonstratenser 25, 65, 86, 223
Redemptoristen 57, 83
Redemptoristinnen 164
Salesianer Don Boscos 39
Salesianerinnen 60
Salvatorianer 108
Salvatorianerinnen 132, 137
Schwestern Unserer Lieben Frau 204
Schwestern vom Guten Hirten 38

Schwestern von der Göttlichen Vorsehung 36
Schwestern von Grandchamp 237
Serviten 125
Spiritaner 64
Steyler Missionare (Gesellschaft des Göttlichen Wortes) 136, 188
St.-Franziskus-Schwestern 33
St.-Wigberti-Bruderschaft 255
Töchter der Göttlichen Liebe 187
Trappisten 98
Trappistinnen 58
Ursulinen 110
Zisterzienser 47, 94, 96, 119, 128, 161, 180, 222, 226
Zisterzienserinnen 35, 48, 71, 73, 87, 153, 156, 197

Klosternamen, Klosterorte

Abtei Unserer Lieben Frau zu den Schotten, Wien 220
Altenburg (Benediktinerstift) 29
Andechs (Benediktinerkloster) 32
Baldegg (Kloster der Schwestern von der Göttlichen Vorsehung aus dem Regulierten Dritten Orden des hl. Franziskus) 36
Barsinghausen (Evang. Kommunität Kloster Barsinghausen) 231
Baumgartenberg (Kloster der Schwestern vom Guten Hirten) 38
Benediktbeuern (Kloster der Salesianer Don Boscos) 39
Benediktinerinnenabtei zur Hl. Maria 81
Berneuchener Haus Kloster Kirchberg 251
Bildungshaus Kloster Schwarzenberg der Franziskaner-Minoriten 175
Birkenwerder (Kloster der Teresianischen Karmeliten) 46
Bonifatiuskloster der Oblaten der Makellosen Jungfrau Maria 101
Börstel (Stift) 232
Bozen-Gries (Provinzhaus der Barmherzigen Schwestern vom hl. Vinzenz von Paul) 50
Braunau (Benediktinerabtei) 168
Brixen (Franziskanerkloster) 53
Brixen (Klarissenkloster) 53
Brunnen (Mutterhaus der Barmherzigen Schwestern vom Hl. Kreuz) 54
Bug (Missionshaus der Missionsbrüder des hl. Franziskus) 37
Burg Dinklage (Benediktinerinnen) 61
Burlo (Kloster der Oblaten der Makellosen Jungfrau Maria) 49
Bursfelde (Evang. Tagungs- und Einkehrhaus) 241
Canisiushaus (Brüdergemeinschaft der Canisianer) 139
Communität Casteller Ring Schloss Schwanberg 247
Communität Christusbruderschaft Selbitz 249
Darmstadt (Evangelische Marienschwesternschaft) 235
Dietfurt (Franziskanerkloster) 59
Dietramszell (Salesianerinnen) 60
Disentis (Benediktinerabtei) 63

Register | 259

Dominikanerkonvent und Basilika Maria Rotunda, Wien 215
Dreifaltigkeitsberg (Claretiner-Missionshaus) 184
Dreifaltigkeitskloster 234
Einsiedeln (Benediktinerabtei) 69
Engelberg (Benediktinerabtei) 72
Engelthal (Benediktinerinnenabtei) 31
Ettal (Benediktinerabtei) 74
Fischbeck (Stift) 242
Fischingen (Benediktinerkloster) 76
Frauenwörth im Chiemsee (Benediktinerinnenabtei) 77
Friedberg bei Augsburg (Provinzialat der Pallottiner) 79
Fulda (Benediktinerinnenabte) 81
Fulda (Mutterhaus der Barmherzigen Schwestern vom hl. Vinzenz von Paul) 80
Gars am Inn (Redemptoristenkloster) 83
Geras (Prämonstratenser-Chorherrenstift) 86
Gerleve (Benediktinerabtei) 45
Gethsemanekloster (Evang.) 238
Gnadenthal (Kommunität der Jesus-Bruderschaft) 243
Goppeln (Kongregation der Nazarethschwestern vom hl. Franziskus) 88
Göttweig (Benediktinerstift) 89
Graz (Franziskanerkloster) 91
Gubel (Kapuzinerinnenkloster) 131
Habsthal (Benediktinerinnenkloster) 152
Hamborn (Prämonstratenserabtei) 65
Haus der Stille – Frankfurt am Main 236
Haus der Stille – Sonnenhof (Schwestern von Grandchamp) 237
Haus der Stille und Begegnung (Evangelische Schwesternschaft Ordo Pacis) 248
Haus Immanuel (Gemeinschaft Jesu) 186
Hegne (Provinzhaus der Barmherzigen Schwestern v. hl. Kreuz) 28
Heiligenkreuz (Zisterzienserabtei) 96
Helfta (Zisterzienserinnenkloster) 71
Herstelle (Benediktinerinnenabtei vom Heiligen Kreuz) 44
Herz-Jesu-Kloster (Benediktinerinnen vom Heiligsten Sakrament) 114
Herz-Jesu-Kloster (Missionsschwestern, Dienerinnen des Hl. Geistes) 189
Himmerod (Zisterzienserabtei) 94
Huysburg (Benediktinerkloster) 102
Ilanz (Dominikanerinnenkloster) 103
Ignatiuskirche / Alter Dom (Jesuitenkirche) 120
Innsbruck (Kolleg der Gesellschaft Jesu – Jesuiten) 106
Isenhagen (Evang. Kloster) 240
Jakobsberg (Kloster der Missionsbenediktiner) 149
Jesuitenkirche/Universitätskirche, Wien 216
Kall-Steinfeld (Salvatorianerkloster) 108
Kardinal König Haus (Bildungszentrum der Jesuiten, Wien) 231
Klagenfurt (Ursulinenkloster) 110
Klein Theresien Karmel 158
Kloster Arenberg (Arenberger Dominikanerinnen) 111

Kloster Barsinghausen (Evang. Kommunität) 231
Kloster Bethlehem (Klarissen-Kapuzinerinnen von der Ewigen Anbetung) 113
Kloster der Dienerinnen des heiligsten Herzens Jesu, Wien 213
Kloster der Dominikanerinnen von Bethanien 193
Kloster der Schwestern vom Guten Hirten 38
Kloster der Teresianischen Karmeliten 46
Kloster Kirchberg 251
Kloster Maria Loretto der Töchter der Göttlichen Liebe 187
Kloster Mater Salvatoris der Salvatorianerinnen 132
Kloster Medingen (Damenstift) 230
Kloster Neuwerk (Salvatorianerinnen) 137
Kloster Oberzell (Dienerinnen der hl. Kindheit Jesu vom Dritten Orden des hl. Franziskus) 224
Kloster Schwarzenberg (Franziskaner-Minoriten) 175
Kloster Triefenstein (Christusträger Bruderschaft) 254
Kloster Volkenroda (Jesus-Bruderschaft) 244
Knechtsteden (Spiritaner) 64
Kolleg der Gesellschaft Jesu, Innsbruck 106
Königsmünster (Benediktinerabtei) 133
Konvent Sankt Albert der Dominikanerinnen und Dominikaner 118
Kornelimünster (Benediktinerabtei) 22
Kremsmünster (Benediktinerstift) 115

Lambach (Benediktinerstift) 116
Lassalle-Haus Bad Schönbrunn (Jesuiten) 67
Lichtenthal (Cistercienserinnen-Abtei) 35
Lilienfeld (Zisterzienserstift) 119
Maria Frieden (Trappistinnen) 58
Maria Heimsuchung (Benediktinerinnenabtei) 107
Maria Hilf (Redemptoristenkloster) 57
Maria Hilf, Gubel (Kapuzinerinnenkloster) 131
Maria Laach (Benediktinerabtei) 124
Maria Luggau (Servitenkloster) 125
Maria Schnee (Kloster der Unbeschuhten Karmeliten) 92
Mariaburg (Franziskanerkloster) 144
Mariastein (Benediktinerkloster) 126
Mariawald (Trappistenabtei) 98
Mariazell (Superiorat der Benediktinerabtei St. Lambrecht) 127
Mariazell-Wurmsbach (Zisterzienserinnenabtei) 48
Marienberg (Benediktinerabtei) 122
Mariendonk (Benediktinerinnenabtei) 93
Marienhain (Schwestern Unserer Lieben Frau) 204
Marienrode (Benediktinerinnenpriorat) 99
Mariensee (Evangelischer Frauenkonvent) 245
Marienstatt (Zisterzienserabtei) 128
Marienthal (Franziskanerkloster) 84
Medingen (Damenstift) 230
Melk (Benediktinerstift) 129
Mels (Kapuzinerkloster) 131
Missionshaus Bethlehem (Societas Missionaria de Bethlehem, SMB) 104

Register | 261

Missionshaus Bug (Missionsbrüder des hl. Franziskus) 37
Missionshaus Liefering (Herz-Jesu-Missionare) 172
Missionshaus St. Gabriel (Steyler Missionare) 136
Missionspriesterseminar der Gesellschaft des Göttlichen Wortes (Steyler Missionare) 188
Montmirail (Communität Don Camillo) 252
Münster (Brüdergemeinschaft der Canisianer) 139
Münsterschwarzach (Benediktinerabtei) 140
Muri-Gries (Benediktinerabtei) 51
Mutterhaus der Barmherzigen Schwestern vom Hl. Kreuz 54
Mutterhaus der Barmherzigen Schwestern vom hl. Vinzenz von Paul 80, 202
Mutterhaus der Franziskanerinnen von Vöcklabruck 206
Mutterhaus der St.-Franziskus-Schwestern 33
Mutterhaus Kloster Grafschaft der Barmherzigen Schwestern vom hl. Karl Borromäus 181
Neresheim (Benediktinerabtei) 145
Neuburg (Benediktinerabtei) 95
Neumarkt (Kapuzinerkloster) 147
Neuwerk, Kloster der Salvatorianerinnen 137
Niederaltaich (Benediktinerabtei) 148
Nonnberg (Benediktinerinnenabtei) 171
Nütschau (Benediktinerkloster) 198
Oberzell (Kloster der Dienerinnen der hl. Kindheit Jesu vom Dritten Orden des hl. Franziskus) 224

Oberschönenfeld (Zisterzienserinnenabtei) 87
Oggersheim (Kloster der Franziskaner-Minoriten) 121
Osnabrück (Benediktinerinnen vom Heiligsten Sakrament) 151
Ottobeuren (Benediktinerabtei) 154
Piaristenkolleg Maria Treu 220
Plankstetten (Benediktinerabtei) 157
Provinzhaus der Barmherzigen Schwestern vom hl. Kreuz 28
Provinzhaus der Barmherzigen Schwestern vom hl. Vinzenz von Paul 50
Provinzhaus Marienhain (Schwestern Unserer lieben Frau) 204
Provinzialat der Pallottiner 79
Rankweil (Klein Theresien-Karmel) 158
Reichersberg am Inn (Augustiner-Chorherrenstift) 159
Rein (Zisterzienserstift) 161
Sankt Albert (Konvent der Dominikanerinnen und Dominikaner) 118
Sankt Wigberti (Priorat – Ökumenisches Benediktinerkloster) 255
Sarnen (Benediktinerkolleg) 173
Schäftlarn (Benediktinerabtei) 66
Scheyern (Benediktinerabtei) 176
Schlägl (Prämonstratenser-Chorherrenstift) 25
Schlanders (Kapuzinerkloster) 177
Schlehdorf (Missions-Dominikanerinnenkloster) 178
Schlierbach (Zisterzienserstift) 180
Schloss Schwanberg (Communität Casteller Ring) 247
Schwarzenberg (Bildungshaus, Franziskaner-Minoriten) 175

Schweiklberg (Benediktinerabtei) 205
Seckau (Benediktinerstift) 182
Seitenstetten (Benediktinerstift) 183
Selbitz (Christusbruderschaft) 249
Sonnenhof (Schwestern von Grandchamp) 237
Springiersbach (Karmelitenkloster) 40
St. Albertus Magnus (Dominikanerkloster) 52
St. Andreas (Benediktinerinnenkloster) 173
St. Anna (Redemptoristinnenkloster) 164
St. Augustin (Missionspriesterseminar der Gesellschaft des Göttlichen Wortes (Steyler Missionare) 188
St. Blasius (Benediktinerstift) 22
St. Bonifaz (Benediktinerabtei) 138
St. Clemens (Kloster der Franziskanerinnen von Nonnenwerth/Franziskanerinnen von der Buße und der christlichen Liebe) 163
St. Dominikus der Missionsdominikanerinnen vom Heiligsten Herz Jesus, Strahlfeld 167
St. Erentraud (Benediktinerinnenabtei) 109
St. Elisabeth (Anbeterinnen des Blutes Christi) 174
St. Florian (Augustiner-Chorherrenstift) 190
St. Gabriel (Missionshaus der Gesellschaft des Göttlichen Wortes – Steyler Missionare) 136
St. Georg und Martin (Benediktinerabtei) 212
St. Georgenberg-Fiecht (Benediktinerstift) 208
St. Gertrud (Benediktinerinnenabtei) 27, 195
St. Hildegard (Benediktinerinnenabtei) 169
St. Johann (Benediktinerinnenpriorat) 142
St. Johann/Abtei Hamborn (Prämonstratenser) 65
St. Josef (Franziskanerinnenkloster) 143
St. Josef (Zisterzienserinnenabtei) 197
St. Katharina (Zisterzienserinnenabtei) 73
St. Lambrecht (Benediktinerstift) 191
St. Lambrecht (Benediktinerabtei) 127
St. Marien (Prämonstratenserabtei) 223
St. Marien zu Helfta (Zisterzienserinnenkloster) 71
St. Marienstern (Zisterzienserinnenabtei) 156
St. Marienthal (Zisterzienserinnenabtei) 153
St. Martin (Benediktinererzabtei) 43
St. Matthias (Benediktinerabtei) 200
St. Mauritius (Benediktinerabtei) 196
St. Michael (Benediktinerabtei) 135
St. Niklausen (Dominikanerinnen von Bethanien) 193
St. Otmarsberg (Benediktinerabtei) 203
St. Ottilien (Erzabtei der Missionsbenediktiner) 194
St. Peter und Paul (Dominikanerinnenkloster) 55
St. Scholastika (Burg Dinklage) 61
St. Teresa (Kloster der Teresianischen Karmeliten) 46
St. Walburg (Benediktinerinnenabtei) 68

Steyl (Herz-Jesu-Kloster der Missionsschwestern, Dienerinnen des Heiligen Geistes) 189
Stiepel (Zisterzienserkloster) 47
Strahlfeld (Missionsdominikanerinnen) 167
Tutzing (Missions-Benediktinerinnen von Tutzing) 201
Unserer Lieben Frau, Varensell (Benediktinerinnen) 165
Varensell (Benediktinerinnen) 165
Vierzehnheiligen (Mutterhaus der St.-Franziskus-Schwestern) 33
Vöcklabruck (Mutterhaus der Franziskanerinnen von Vöcklabruck) 206
Volkenroda (Jesus-Bruderschaft) 244
Waldbreitbach (Franziskanerinnen der Allerseligsten Jungfrau Maria von den Engeln) 209
Wechselburg (Benediktinerkloster) 211
Wien, Abtei Unserer Lieben Frau zu den Schotten 220
Wien, Dominikanerkloster und Basilika Maria Rotunda 215
Wien, Jesuitenkirche/Universitätskirche 216
Wien, Kapuzinerkloster 217
Wien, Kardinal-König-Haus (Bildungszentrum der Jesuiten) 218
Wien, Kloster der Dienerinnen des heiligsten Herzens Jesu 213
Wien, Piaristenkolleg Maria Treu 220
Wilhering (Zisterzienserstift) 222
Wülfinghausen (Communität Kloster Wülfinghausen) 250
Zum Hl. Kreuz (Benediktinerabtei) 176
Zur Hl. Maria (Benediktinerinnenabtei) 81
Zwettl (Zisterzienserstift) 226